刘国光

经济论著全集

（进入社会主义市场经济初期的思考 1997—2000年）

第 14 卷

知识产权出版社
全国百佳图书出版单位

目 录

十五大解决了国企改革的实质性问题

　　——《厂长经理日报》记者专访　（1997年11月3日）　*1*

社会主义经济建设与改革的行动纲领

　　——《文汇报》记者专访　（1997年11月3日）　*3*

在加快推进经济改革高层论坛的讲话

　　（1997年11月9日）　*11*

在《中国城市年鉴》第十四次工作会议上的讲话

　　（1997年11月21日）　*16*

必须大力发展证券市场

　　——《中国改革报》记者专访　（1997年11月22日）　*20*

调整改善结构　提高素质效益

　　——《大众日报》记者专访　（1997年11月25日）　*24*

中国经济发展和改革的若干难点问题

　　——在澳大利亚新南威尔士大学讲演稿　（1997年12月2日）　*28*

当前我国经济中的主要问题

　　——《宏观经济管理》记者专访　（1997年12月）　*38*

《1953—1957中华人民共和国经济档案资料选编》总序

　　（1998年1月）　*44*

学习周恩来经济思想

　　——纪念周恩来同志诞辰100周年　（1998年2月）　47

关于国有企业的股份制改造

　　（1998年2月26日）　71

在《1998年中国：经济形势分析与预测》英文版出版发布仪式上

　　的主题讲演

　　（1998年3月17日）　78

列宁商品经济理论的精髓

　　——评《市场经济理论典鉴》　（1998年3月19日）　85

增长速度·宏观调控·供求关系

　　——在中国社会科学院经济形势分析与预测春季座谈会上的开

　　幕词摘要　（1998年4月27日）　87

永久性与世界性研究课题

　　——《澳门日报》特约记者专访　（1998年5月14日）　94

在澳门中小企业协进会成立大会上的讲话

　　（1998年5月14日）　97

东亚金融危机与中国

　　——在中美第二届经济发展与体制改革研讨会上的发言

　　（1998年5月27日）　102

经济增速下滑势头有望遏制

　　（1998年6月9日）　108

当前中国经济形势

　　——在中国社会保障体系国际研讨会上的讲话　（1998年6月

　　23日）　110

江苏应为全国发展挑重担

　　——《江苏经济》杂志记者专访　（1998年7月）　116

《中国企业新体制——督导机制与企业现代化》序

  （1998年7月）　*121*

经济科学与当前形势

  ——《科技潮》主编专访　（1998年8月）　*123*

中国经济发展现况与前瞻

  ——在台北国际关系研究中心座谈会上的讲话　（1998年8月

  27日）　*130*

关于当前经济形势及政策取向若干问题的看法

  ——在国务院研究经济形势分析会上的发言　（1998年9月11

  日）　*138*

论当前宏观调控的两个问题

  ——在中国社会科学院经济形势分析与预测秋季研讨会上的讲

  话　（1998年10月8日）　*145*

在孙冶方诞辰90周年纪念大会上的讲话

  （1998年10月24日）　*155*

《突破中的中国投资体制建设》序

  （1998年11月5日）　*158*

怎样看待当前的宏观经济形势和宏观经济政策

  ——《前线》杂志记者专访　（1998年11月）　*162*

面对历史机遇　推进流通改革

  ——在国家国内贸易局举办的流通体制改革开放20年座谈会上

  的讲话纪要　（1998年12月10日）　*170*

《劳动就业与劳动力市场建设》序

  （1998年12月）　*177*

居安思危的中国宏观经济

  ——《中华儿女》记者专访　（1998年12月10日）　*180*

在欧元问题国际研讨会上介绍我国经济形势的讲话提纲

　　（1998年12月15日）　190

略论中国服务贸易自由化的基本原则

　　（1998年12月15日）　199

中国生态经济协调可持续发展的理论、对策的思考

　　——在南京召开的中国生态经济学会四届二次暨全国可持续发

展讨论会上的书面报告　（1998年12月23日）　204

实现由计划经济向社会主义市场经济的历史性转轨

　　——纪念党的十一届三中全会召开20周年笔谈　（1998年12

月）　217

“治缩”要把握好力度

　　——《中国经济导报》记者专访　（1999年3月3日）　225

东亚金融危机与中国对策

　　（1999年3月）　231

积极促进中国经济的持续发展

　　——在经济发展与企业管理高级研讨会上的发言　（1999年3

月22日）　253

关于继续实行积极的财政政策的几点思考

　　——在中国社会科学院经济形势分析与预测春季讨论会上的讲

话　（1999年4月8日）　261

产权通论

　　——评《产权通论》　（1999年4月27日）　271

对我国经济形势与宏观调控一些问题的看法

　　（1999年8月23日）　273

论中国农村的可持续发展

　　——在农村可持续发展国际研讨会上所作报告　（1999年9月2

日）　291

谈当前经济政策的几个问题

　（1999年9月）　*307*

国有企业改革的攻坚阶段

　　——在加拿大西安大略大学的讲演　（1999年9月15日）　*315*

对当前经济形势的几点认识

　　——在中国社会科学院经济形势分析与预测秋季讨论会上的讲

　稿　（1999年10月9日）　*323*

对云南省创建绿色经济强省的几点思考

　　——在昆明绿色经济研讨会上的发言　（1999年11月27日）　*329*

通货紧缩形势下的宏观调控

　　——在城市发展与生态环境研讨会上的讲话　（1999年11月30

　日）　*337*

促进国债市场化　完善国债市场

　　——在《促进国债市场化　提高国债流动性》课题研讨会上的

　讲话　（1999年12月11日）　*349*

纵论2000年经济大势

　（2000年1月3日）　*352*

经济形势审慎乐观　政策调控仍须坚持

　　——记者专访　（2000年1月）　*359*

刘国光

十五大解决了国企改革的实质性问题

——《厂长经理日报》记者专访

（1997年11月3日）

记者（刘琴）：国企改革中，应当如何处理国家与企业间的关系？

刘国光：十五大报告特别强调了国企改革的方向是建立现代企业制度，并将国家与企业间的关系阐述得更加透彻，对投资者的权益应加以保护，对财产所有者的权益不能侵犯、国有资产的流失就是侵犯了所有者的利益这个问题必须重视。企业在保护自己的法人财产权和市场主体权的同时，应尊重国家的权利，当然，国家也不应对企业横加干预。

记者：形成现代企业制度的关键是什么？

刘国光：关键是培育多元化投资主体。现代企业制度应按照规范的公司制来建立，这样才有助于政企分开，而其中的关键正是多元投资主体，以往试点的公司不少都是独资，换汤不换药，这主要有两个原因，一是企业素质差，别人不肯投资；二是政府机构不肯放权，控制太牢。

记者：现阶段国企改革的重点是什么？

刘国光：改革的十六字诀"产权清晰，责权明确，政企分开，管理科学"是以产权改革为中心，但并非别的就不重要。比如结构调整，国企涉及的面太宽了，因而力量分散，妨碍了其主导地位的形成，必须"抓大放小"。这是近几年改革得出的新经验，该放的放出去，该退的退出来，搞战略重组，实实在在地造一批航空母舰，即跨地区、跨行业、跨所有制的大型集团。"三改一加强"是解决国企问题的重要经验，也是不容忽视的。

记者： 目前的国企改革不可避免地会遇到两个问题，那就是钱与人的问题。

刘国光： 是的，这确实是企业改革的一个难题，国企普遍都有冗员多、负债高、社会负担重的困难。要改革，钱从哪里来？人往何处去？这在十五大报告中都有了原则性的说法。

钱从哪里来？搞多渠道投资，直接融资，发展资本市场，当然同时得防范风险。这就是说将企业转制与资本市场、直接融资搞到一块儿，三位一体。那么，企业改造改组后，富余人员往哪儿去？这是社会非常关注，同时也十分敏感的话题，十五大报告对此也非常重视。其实，人员的流动是不可避免的，这就是改革现阶段的实际，这当然会给部分职工的生活带来影响，但符合国家的长远利益，也符合全体职工的根本利益。当然，对富余下岗人员不能不管，要采取有效措施，联合各方面力量来解决问题，关心困难职工和下岗职工的生活，更要开拓就业门路，搞好再就业工程，建立社会保障体系，同时还必须转变职工的就业观念，要让他们认识到人员流动和再就业是很正常的一件事，必须不断提高自身素质，适应市场经济和社会需要。

而且，十五大报告对国企的配套改革也非常重视，比如国有资产的管理、运营，社会保障制度的建立，政府机构的转变，等等。这些问题若不解决，将会阻碍改革的前行。

社会主义经济建设与改革的行动纲领

——《文汇报》记者专访

（1997年11月3日）

记者（周锦尉）： 十五大报告指出，从现在起至21世纪的前十年，是我国实现第二步战略目标、向第三步战略目标迈进的关键时期，我们要完成建立比较完善的社会主义市场经济体制和保持国民经济持续快速健康发展的两大课题。您是否先谈谈对"关键时期"的理解？

刘国光： 江泽民同志的报告已说了这是跨世纪的十几年时间。这个时期我们要实现"九五"计划和2010年远景目标，这样为到21世纪中叶基本实现现代化打下坚实基础。在GDP总产值已提前翻两番的基础上，到2000年，人民生活小康水平更加宽裕，初步建立社会主义市场经济体系框架。进入21世纪再过10年，经济实力再翻一番，市场经济体制更完善。由此更扎实地向第三步战略目标进展。因此，这是一个关键时期。

记者： 党的十四大以来的五年，我国经济持续高速发展，GDP年平均增长率达到12.1%，从多种迹象反映，这种发展势头可以保持到21世纪初。在激烈的国际竞争中，发展中国家要脱颖而出，赶上发达国家，一定要抓住这种持续快速增长的机会。您认为我国出现这种发展势头有什么依据？

刘国光： 已经走过的五年，国民经济增长速度比较快，平均达到12.1%，其中包括1992年、1993年一段经济过热，以后加大宏观调控力度，实现"软着陆"，后三年的速度缓降，但仍保持高位，去年（1996年）达到9.7%。我以为，下一段时期发展速度在8%~10%的增长率区间内是可能的，也是合理的，符合我国现阶段潜在发展能力。这个速度可以持续到21世纪的初期。有什么依据呢？一是改革开放以来，我国经济实力增强，有了坚实的基础；二是经济建设和改革有了一整套比较成熟的经验。"软着陆"成功表明，我们已有一方面保持较高经济增长速度，一方面又能控制通货膨胀的办法，说明中央有驾驭复杂局势的能力与经验，这是很可宝贵的。从国际方面讲，和平与发展的主题，多极化的趋势，有利于形成我国经济发展的良好国际环境。另外，中国有12亿人口的大市场，人民勤劳节俭，储蓄率达到百分之三十几。可以说，这些都会成为我国经济建设和改革进一步发展的有利条件。我们的资金是不缺的，现在还是需要引进外资，主要是引进国外先进的技术和管理经验，也就是先进技术和管理的积累要靠外资。由于我们投资环境的逐步改善，外资也对我们看好。有这么多因素，今后一段保持快速持续健康发展，并到21世纪是完全有可能的。做到这一点也是了不起的。

记者： 关键时期的含义是否还包括我国改革到了国有企业改革的"攻坚"阶段？

刘国光： 前一段我国改革取得不少成就。市场取向的改革明显进展，市场在资源配置中的基础作用逐步增强，以公有制为主体多种所有制共同发展的格局在逐渐形成，宏观调控的经验在丰富，运行机制也在完善。现在比较突出的问题，从前些年开始就转向国有企业。国企改革是重点、难点，也是改革的攻坚战所在。"关键时期"应该说有这个含义。十五大报告指出："深化国有企业改革，是全党重要而艰巨的任务。要坚定信心，勇于探索，大胆实践，力争到本世纪末大多数国有大中型骨干企业初步建立现代企业制度，经营状况明显改善，开创国有企业改革和发展的新局面。"这是我们应着力关注和努力去达到的。

记者：十五大报告有一个十分引人注目的表达，就是"经济体制改革要有新的突破"，这种突破最重要的含义在哪里？

刘国光：在邓小平1992年南方谈话基础上，十四大解决了计划与市场的关系问题，确定社会主义市场经济体制为改革的目标，运行机制上确定了宏观调控下市场在资源配置中起基础性作用的改革方向。这是社会主义政治经济学重大理论上的和实践上的突破。十五大则在市场主体问题上，即所有制结构、企业结构，尤其是国有企业改革方面有更明显进展。这有利于国有企业发挥在市场配置中的主导作用，有利于企业逐渐成为有活力的竞争主体。调整和完善所有制结构有许多工作要做。我们坚持公有制为主体多种所有制经济共同发展的社会主义初级阶段的基本经济制度，一切符合"三个有利于"的所有制形式都可以而且应该用来为社会主义服务。

记者：有些人看到国有经济比例有一定下降，国企改革有不少困难，就对国有制还灵不灵、公有制主体还有没有产生疑惑，在所有制结构问题上是否有一个重新认识的问题？

刘国光：一些同志对国企改革信心不足，有少数同志又担心发展股份制经济是否搞私有化。十五大报告有说服力地澄清和论述了这个问题。首先，公有制经济不等于国有制经济。公有制经济不仅包括国有经济和集体经济，还包括混合所有制经济中的国有成分和集体成分。其次，公有制的主体地位主要表现在两个方面：一是公有资产总量在社会总资产中占优势，有量的优势也有质的优势。目前公有资产总量约占社会资产总量的76%。二是国有经济对经济发展起主导作用。这种主导作用则表现在对国民经济战略调整布局的控制力，对关系国民经济命脉的重要行业、关键领域占支配地位。比如能源、交通、高科技，关系国家安全的行业、部门，等等。在思路上，搞好国有经济要有所为，有所不为。要加强重点部门，国有经济可以而且应该从那些非重要行业、非关键部门适度退出一些，这样国有经济比重会减少一点。但这不会影响公有制的主体地位和国有制的主导地位。十五大报告对此论述辩证有力，我们应该解除这种顾虑。

记者： 十五大报告有许多新的思想和观点，在经济体制改革方面还有哪些新的提法呢？

刘国光： 关于经济建设与改革，十五大的阐述有很重的分量。一共是八个小节，都有新意。比如在"调整和完善所有制结构"一节中，除了刚才我们所讨论的关于"公有制经济含义"问题具有新意之外，在"公有制实现形式可以而且应当多样化"的阐述上，很精辟，很有力量，也是党的文件中的首次表达。比如，对股份制这种方式前一段有不少争议，报告论述："股份制是现代企业的一种资本组织形式，有利于所有权和经营权的分离，有利于提高企业和资本的运作效率，资本主义可以用，社会主义也可以用。不能笼统地说股份制是公有还是私有，关键看控股权掌握在谁手中。国家和集体控股，具有明显的公有性，有利于扩大公有资本的支配范围，增强公有制的主体作用。"其他经济成分也在其中各得其所。这就澄清了人们的很多疑惑，为今后改革的进一步发展提出了一个很重要的行动纲领。

记者： 十五大报告中提到"目前城乡大量出现的多种多样的股份合作制经济，是改革中的新事物"，您是如何来分析这种方式的？

刘国光： 股份合作制是改革发展中出现的新事物，我看这类企业的来源主要有"四路人马"：农村两路，城镇两路。农村方面，一是由原来的社区集体企业转制而形成的；二是由农户、个体户自发集资联合形成的。城镇方面，一是由城镇集体企业恢复合作制原则而形成的；二是近些年在国有小企业"放小"改革中，通过向本企业职工出售资产改制而形成的。

记者： 实际生活中还有实质上是私营企业分点股给职工的方式，或者是几个老板出钱的合伙企业，都被称为"股份合作制"，花样繁多，您说股份合作制是否应该有特定含义？

刘国光： 是的，由于这类企业的花样很多，人们从各个角度去看待股份合作制，对此认识就不一致了。有的赞成意见认为，股份合作制为我国国有小企业改造、乡镇企业进一步改造、农村个体经营的合作化找到一条好的出路；有的反对意见则认为这种方式实质上是几个老板剥削农民、剥削职工，是"搞私有化"。我认为，总体上说，现在广泛兴起的股份合作制的做法，尽管这里面有许多不规范和亟待改进的东西，但其主流是符合改革大方向的，我们既不能一窝蜂，不能刮风，也不能指手画脚加以阻挡，而应及时总结，加以引导。股份合作制应该有它特定的含义，我认为，规范意义的股份合作制企业应当是，原则上企业所有职工都认购一定数量的股份，而且股份大体相近；职工都具有双重身份，既是劳动者，又是股东，企业与职工是双重纽带——劳动纽带和资本纽带相联结。

记者： 在十五大前夕，国务院转发国家体改委关于城市股份合作制的规定，其中也指出，职工持股占多数的企业是公有制的实现形式，对此也作了规定。

刘国光： 我想，对股份合作制的规范也不是划一的、绝对的。比如，企业管理层与职工的持股比例，也不能是一种固定标准。有的企业职工愿意让企业经理、厂长拿较多的股份，由此增强他们的责任心，是允许的，但如果达到个人控股占"大头"，那会改变股份合作制作为公有制实现形式的性质。特别是在改制时，干部、经理运用权力拿股份大头，这不应当允许。所以，不是什么企业都可以冠以"股份合作制"，有的就是私营企业，有的就是合伙企业，有的是股份制企业，是什么叫什么。按照政府的规定，私营企业、合伙企业也可以存在和发展。当然，股份合作制发展中有许多新问题，对此要去积极探索，去创造经验。

记者： 股份制经济的发展确实是改革深入发展的一个步骤，但由于我国的改革已发展到新阶段，市场经济体制发育也到相当的程度，设想某一个措施一抓就灵是不现实的，如同搞农村联产承包，一包就灵的效果在突破旧体制的初期还可能，如今的体制配套的因素很多，一项措施有许多方面的牵制，"一股就灵"是不现实的。如今企业制度改革、宏观调控、社会保障体制以及城市改造等方面的配套要求都十分高，改革的难度也提高了。您认为怎样？

刘国光： 我同意您这一分析。经济体制改革要有新突破，有许多方面的工作要做。比如，国企改革处于攻坚阶段，要按照"产权清晰、权责明确、政企分开、管理科学"的要求，实行规范的公司制改革，要扩大融资渠道，包括直接融资，充实企业资本金。

记者： 在十五大前夕，朱镕基副总理视察东北时讲到，国有大中型企业用股份经济的方式直接融资，就是十分重要的指示。

刘国光： 这就是要培育和发展多元化投资主体，既有利于融资，又有利于政企分开和转换企业经营机制。十五大报告提出，探索符合市场经济规律和我国国情的企业领导体制和组织管理制度，这实际上就是理论界人士讲的企业法人治理结构，这是要解决所有者、经营者、职工之间几方面的互相协作、互相制约、互相制衡的关系，建立一个决策、执行和监督体系，形成有效的激励和制约机制。国企改革要同改组、改造、加强管理结合起来。"抓大放小"，实行战略性改组。以资本为纽带，通过市场形成具有较强竞争力的跨地区、跨行业、跨所有制和跨国经营的大企业集团。小企业搞活可采取改组、联合、兼并、租赁、承包经营和股份合作制等形式来进行。

记者： 外部配套条件方面有什么重要思路？

刘国光：职工下岗人数比较多，是一个突出的矛盾，解决和安排好下岗职工问题又是国企改革的一个重头问题。报告提出的"实行鼓励兼并、规范破产、下岗分流、减员增效和再就业工程，形成企业优胜劣汰的竞争机制"，十分重要。上海在再就业工程实施上有很有效的做法。由于城市产业结构调整，也由于企业改革所需要的劳动优化组合，职工下岗是经济建设和改革深入发展中不可避免的事，职工下岗当然也给这部分职工生活带来暂时困难。对此，一方面政府和社会要关注，动员各方力量来解决，另一方面职工本人也有就业观念变化问题，不能认为只有到国企工作才是就业，多种所有制企业的存在与需要都是国家和社会的需要。

外部配套条件还包括国有资产管理、监督和营运机制的建立，社会保障体制的建立，健全宏观调控体系和转换政府职能，等等。其中报告确定了宏观调控的主要任务是，"保持经济总量平衡，抑制通货膨胀，促进重大经济结构优化，实现经济稳定增长"，讲得十分好。这就把"实施适度从紧的财政政策和货币政策"写进文件，这一提法堵住了那些"通货膨胀有益论""赤字财政无害论"的干扰。我们要坚持"适度从紧"的政策，当然也要按照报告中接着写的"注意掌握调控力度"的精神，做好适时适度的微调工作。我认为，我国是社会主义国家，又是发展中国家，是不能依靠通货膨胀来发展经济的。

记者：分配体制作为经济体制改革的重要部分，十五大报告有什么新的提法？

刘国光：这次报告在重申实行"按劳分配为主体、多种分配方式并存的制度"时，有一个新的提法，就是"把按劳分配和按生产要素分配结合起来"，并提出"允许和鼓励资本、技术等生产要素参与收益分配"。这是我国的市场经济体制改革目标到位以后，在分配制度上改革目标"到位"的一种提法，具有理论和实践意义，也有政策意义。据说这次十五大开会时，科技界代表对这一提法就表示拥护和喜悦。听说以前有些技术人员以技术参股获酬还曾被看作贪污，有的甚至被起诉。如今技术作为生产要素，名正言顺地作为入股的条件，取得收益，这就会更进一步调动广大科技人员的积极性。

在加快推进经济改革高层论坛的讲话

（1997年11月9日）

一

在十五大文件学习高潮中，许多同志对十五大报告作了哪些突破，很注意研究。有许多文章列举了十五大报告中的突破性论点。有全面分析的，有限于某一个方面如经济理论方面的，有专就某一个问题，如所有制结构、国有企业改革问题来论述的。所列举的突破，最少的有三点，也有五点、八点、十点，以至到二十六点，都有，可见大家钻研之细。但亦有人认为，有些被列举为突破性的论点，好像过去不是没有见过，似曾相识，甚至很熟悉。于是产生了一个问题，究竟怎样理解，怎样才算突破性的论点。我想，"突破"这个词语，是一个比较大的字眼，对有些重大的，或者划时代的，或者划阶段的新论点，是可以用的。其他新论点，可以说有新意，不一定都要用突破性的字眼。所以，新论点包括突破性的和其他有新意的论点，范围可以是很宽泛的。我认为新论点有这么几类：第一就是过去完全没有见过、说过的，如两大飞跃、两大课题、国有经济主导作用体现在控制力上等。这些论点，不但过去党代表大会、中央全会的正式文件中没有出现过，其他地方也没有出现过。第二就是过去理论界或业务部门不是没有讨论过，但写上党的正式文件，还是第一次，如混合所有制经济，从整体上搞活国有经济，战略重组，实施适度从紧的货币政策与财政政策，等等。还有第三类，过去党的正式文件中曾出现过，但这次针对新的情况，有新的发挥，提到新的高度，等等。例如，公有制为主体、多种所有制经济共同发展，过去多次讲过，这次十五大提到社会主义基本经济制度的高度；又如建立现代企业制度，这是党的十四届三中全会提出来的，这次特别强调多元投资主体，等等。这些都可以说是有新意的新论点，其中重大的还可以说是突破性的论点。如果这样理解，十五大中有新意的新论点的确很多。我想归纳为多少点多少条本身并不重要，无非帮助我们学习文件，重要的是吃透文件的精神实质，用以指导我们的思想和工作。

二

在学习十五大报告的经济部分时，大家注意的重点，集中在所有制结构的调整和国有企业的改革上。我接到多次研讨会的通知，包括这次，都是讨论这个题目。这个题目的确很重要。在起草十五大文件时也感觉得到这是重点。总书记几次对起草组讲话，都突出这个问题。他在5月29日党校讲话，经济部分主要讲了这个问题。所以大家重视并重点学习讨论这个问题是很自然的。为什么十五大报告重点突出所有制结构的调整和国企改革问题？我体会有三点原因。

第一个原因：这个问题是解决跨世纪关键时期面临的两大课题的关键所在。十五大报告指出，从现在直到21世纪前十年，是我们实现第二步战略目标，向第三步战略目标迈进的关键时期。这个关键时期，我们在经济体制改革和经济发展上面临两大课题，一是我们能不能成功地建立起社会主义市场经济体制；二是国民经济能不能长期保持快速健康发展。建立社会主义市场经济体制，是把社会主义基本经济制度同市场经济结合起来，这在世界上还没有先例。国际国内都有人怀疑能不能成功。我们说能成功，但成功的关键在于公有制能不能与市场经济结合，在于国有企业能不能改造成为市场竞争主体，成为社会主义市场经济的微观基础。20世纪80年代以来，我们在这个问题上不断探索，积累了不少经验，但从总体上看，这一难点还没有攻克。所以十五大报告的经济部分突出地阐述了这个问题。

所有制结构调整和国企改革问题，对解决新世纪关键时期第二大课题，也是极为关键的。我国经济已保持了近20年的快速增长，1979—1997年GDP平均增长9%以上，从国际经验看，能够在20~30年以上的长时期中连续保持高速增长势头的国家，先例不多。我们有信心保持这样的势头，"九五"期间速度预定为8%以上，21世纪头十年再翻一番。做到这一点的有利条件很多，但关键还是要看经济体制的转换（特别是国有经济的改革）能否成功，只要对比一下这些年来不同所有制经济增长速度（以工业为例，见下表）。

年份	工业	国有	集体	个体	其他
1985	121.39	112.94	132.69	189.60	139.54
1990	107.76	102.96	109.02	121.11	139.33
1991	114.77	108.62	118.40	125.29	150.11
1992	124.70	112.40	133.30	147.00	164.80
1993	127.30	105.70	135.00	166.20	192.50
1994	124.20	106.50	127.90	156.30	174.30
1995	120.30	108.20	115.20	151.50	137.20
1996	116.59	105.13	120.88	120.00	123.77

可以看出，国有经济增长速度持续低于其他经济类型，也持续低于平均水平，尽管原因复杂，也不能由此得出国不及集、公不如私的结论，但就从保持较快增长来看，所有制结构的调整和国企改革也是极为迫切、关键的。这是从解决跨世纪关键时期两大课题来看所有制结构调整和国企改革的重要意义的。

第二个原因：所有制结构调整和国企改革是一个敏感的意识形态或思想认识问题。我国的经济改革，从一开始就明确是对社会主义制度的完善，要坚持公有制为主体、国有制为主导、多种所有制共同发展。但什么是社会主义？什么是公有制为主体？什么是国有制为主导？怎样完善所有制结构？对这些问题一直有不同的认识。若干年来，国有经济在国民经济中所占比重持续下降，如工业总产值中的国有工业比重，1985年为65%，1996年降到28.5%。1996年GDP国有经济比重已降到40%左右。对此，一些同志忧心忡忡，认为这违背了公有制为主体、国有制为主导，影响了改革的社会主义方向。还担心公有制企业改革，采取股份制和股份合作制形式，是走私有化的道路。十五大召开以后，不少内部研究报告，还有一些刊物，都有这类的意见。这些思想认识问题不解决，经济改革是很难向前迈步的。所以准备十五大报告时，党中央很重视这个问题，反复研究这个问题，总书记在"5·29"吹风讲话中，对此定下基调，从为什么要坚持公有制为主体、多种所有制共同发展的基本经济制度，到什么是公有制的内涵；从怎么理解公有制为主体和国有制的主导作用，到公有制实现形式可以而且应当多样化，一切反映社会化生产规律的生产方式和经济形式都可以大胆利用，以及如何正确认识和对待公有制改革采取的股份制和股份合作制形式，等等，都有一些新的论断。这些新论断，对于消除人们的思想障碍，推动经济改革的大步前进，有十分重要的意义。

第三个原因：十五大报告的经济部分之所以着重阐述所有制结构调整和国企改革问题，和大家在学习讨论时重点集中于这个问题有关；还有一个原因，就是解决这个问题的难度很大，除了上述思想认识上的障碍外，还有上下左右各方面利益上的障碍，以及历史遗留的包袱，等等。国企改革作为体制改革的中心环节，自党的十二届三中全会以来，已经多年在曲折中前进，也需要总结经验，探索继续前进的道路。自党的十四届三中全会提出建设现代企业制度作为企业改革目标以来，国企改革的着眼点和工作着重点发生了一系列深刻的变化。十五大报告总结了这些年国企改革的经验，突出地强调了以下几点：一是要着眼于能整体上搞活国民经济，抓大放小，对国有企业实施战略性改组。二是在大中型国企实行规范的公司制改造中，要进一步明确国家与企业的权利与责任，既反对政府直接干预企业经营活动，又反对企业的内部人控制行为损害了国家作为所有者的权益；强调要培育和发展多元化投资主体，以推动政企分开和转换企业经营机制。三是对国有企业改造过程中碰到的难题，特别是"钱从哪里来（资本增多问题）、人往何处走（富余人员再就业问题）"，提出了解决的思路。如在资金筹措上，提出要采取多种形式，包括直接融资，充实企业资金，把发展资本市场同企业的股份制改造结合起来；在安排就业问题上，报告中总结了几年来"实行兼并、规范破产、下岗分流、减人增效和再就业工程"的系列经验。这对于形成企业优胜劣汰的竞争机制，保证职工生活和社会安定，都有十分重要的意义。通过以上及其他有关改革措施，力争到20世纪末大多数国有大中型企业能够摆脱困难，初步建立现代企业制度。这一企业改革的新目标，也是十五大报告中提出的一个重要论断。

在《中国城市年鉴》第十四次
工作会议上的讲话

（1997年11月21日）

各位理事、各位代表：

1997年是我国人民政治生活中极不平凡的一年。一是我国政府对香港恢复行使主权，二是我们迎来了党的十五次全国代表大会的胜利召开。这两件事都取得了巨大成功。在这两件具有划时代的喜庆日子里，我们在桂林市召开《中国城市年鉴》第十四次工作会议，对如何根据新形势的要求，改进我们的工作具有特别重要的意义。首先，我对各位理事、各位代表的到来，表示热烈的欢迎，希望通过这次会议，大家共同努力，献计献策，促使《中国城市年鉴》办得更好，登上一个新的台阶。在这里，我谨借此机会，对中共桂林市委、市政府给予这次会议的大力支持，周到热情的接待，表示衷心的感谢。

不久前刚刚结束的党的第十五次全国代表大会，是一次承前启后、继往开来的历史性会议。这次会议确立了邓小平理论为党的指导思想，总结了党的十一届三中全会以来特别是十四大以来的实践经验，制定了我国改革开放和社会主义现代化建设跨世纪的战略部署，选出了以江泽民同志为核心的新的党中央领导机构。十五大是我们党和国家历史上新的伟大的里程碑，必将对今后中国的发展产生重大而深远的影响。

江泽民总书记在十五大报告中说："在社会主义改革开放和

现代化建设的新时期，在跨越世纪的新征途上，一定要高举邓小平理论的伟大旗帜，用邓小平理论来指导我们整个事业和各项工作。这是党从历史和现实中得出的不可动摇的结论。"党的十一届三中全会以来，我们党正是用邓小平理论来指导我们整个事业和各项工作，才取得了举世瞩目的成就。特别是1992年春邓小平视察南方的重要谈话以来，我国改革开放和社会主义现代化建设进入了新的发展阶段。1992—1996年国内生产总值年平均增长12.1%，创造了新中国历史上增长最快、波动最小的发展业绩。1996年我国国内生产总值已达67 795亿元，按当年平均汇率计算为8180亿美元，比1991年的4046亿美元增加了一倍，在世界上的排名由1991年的第10位上升为1996年的第7位（仅次于美、日、德、法、意、英）。

今年（1997年）以来，由于在宏观调控中坚持了"稳中求进"的方针，坚持了总量平衡、适度从紧的政策，国民经济运行平稳，并呈现出"高增长、低通胀"的格局。1~9月，我国实现国内生产总值51 152亿元，按可比价计算，比去年（1996年）同期增长9%，仍处于适度、快速区间，全社会商品零售价格指数逐月回落，1~9月价格指数只比去年同期上升1.3%，居民消费价格上涨3.4%，居民对通胀的预期也比较平稳。这说明当前宏观经济运行正常，也是经济"软着陆"的重要标志。

现在国内对"软着陆"成功后应采取怎样的宏观调控政策，还存在各种不同观点，这是自然的、正常的。正确的选择只有在各种不同意见的讨论中，方能产生出来。我们看到，"适度从紧"已写进了《国民经济与社会发展"九五"计划和2010年远景目标纲要》。在刚结束不久的党的十五大上，又把"实施适度从紧的财政政策和货币政策"正式写进了江泽民总书记的报告。就是说，在成功地实现"软着陆"后，还要在跨世纪的较长时期继续坚持"适度从紧"的政策。我体会，之所以将"适度从紧"由短期政策上升为今后一段时期内的中长期政策方针，这是新中国成立以来我们党在认识、探索和把握社会主义经济建设及其运行规律方面，从正反两个方面的经验教训中所得出的深刻总结。我国原有体制所固有的盲目扩张冲动的倾向尚未根除，为避免一次又一次地扑救通货膨胀之火，给改革发展一个较为稳定的宏观环境，有必要坚持适度从紧的政策。从我国经济运行中的主要矛盾来说，在买方市场已初步形成的情况下，我们面临着产业结构、行业结构和产品结构的调整、优化升级的艰巨任务，只有坚持"适度从紧"，保持总量平衡，才能在市场导向下有效地调整结构，才能在适度快速增长的同时，不断提高经济增长的质量和效益，实现经济增长方式的根本转变。经过几年的努力，我国经济增长率已回落至适度增长区间。1996年GDP增长率为9.7%，预计今年（1997年）全年为9.5%左右，这个增长位势不低。若放弃"适度从紧"的政策方针，使经济增长率又很容易地一下子冲出适度增长区间，几年来"软着陆"的成果将会失去，过后又要进行长时间的大调整。"适度从紧"正是从我国国情出发的一种稳定性政策，有利于我国经济在跨世纪的发展中既适度快速又相对平稳地增长。

当然，在实施适度从紧的政策时，要注意掌握调控力度。当前为了防止经济增长回落的惯性可能带来的持续下滑，需要适时适度地作些必要的松动微调。但这种微调是在"适度从紧"总方针下的微调，而不等同于一般意义的扩张性政策，绝不能用通货膨胀的办法去刺激经济增长，抑制通胀和保持物价基本稳定的方针不能放弃。

党的十五大报告第五部分"经济体制改革和经济发展战略"中提出，从现在起到21世纪的前10年，必须解决好两大课题，一个是建立比较完善的社会主义市场经济体制，一个是保持国民经济持续快速健康发展。这部分讲了八个方面，在许多问题上比过去有所突破。我和同志们一样，需要很好地学习和领会。由于时间关系，这里就不再讲了。

因为这次会议是年鉴工作会议，编辑部的领导同志还要向大家报告年鉴编辑部的工作。《中国城市年鉴》从去年（1996年）开始，在框架设计上作了较大的变动，内容按条目化、规范化要求设计的。经过一年的实践，年鉴条目化的经验教训是什么；对1998年本的要求，编辑部的同志拟了一个提要。请各位代表，结合各地的实际情况，联系去年的经验，对编写提要提出修改意见和建议。

十多年来，中国城市发展研究会围绕办好《中国城市年鉴》和《市长参考》，还开展了一系列其他工作和活动。其宗旨是为城市服务。当然，这方面的工作尚有待进一步改进。研究会在开展各项活动中，得到了各市的理事及理事联络员、写作负责人的大力支持和协助，对此，我代表研究会表示衷心的感谢，也希望继续得到同志们的大力支持。

最后，祝各位理事和各位代表事业顺利，身体健康，并祝会议圆满成功。

谢谢！

必须大力发展证券市场

——《中国改革报》记者专访
（1997年11月22日）

　　十五大报告提出，要根据现代企业制度的要求，对国有大中型企业实行规范的公司制改革，企业集团怎样组建，小型企业改革将走向何方，如何平衡证券市场供求以服务国企改革？带着这一系列问题，本报记者（陈道祥）采访了著名经济学家、中国社科院顾问刘国光教授。

　　刘教授说，十五大报告提出对国有大中型企业实行规范的公司制改革。目前股份制改造步伐与去年（1996年）同期相比没有减慢，那么面对股本的大量供给，如何刺激需求来实现证券市场的供求均衡，以促进国有企业股份制改革，就成了宏观调控的一个重要内容。企业经营所需要的资本来源主要有以下几个途径，一是财政拨款，二是银行贷款，三是发行债券与股票进行直接融资，四是企业积累资金。企业筹资方式从间接融资转向直接融资，不但可以充实企业资本金，减少债务，而且有助于企业改制，因此今后应大力发展资本市场。从股市扩容速度来看，1996年上市公司增加了64%，到今年（1997年）8月，上市公司增加了34%，去年的150亿元发行额度目前发了还不到100亿元，今年还有300亿元，另外公股也待流通，所以供给扩容前景明显。为了配合国有企业股份制改革，就必须考虑供求矛盾状况，有节奏地调节供给扩容，同时在需求方面积极培育和发展各种共同基金、投资基金等机构投资者。从今年的宏观经济形式来看，物价稳定，经济稳步增长，考虑到国企负担与刺激股市，所以今年下半年又调低了银行存贷款利率。当然这也是增加股市需求的一个措施。另外，适度调整银行存款准备金也不是不可以考虑的一种微调手段。目前，13%的银行存款准备金明显高于西方国家6%的水平，所以，根据经济形势可以适度调整。这些都应在灵活微调范围内运行。在总体上仍然应当坚持"适度从紧的财政政策和货币政策"。有些学者不赞成这一点，但我个人认为坚持适度从紧的财政政策和货币政策是必要的，因为根据以往的经验，宏观调控一松，经济很快就会膨胀，而降温则比较困难，阻力很大。这与有些人认为经济启动慢、冷却很快，是相反的。

在谈到组建大型企业集团时，刘教授说，国有企业改革在所有制结构调整方面今后将会有所变化，首先除了关系到国民经济命脉的行业必须保持国家控股外，其他行业中的国有企业的国家股所占比例，可以适当缩小，应做到所有者多元化。其次是集体企业、非公有企业在国民经济中的地位将逐步提高。十五大报告指出，只要保持公有制的主体地位，国有经济的控制力得到增强，国有经济比例减少一些，并不影响我国的社会主义性质。有些国有企业可以通过联合的形式，组成大企业集团，这样可以形成"航空母舰"参与国际市场竞争；有些关键行业，国家可以成立国有独资公司。对于组建大型企业集团，十五大报告指出，"以资本为纽带，通过市场形成具有较强竞争力的跨地区、跨行业、跨所有制和跨国经营的大企业集团"。不久前，南京四家石化企业公司的合并以及近日齐鲁石化兼并另两家化工企业的举动，都说明企业在走规模经济的道路。

企业走集团化的道路，在方式上可以选择合并、兼并，也可

必须大力发展证券市场

以根据情况采取收购的方式。现在我国已迈进世界500强企业的只有三家企业，没有一家是工业企业，所以要促进工业企业间的强强联合，积极参与国内乃至国际竞争。有一点必须注意，就是企业并购虽不能说一定不用行政手段，但是绝不能"拉郎配"，而要着重靠市场机制来选择与推动。

当然，在目前的体制格局下完全让企业自己搞联合，恐怕难度较大，运行起来也比较困难，因为政企不分、条块分割，使得不同地区不同行业的主管部门在考虑下属企业是否应该跨地区、跨行业联合时，首先想到的是自己的管辖权是否缩小了，是否会削弱当地的财政收入，等等。另外，企业本身对合并或被兼并也有顾虑。一些企业宁当鸡头不当凤尾的想法，阻碍了企业并购的进程，给企业集团化的形成带来了困难。所以从这个角度来考虑，行政参与协调也是必要的，只不过还要考虑适度原则，但主要还是依市场规律来办事。

最后，当记者问起今后小型企业的改革方向时，刘教授说，去年有70%的亏损企业是中小企业，由此来看中央提出"抓大放小"的方针是有道理的。对国有小企业的改革，十五大提出了多种方式，其中一种就是股份合作制。股份合作制的所有制问题比较复杂，如果企业职工买断了企业所有的股权，那么企业的性质就变成职工集体所有制了，如果企业职工没有买断企业所有的股权，国家还保留一部分股权，那么企业的性质就要看股权比例如何。最近上海颁布的股份合作制条例作出了规定，国有小企业改成股份合作制企业时，国家股应低于50%，因为超过50%就是国家控股了，就不是股份合作制了。股份合作制最大的一个特点就是绝大部分股权由职工持股，而国家股、外部股比例较少。有人说股份合作制非驴非马，依我看"骡子"不是很好吗？改革中的新事物应大胆试用，绝不能因为它可能会出现问题就限制它，而关键在于逐步规范、完善，现在股份合作制法规尚在研究制定中，对于股份合作制还有待进一步明确。当然，小企业改革不能仅局限于股份合作制改造，不要认为一"股"就灵，一哄而上地搞股份合作制，其实可以采取多种形式的改革。

调整改善结构 提高素质效益

——《大众日报》记者专访

（1997年11月25日）

记者（曹洪军、郑立波）：前不久您曾撰文指出，当前中国经济的主要问题，不是速度问题、总量问题，而是结构问题、质量和效益问题，能否作一下说明。

刘国光：改革开放以来，我国经济实现了年均10%左右的高速度增长。这个速度处于我国目前潜在经济增长率的合理区间（8%~10%），在这个区间内不会有大的问题，超过就会造成经济过热，过低就不能充分利用资源。从世界上看，这个发展速度也是名列前茅的。因而，这个发展速度并不低，如果能保持下去是很好的。

我国一般的加工工业过多，高水平的加工工业发展却很不够，第三产业发展滞后。特别过去盲目追求数量、速度、规模，乱铺摊子、重复建设、盲目投资造成的浪费很大，致使有的企业生产能力利用不足，产品积压现象严重。在目前条件下，进一步扩大投资可能形成新一轮的粗放扩张和重复建设，加剧产品积压和资金占用，进一步扭曲供给结构。市场经济是一种竞争性经济。由于我们的企业质量水平不高，竞争力不够，产品的品牌虽在发展，但已被国外企业挤垮了不少。质量是更好的数量。改进结构、提高素质和效益的问题是当前我国经济的主要问题。

记者：调整和改善经济结构，很重要的一条是正确看待经济形势。去年（1996年）成功实现"软着陆"后，有人认为我国经济总体形势"偏冷"，出现"需求不足"，需要"刺激"和"启动"，您怎样看这个问题？

刘国光：这是个重要问题。因为对经济形势的不同认识，关系到当前和今后宏观调控政策的选择。现在有一种看法，认为目前经济总的形势"偏冷"，出现"总需求不足"，其结论显然是要实行扩张性政策，刺激经济增长。这种观点是不正确的。

第一，这次"软着陆"成功实现后，我国经济的走势与过去经济周期回落到低谷时的情况不同。过去经济周期处于低谷时，一般是增长速度很低甚至出现负增长，然后是接着回升转热。这次"软着陆"由于坚持了适度从紧和适时微调的方针，在治理通货膨胀和降温过程中保持了经济的相对快速增长，经济增长在缓降中仍然保持了高位。在此高位增速的基础上，不宜提出"加温""刺激"之类的口号。

第二，现在确实出现了"供大于求"的"买方市场"，但适度过剩有利无害。市场经济的竞争性，需要造就一个生产和供给略大于有效需求的买方市场。这样，才能真正实现市场竞争和消费者的选择权。比起"求大于供"的"短缺经济"或"卖方市场"，更便于进行调节。所以，我们不能"叶公好龙"，当卖方市场向买方市场转化之际，一看到某些产品和生产能力出现过剩，就大喊"需求不足"。另外，还应当看到，某些产品库存的"过度"积压，与正常的买方市场无关，并不是需求总量不足的原因，而主要在于供给结构扭曲，不适应市场的变化；在于优胜劣汰机制不健全，在新的生产能力不断增长的同时，那些本该淘汰、不符合市场需求的生产能力却得不到及时调整。现在，买方市场已经初步形成，出现了一个相对宽松的宏观环境。我们要抓住这个机遇，加大结构调整和实现两个根本性转变的力度。

记者：深化改革，调整和改善经济结构，必然会遇到一些新问题，就业与再就业问题就是其中之一。请您分析一下这一问题的原因和解决的出路。

刘国光：就业问题，包括两大部分：一部分是城镇下岗职工和社会上其他人员的就业问题，另一部分是农村剩余劳动力转移问题。在我看来，就业问题的产生，是由以下五个方面原因引起的。

第一，总量性原因。从劳动供给总量看，20世纪80年代以来，我国进入了劳动年龄人口增长的高峰期。劳动年龄人口占总人口的比重明显上升。

第二，结构性原因。主要来自农村剩余劳动力向非农产业和城镇的转移，以及轻纺、机械等传统产业结构调整带来的就业问题。

第三，技术性原因。20世纪80年代以来，随着我国工业化、现代化的发展，我国正处于科技进步、有机构成升高时期。同量产出所吸纳的资本份额呈上升趋势，而所吸纳的劳动份额呈下降趋势。同量投资所创造的就业机会也在减少。这就使劳动需求总量的增长受到一定的限制。

第四，体制性原因。随着市场竞争机制的形成，传统的人浮于事和低效率受到挑战，低工资、高就业和国家包分配的劳动就业政策的不适应，必然带来富余人员的安置和再就业问题。

第五，周期性原因。从1993年下半年到1996年，正处于经济增长率回落期或收缩期。特别是为遏制经济过热采取的收缩性措施，如为制止房地产热、开发区热而收缩银根，会带来需求和就业的削减。

在以上五个方面的原因中，前四个方面的原因是主要的、基本的和较长期性的；第五个方面的原因是短期性的，不是主要的。有人主张放松银根去刺激经济，从而增加就业，这是不可取的。简单地用放松银根、刺激总量需求扩张、刺激经济增长的办法，不但不能解决就业问题，反而会使严重的通货膨胀卷土重来。解决就业问题，要根据不同原因，采取不同对策，进行综合治理。如实施再就业工程，建立和完善社会保障体系，发展乡镇企业，发展第三产业，不断向生产的广度和深度、向市场的广度和深度拓宽就业领域，创造更多的就业机会。通过教育培训改变人们的就业观念，提高他们的就业能力，等等。这绝对不是"放松银根、刺激需求"所能奏效的。

中国经济发展和改革的若干难点问题[*]

——在澳大利亚新南威尔士大学讲演稿
（1997年12月2日）

  中华人民共和国的经济，从1978年年末开始实行市场取向的改革，到现在将近19年。经过19年逐步深化的改革，中国的经济体制发生了显著的变化。初步形成了以公有制为主体的多种所有制经济共同发展的局面。市场机制的作用不断增强。国家对经济的管理，由过去行政指令性的直接控制，逐步转向用经济手段来进行间接调控。初步形成了包括经济特区—沿海—沿江—沿边—沿主要交通干线和内陆中心城市的多层次全方位对外开放格局。

  经济改革推动了经济建设的迅速发展。1979—1996年中国国内生产总值每年平均增长9.9%，高于改革前30年平均年增6.1%的速度。尤其是最近5年，平均每年增长12.1%，是新中国历史上发展最快的时期。

  目前，中国正处在从计划经济向社会主义市场经济体制过渡的时期。在过渡时期中，新、旧体制并存，必然带来许多摩擦，而体制上的摩擦又同经济发展中的矛盾交织在一起，使中国经济在转变过程中面临许多难题。最近（1997年9月）召开的中共第十五次代表大会，为这些难点问题指出了解决的原则方向。这些问题主要有：反复出现的通胀压力；日益突出的就业问题；东部

---

28 * 原载《市长参政》1998年第1期，《中国市场》1998年第2期摘要发表。

与中部、西部地区经济差距扩大；收入分配不公问题；所有制结构调整问题；国有企业改革迟缓问题；政府职能转变和机构精简问题；等等。下面作一些简单介绍。

一、反复出现的经济过热与通货膨胀压力

所有发展中国家和实行改革、转轨的国家都遇到通货膨胀的挑战。新中国建立以来已经历了九次周期波动，其中，改革开放以来出现了四次经济过热。过去的经济过热引起经济的大起大落，如新中国成立后波动最为剧烈的第二个周期内，高峰年（1958年）国民收入增长速度达到22%，低谷年（1961年）跌到–29.7%，峰顶与谷底的落差达51.7个百分点，如此剧烈的振动造成了巨大的损失。改革后波动幅度趋缓，但拿第八个周期来看，高峰年（1988年）GDP的增速达11.3%，低谷年（1990年）跌到3.7%，落差也有7.6个百分点，带来经济滑坡和疲软，损失也不轻。最近一次的经济波动（1991—1996年），由于从1993年年中起，正确地实行了"适度从紧、灵活微调"的宏观调控政策，和不失时机地对财政、税收、金融和外贸等经济体制进行了重大改革，才能既控制了通货膨胀又保持了经济相对快速增长：物价上涨率由1994年的21%，逐步降到1996年的6.1%，经济增长率由1992年的14%，逐步降到1996年的9.7%，在我国经济史中第一次成功地实现了"软着陆"。但由于旧体制中软预算约束等影响尚未根除，由投资饥渴等原因引发经济过热和通货膨胀的潜在压力仍然存在。为了熨平或弱化经济波动幅度，保证持续稳定增长，中共十五大根据近几年的成功经验，明确把抑制通胀列为宏观调控的一项主要任务，并把"实现适度从紧的货币政策和财政政策，注意调控力度"，写进了党代表大会的正式文件，这样就把一项短周期的对策提升为中长期的政

策，这对于防止经济过热和严重通胀反复出现，具有十分重要的意义。

二、日益突出的就业问题

中国劳动力资源丰富是一种资源优势，但同时也带来就业的难题。中国就业压力大，原因是多方面的。一是总量上的原因，即劳动人口众多，20世纪80年代以来，又进入增长高峰。劳动年龄人口占总人口的比重，50~60年代约为50%，90年代上升为60%。二是结构上的原因，包括工业化过程中农村有1.3亿剩余劳动力向非农产业转移，以及轻纺、机械与传统产业结构调整带来的就业问题。三是技术性原因，即由于技术进步，同量资本和产出所吸纳的劳动份额减少。综合反映结构性技术性因素的就业弹性系数，20世纪80年代下半期为0.34，90年代上半期降为0.16。四是体制性原因，即传统计划经济体制中人浮于事、效率低下，随着改革的深入和优胜劣汰机制的形成，必然要出现富余人员下岗和安置问题。几年来累计下岗人员已接近1000万人。五是周期性原因，即由于遏制经济过热而采取的收缩性措施，会带来某些需求和就业的缩减。解决我国就业问题，要考虑各种原因，采取多种对策，综合治理。十五大报告中对关系广大职工生活和社会安定的就业问题十分重视，多处涉及，如在"产业结构调整"部分提出的发展第三产业，把发展技术密集型产业同发展劳动密集型产业结合起来；在"所有制结构调整"部分，提出要鼓励非国有经济包括城乡多种形式的集体经济以及个体、私营等非公有制经济的发展。这些都与缓解就业压力有关。对于体制改革和结构调整中的下岗人员，十五大报告在论述国有企业改革的部分，有专门一段分析了这个问题，要求党和政府采取积极措施，依靠社会各方面的力量，关心和安排好下岗职工的生活，搞好职工培训，拓宽就业门路，推进"再就业工程"。

三、地区发展差距扩大问题

中国是一个幅员广大的国家。各地经济发展水平向来存在明显差距。新中国成立后约三十年间，由于当时历史背景，实行了一种国家投资向内地倾斜为基本特点的地区发展战略，而原来经济基础比较好的东部沿海地区反而发展迟缓，影响了全国经济发展的整体效益。改革开放以来，以"效率优先，兼顾公平"为原则的各种鼓励东部沿海地区发展并带动中部西部地区发展的政策措施陆续出台。这种地区战略促进了东部地区和中、西部地区的经济都取得了历史上前所未有的进展。但由于东部沿海地区持续快于中、西部地区，导致地区间发展水平差距扩大。1996年统计，较发达的东部12个省市土地面积占全国8%，GDP占65%左右，人均GDP约6000元人民币（合720美元），远高于中西部地区人均GDP 2720元（合320美元）。发展差距扩大导致了地区间利益矛盾日益尖锐。而我国中部、西部地区又是少数民族分布较多的地区，所以地区差距如不注意及时适当处理，会带来一些社会政治问题。中共十四届五中全会（1995年）制定的"经济社会第九个五年计划和2010年远景目标建议"中，对解决地区发展问题的提法是"坚持地区经济协调发展，逐步缩小地区发展差距"，这是对当前我国地区发展战略的完整的概括。国内有人认为，缩小地区差距就意味着放弃由东向西推进的地区发展战略，这是不确切的。从东向西推进战略反映了我国地区发展的客观进程。十五大报告对此进一步作了系统的阐述，指出东部地区要充分利用有利条件，在推进改革开放中实现更高水平的发展，有条件的地方要率先实现现代化。中部、西部地区要加快改革开放和开发，发挥资源优势，发展优势产业。这就说明了东部地区仍要先行一步。"报告"还强调国家要加大对中、西部地区的支持力度，包括优先安排基础设施和资源开发项目，实行规范的财政转移制度，鼓励国内外投资者到中、西部投资，还要求东部地区进一步发展同中、西部地区各种形式的联合和合作，更加重视和积极帮助少数民族地区发展经济，等等。这些要求的落实，对逐步缩小地区差距将产生重要的影响。

四、收入分配不公问题

我国改革前在收入分配上实行的基本是平均主义的分配政策。改革后为了刺激效率和发展生产力，提出了"让一部分人先富起来以带动大家共同富裕"的政策。在建立市场经济的一定阶段，收入差距的拉开和扩大是不可避免的。据估计，农村20%低收入居民与20%高收入居民的人均收入差距，1978年为2.9倍，到1994年扩大为6.6倍。城市居民收入差距，由1983年的2.3倍，扩大到1996年的4.2倍。当前农村20%低收入的居民与城镇20%高收入居民的平均收入差距为1∶13，超过了10倍。在不同所有制之间和不同行业之间，都拉开了差距。1996年，国有经济单位、集体经济单位和其他类型单位（主要是涉外企业）职工平均收入之比为0.6∶0.42∶1，金融保险业职工收入同地质勘探业之比为1∶0.7。在个人收入快速增长的同时，职工工资总额占全部个人所得的比重由1978年的31.8%，下降到1995年的27.2%，这表明制度外的不规范收入比制度内的工资收入增长更快。据1995年抽样调查，工资外收入的基尼系数为0.34，高于同期城镇基尼系数0.28。这表明了工资外收入的不平等分配程度更高，而工资外收入更多是向垄断性行业及拥有某些特权的企事业单位等方面倾斜。收入差距的扩大引起人们的忧虑。有些人认为中国已出现贫富两极分化，"一个资产阶级已在经济上形成，无论绝对人数和经济实力上私营企业都超过了1955年以前的建国初期"。但亦有经济学者指出，现在城镇居民基尼系数约为0.3，高于20世纪80年代初期的0.15，从国际比较仍处于合理范围之内，但确实存在两极分化的倾向，值得注意。总之，如何在分配制度上既坚持效率优先又兼顾社会公平，既促进经济发展又保持社会稳定，是我国社会公众极为关心的问题。十五大报告重申了坚持按劳分配为主体，各种分配方式并存（各种生产要素参与分配）的制度，阐述了依法保护合法收入，取缔非法收入，整顿凭借行业垄断和某些特殊条件获得的不合理额外收入，以及用完善税制等手段调节高收入。通过这些措施来规范收入分配，使收入差距趋向合理，达到防止两极分化的社会目的。

五、所有制结构调整问题

中国的改革一开始就明确是社会主义制度的自我完善，对此一直有不同理解，几乎改革每前进一步都遇到过争论。从改革初期对农村实行包产到户和广东、福建沿海办经济特区是不是搞资本主义，以及后来对社会主义经济是否是商品经济，能否实行市场经济等都有过争论。在所有制结构方面，确立了以公有制为主体、各种所有制共同发展的改革方向。若干年来，国有经济在国民经济中所占比重持续下降，目前已降到40%。对此，一些人士忧心忡忡，并担心公有制企业改革采取股份制和股份合作制形式，是不是搞私有化。十五大报告着重回答了这个问题，阐明了我国公有制经济并不等于国有制，它还包括各种合作社、集体经济和混合所有制经济中的国有和集体成分；指出只要公有制仍占主体地位（目前在整个国民经济中占76%），并且国有经济对国民经济命脉的控制能力得到加强，即使国有经济从非命脉部门退出或缩减，其比重下降并不影响我国经济的社会主义性质。十五大报告还阐明公有制可以有多种实现形式，指出股份制是一种现代企业的资本组织形式，资本主义可以用，社会主义也可以用，不能笼统地说它是私有还是公有，关键要看控股权掌握在谁手中。对于目前我国城乡大量出现的股份合作制，报告指出，这是劳动者的劳动联合和劳动者的资本联合相结合的一种集体经济组织形式，要加以支持和引导。十五大报告在党的正式文件中第一次明确宣布，包括个体、私营等在内的非公有制经济，是我国社会主义市场经济的重要组成部分，而过去的提法只说它是公有制经济必要的有益的补充。现在非公有制经济在国民经济总额中已提高到四分之一，如实地明确其重要地位是很必要的。十五大报告中关于完善所有制结构的上述一些新论断，有利于消除思想障碍，推动经济改革的大步前进。

六、国有企业改革问题

国有企业改革是我国整个经济体制改革的重点，也是一大难点。目前仍有不少国有企业活力不强、经营困难，甚至长期亏损。其主要原因，一是国有经济分布过于分散，现有国有企业30多万个，几乎遍布所有的产业部门，其中有不少是国有经济既没有竞争优势又没有必要进入的行业。二是企业体制和机制仍然未摆脱政企不分、吃"大锅饭"的传统，不适应市场经济的要求，该淘汰的不能淘汰。三是国企债务和冗员负担沉重。1993年中共十四届三中全会决定以"建立现代企业制度"作为企业改革目标以来，企业改革的着眼点和着重点发生了一系列深刻的变化。十五大报告总结了这些年国企改革的经验。一是要着眼于搞好整个国有经济而不是救活每个国有企业，抓好大的，放活小的，对国有企业实施战略性改组。以资本为纽带，通过市场形成具有较强竞争力的跨地区、跨部门、跨所有制和跨国经营的大企业集团。采取改组、联合、兼并、租赁、承包经营和股份合作制、出售等形式，加快放开搞活国有小企业的步伐。二是在大中型国企实行规范的公司制改革中，进一步明确国家和企业的权利和责任，既反对政府直接干预企业经营活动，又反对企业损害国家作为所有者的权益。三是对国企改革中碰到的难题，特别是资金困难和冗员处理问题提出了解决的思路。在资金筹措方面，明确提出要采取多种方式包括直接融资，充实企业资本金，培育和发展多元化投资主体，以推动政企分开和企业转变经营机制，把发展资本市场同企业股份制改造结合起来。在安排就业与再就业方面如前所述，总结并写进了几年来"实行鼓励兼并、规范破产、下岗分流、减员增效和再就业工程"的系列经验。四是积极推进各项配套改革，包括建立有效的国有资产管理、监督和营运机制，建立社会保障体系，以及下面还要讲到的政府职能转变和机构改革，等等。通过以上改革措施，力争到20世纪末大多数国有大中型骨干企业能够摆脱困境，初步建立现代企业制度。

七、政府机构改革问题

从计划经济转变为市场经济，特别是国有企业改革，碰到原有政府职能和机构不适应的问题。早在1984年制定第一个经济体制改革的决定中，就已经提出了政企分开、简政放权的原则，以打破政企不分、条块分割的体制。14年来，尽管进行过几次机构改革，但是计划经济时期形成的政府职能尚未从根本上触动，反而行政机构越搞越大，人员越搞越臃肿，官僚主义越搞越严重。中央国家机关部委的数量至1993年仍有43个。目前在国家行政机关就业的职工约1000万。如果加上国家事业单位的职工和国有企业的党、政、工、团的管理人员，三项合计约占全国职工总人数的30%。十五大报告指出："机构庞大，人员臃肿，政企不分，官僚主义严重，直接阻碍改革的深入和经济的发展。"政府机构改革之所以迟滞不前，一是由于传统计划经济的影响根深蒂固；二是中央部门和地方政府不愿放弃各自的权力和利益；三是政府机构精简与国企改革一样遇到大量人员处理和社会安定问题。因此解决这个问题，在决策上既要有决心，又要谨慎从事。它既涉及经济改革，又涉及政治改革。十五大报告把政府机构改革写在政治体制改革一章，但同时在经济体制改革部分也涉及有关内容。总的精神是按照社会主义市场经济的要求，转变政府职能，实现政企分开，把企业生产经营管理的权力切实交给企业，这里面包括：①国有经济的战略重组，从不该由国家管的一般竞争性领域退出；②在保留国有经济的部门，建立有效的国有资产管理、监督和营运机制，实行政、资分开（政府行政管理职能与资产营运职能剥离，后者授权大企业集团和国有资产营运公司运作）；③政府的基本职能是通过制定和执行法律、政策，为企业运行建立一个平等竞争、宏观稳定的经济环境。为此要把综合经济部门改组为宏观调控部门，调整和减少专业经济部门，加强执法监管部门，培育和发展社会中介组织。专业经济主管部门的调整，凡属一般竞争行业，应改组为行业协会；凡属自然垄断性行业，应改组为全国性集团总公司；凡属历史原因形成的行政性垄断行业，应鼓励展开竞争，成立若干家控股公司。不论采取什么方式，都不应继续保留行政职能，更不能搞成"翻牌"公司。机构改革中的人员处理，应与国企一样实施下岗分流、培训转业等再就业工程，以维护社会稳定。

上面概括地介绍了中国经济发展与改革中若干难点问题。当然难题不止这些。此外，粮食问题、农业问题、产业结构问题、资源环境问题、金融危机问题以及腐败问题等，也都对中国经济提出挑战。对此十五大报告都很重视并有论述。总之，中国经济改革和发展中遇到的各项难点和热点问题，只有在今后改革与发展的实践中进行不断的探索，才能逐步得到解决；中国只有在不断解决各项难题的过程中，才能逐步实现现代化的夙愿。

当前我国经济中的主要问题

——《宏观经济管理》记者专访

（1997年12月）

记者（曹洪军）： 前不久您曾撰文指出，当前中国经济的主要问题，不是速度、总量问题，而是结构、质量和效益问题，能否作一下说明。

刘国光： 改革开放以来，我国经济实现了年均增长10%左右的高速度。其中，最近5年的年均增长速度是12.1%，成功实现"软着陆"的去年增长了9.7%，今年（1997年）上半年为9.5%，预计今年全年约为9.5%。"九五"期间经济增长率高于"九五"计划宏观调控的预期目标，今年也将超过全年8%的预期目标。这个速度处于我国目前潜在经济增长率的合理区间（8%~10%），在这个区间内不会有大的问题，超过了就会造成经济过热，过低则不能充分利用资源。从世界上看，这个发展速度也是名列前茅的。所以，这个发展速度并不低，如果能保持下去是很好的。

记者： 能否请您结合新中国成立以来我国经济发展的历程，谈谈对推进两个根本性转变的看法。

刘国光： 从新中国成立近五十年的历程来看，1979年以前我国照搬苏联模式，排除市场机制，实行高度集中的计划经济，虽然在一定程度上加速了资源的利用，初步建起了我国社会主义工业体系和国民经济体系，改变了旧中国贫穷落后的面貌，并消灭了贫富两极分化的现象，但是，由于长期强调"一大二公"，强调全面计划化，造成我国经济体系缺乏竞争和优胜劣汰的机制，缺乏自我发展、自我积累、自主决策、自负盈亏的微观基础。经济结构经常处于大失衡与大调整之中，加上一次又一次的政治运动，经济呈强周期波动，从1958年到1968年我国经济基本停滞不前。历史经验表明，实行排斥市场、排斥商品生产、排斥竞争和价格调节的计划经济体制，并不是一个科学的选择。实现从计划经济体制向社会主义市场经济体制的转变，正是改革开放以来，人们按照邓小平同志建设有中国特色的社会主义理论，在努力寻求公有制与市场相结合的途径中，对中国经济发展道路作出的开拓性探索，是一个创举。建立社会主义市场经济体制正是我国改革的正确选择和基本目标。改革开放的18年历程也证明，发展社会主义市场经济，适合我国国情，符合人民意愿，适应世界经济发展规律，有利于解放和发展社会主义社会的生产力，有利于增强综合国力，有利于提高人民生活水平，增强人们的自立、竞争、效益、民主法制意识及开拓精神。

关于我国经济增长方式由粗放型向集约型的根本转变，以前我们曾把它作为经济发展战略的一项重要内容来看待，党的重要会议和重要文献中也多次从多种角度提出并强调过转变经济增长方式的问题。但在实践中却由于下列原因造成了失误，主要是：片面追求产值的高指标而忽视经济效益；片面强调发展重工业而忽视了轻工业和农业；单纯以重复建设为主扩大再生产而忽视对原企业的改造；片面追求高积累而影响了人民必需的消费；强调人多好办事而造成了人口增长过快；片面强调自力更生而逐步走向自我封闭；过分强调公有化程度而限制了多种经济成分的发展；等等。"文化大革命"结束后，制定1976—1985年经济发展十年规划时，又片面追求高速度、高积累，搞"洋跃进"，经1979年调整后，经济发展总的情况虽然较好，但效益和质量仍不理想，经济周期虽然较改革开放前的波动幅度减小，但仍出现了

4次，尤其是1988年和1993年出现了经济过热、速度过快、投资规模过大的情况。经验表明，国民经济要实现持续、快速、健康发展，经济增长方式必须由粗放型转向集约型，由外延式转向内涵式，由速度型转型向效益型。

在这里，需要强调的是，经济体制的改革和经济发展战略（经济增长方式）的更新是互为条件和互为因果的。经济体制是手段，经济发展是目标，前者服从于后者，后者决定前者。但是，经济体制转变对经济发展战略又有反作用，可制约后者的发展。经济体制的改革，必须有良好的经济环境，这包括良好的经济发展方式在内。我们主张"双向协同，稳中求进"的改革与发展策略，这样既不会束手束脚不敢突破传统体制的基本框架，又不至于急躁冒进把经济搞得过热，经济体制模式和经济发展模式的双重转变必须同时推进。

记者： 股份制是国有企业改革的一种选择，发展股份合作制，当前的主要任务是什么？

刘国光： 一是大力推进，二是加强规范，三是积极引导。

当前，我国城乡大量出现的多种多样的股份合作制经济，是改革中的新事物，是公有制的一种实现形式。对于股份合作制，我是个积极支持者，但我赞成加强规范，积极引导。

规范意义上的股份合作制企业，所有职工都认购一定数量的股份，而且股份大体接近，职工既是劳动者，又是股东。这样，劳动合作与资本合作就有机地结合在一起了。不能什么企业都安上股份合作制的"帽子"，一些名不副实的"股份合作"企业，应当实事求是地是什么就叫什么。股份合作制不是搞私有化，绝对不可以是几个人各出一点钱搞个企业，雇用工人，自己不参加劳动，这不是股份合作制，这是合伙企业，或者私营企业。

在实践中，不能因为目前股份合作制还不够规范，还存在一些问题就限制它，否定它，从而影响改革发展的大方向。

目前一些国有小企业改制为股份合作制时，出现了资产低估和流失现象，有些同志因此对这一改制持保留和观望态度。应当看到，这不光是股份合作制的改制中有这种问题，国有企业在搞股份制过程中，在实行兼并收购等资产重组和流动的过程中都有这个问题。对此，应当积极采取措施，防止非规范的做法，如不评估、乱评估、低评估等，减少和避免改制过程中国有资产的流失。

同时，我们还应当看到，国有资产不流动造成的损失比流动造成的损失要严重得多，而且前者是一种看不见的"暗流"。与其让国有资产、国家财政资金悄悄地流失，还不如实事求是地考虑职工的购买能力让职工自愿来买，关键是能调动广大职工积极性，使原来亏损的企业不再亏损，并重新为国家创造财富。

记者：您认为目前我国发展股份经济的核心点是什么？

刘国光：十五大报告对于国有企业改革中碰到的难题，特别是"钱从哪里来，人往何处去"的问题，提出了解决的思路。如在资金筹措问题上，提出了"要采取多种方式，包括直接融资，充实企业资金"，把发展资本市场同企业的股份制改造结合起来。这是问题的一方面。另一方面，发展股份制经济还要与建立现代企业制度结合起来，与建立规范的公司制度结合起来。因此，从整体上看，发展股份制经济，既便于筹集资金，更是为了建立健全良好的企业机制。任何一个企业只是想通过股份制来"捞钱"，而不在转制和提高效益上下功夫，不对广大股东负责，就不会长久。

当前，要特别注意两种倾向：一是搞"一股就灵"，认为只要戴了股份制的帽子，企业的一切难题就迎刃而解，"换汤不换药"，钱到手就万事大吉；二是防止"刮风"，争相"赶车""挤车"搞股份制，层层定任务、定指标、定时间，而不顾质量，不管规范和程序。搞股份制，关键是搞好资本运营，提高资本运营效益，提高企业素质。这才是搞好股份制经济的关键。

　　我国一般的加工工业过多，高水平的加工工业发展却很不够，第三产业发展滞后。特别过去盲目追求数量、速度、规模，乱铺摊子、重复建设、盲目投资，造成的浪费很大，致使有的企业生产能力利用不足，产品积压现象严重。在目前条件下，进一步扩大投资可能形成新一轮的粗放扩张和重复建设，加剧产品积压和资金占用，进一步扭曲供给结构。市场经济是一种竞争性经济。由于我国产品质量水平不高，竞争力不强，虽然名牌产品不断增加，但也被国外产品挤垮了不少。质量是更好的数量。目前，部分国有企业经营困难，相互拖欠严重，银行的不良债务增多，企业经济效益低下的问题很突出，所以，调整结构、提高企业的素质和效益的问题是当前我国经济的主要问题。

　　记者：成功实现"软着陆"后，有人认为我国经济总体形势"偏冷"，出现"需求不足"，需要"刺激"和"启动"，您怎样看这个问题？

　　刘国光：这是个重要问题。因为对经济形势的认识，关系到当前和今后宏观调控政策的选择。现在有一种看法，认为目前经济总的形势"偏冷"，出现"总需求不足"，其结论显然是要实行扩张性政策，刺激经济增长。这种观点是不正确的。

　　第一，这次"软着陆"成功后我国经济的走势，与过去经济周期回落到低谷时的情况不同。过去经济周期处于低谷时，一般是增长速度很低甚至出现负增长，然后是回升转热。这次由于坚持了适度从紧和适时微调的方针，在治理通货膨胀和降温过程中保持了经济的相对快速增长。上次经济周期转折时，经济增长率由1988年的11.3%骤降到1989年的4.1%，1990年的3.8%，可以说是出现了滑坡，是"偏冷"。而这次"软着陆"前后的经济增长率，处于8%~10%的潜在经济增长率合理区间。这一速度并不低，不能说是"偏冷"。在目前经济保持快速增长的情况下，不宜提出"加温""刺激"之类的口号。

　　第二，现在确实出现了"供大于求"的"买方市场"，但适度过剩有利无害，是我们过去多年梦寐以求的。市场经济是一种竞争性经济，它需要造就一个生产和供给略大于有效需求的"买方市场"，这样，才能真正实现市场竞争和消费者的选择权。这种"买方市场"比起求大于供的"短缺经济"或"卖方市场"，更便于进行调节。所以，我们不能"叶公好龙"，当"卖方市场"向"买方市场"转化之际，一看到某些产品和生产能力出现过剩，就大喊"需求不足"。另外，还应当看到，某些产品库存的"过度"积压，与正常的"买方市场"无关，并不是需求总量不足造成的，而主要在于供给结构扭曲，不适应市场的变化；在于外延扩张和重复建设严重；在于优胜劣汰机制不健全，在新的生产能力不断增长的同时，那些不符合市场需求、本该淘汰的生产能力却得不到及时调整。现在，"买方市场"已经初步形成，出现了一个相对宽松的宏观环境。我们要抓住这个机遇，加大结构调整和实现两个根本性转变的力度，努力落实十五大提出的经济体制改革和经济发展战略的各项任务。

《1953—1957中华人民共和国经济档案资料选编》总序*

（1998年1月）

经历了半个多世纪的积累和磨炼，中华人民共和国将在21世纪建成社会主义现代化强国。

在中华人民共和国诞辰50周年、新世纪将要到来的时刻，我们抚今追昔，总结经济建设的历史经验，具有继往开来的重要意义。我们面临世界性现代化潮流中的竞争和挑战，必须大力发展生产力，提高综合国力，改善人民生活质量，提高全民族的素质。为了这个目的，需要深化改革、调整和完善社会主义生产关系。这就要求我们在马克思主义的指导下，不仅要学习国内外一切先进的思想理论、管理经验、科学技术成果，更重要的是将其与中国的经济建设实践相结合，建立中国特色社会主义经济理论。这一历史使命越来越迫切地摆在我国社会科学工作者的面前。为了完成这个任务，谙熟国情，了解自己，系统地、深入地、有创见地研究中华人民共和国经济史，科学地总结经济建设的历史经验教训，则是必要的前提。中国社会科学院和中央档案馆合作编辑的大型经济学术资料——《中华人民共和国经济档案资料选编》，就是为全面地、完整地回顾与总结新中国经济建设

---

* 载于中国社会科学院、中央档案馆编《1953—1957中华人民共和国经济档案资料选编》，中国物价出版社、中国物资出版社等1998—2000年版。

的历史经验教训奠基和铺石。

《1953—1957中华人民共和国经济档案资料选编》是
《1949—1952中华人民共和国经济档案资料选编》的续编。
《1949—1952中华人民共和国经济档案资料选编》是中国社会科
学院和中央档案馆通力协作，科研人员与档案管理人员一起，查
阅了数以亿计的档案资料，含辛茹苦，历时八载才编辑成的。全
套丛书包含12卷，内容达千万字以上，于1996年年底全部出齐。
该书的出版，为研究中华人民共和国建立初期的经济背景、经济
体制变革以及经济运行提供了丰富的详尽的学术资料，在海内外
引起了广泛关注。在此套丛书的基础上，已经产生了一批有新见
解的国史、党史和经济史的科研成果，预计还会有更多富于创见
的新成果问世。

《1953—1957中华人民共和国经济档案资料选编》所涉及的
1953—1957年，是中华人民共和国成立初期经济建设的一个重要
阶段：1953—1957年，我国实施了第一个五年计划，展开大规模
的经济建设。在苏联和其他友好国家的支援下，主要依靠我国人
民自己的努力，克服了资金、物资、技术力量和管理经验严重不
足的重重困难，进行了以156项为中心的700余项重大工程建设，
奠定了工业化的初步基础，使国民经济出现了工农业协调发展，
市场繁荣，物价稳定，人民生活显著改善的兴旺局面，取得了较
好的经济效益，并从此开始了全面建设社会主义的时期。与此同
时，我国对个体农业、手工业和资本主义工商业进行了社会主义
改造。我国的计划经济体制在这个时期逐步确立。1956年中共八
大前后，党和国家又开始了对社会主义经济管理体制的探索。毛
泽东、刘少奇、周恩来、陈云等党和国家领导人、孙冶方、薛暮
桥等经济学家均对三大改造以后的计划经济体制提出了变革的意
见。当时的历史条件（国际的敌视、孤立与封锁，国内生产要素
匮乏，产业结构失衡，缺乏经验等）形成了这个时期的工业化建

设尚需服务于新生政权的建设，服务于建立强大的国防和有效的行政管理体系。这一特殊目的决定了不得不把发展重工业置于首位，并且实行以行政命令为主体的计划管理体制。时过境迁至今日，我们看到这个时期既取得了重大的成功，也有曲折与教训。对其间"三大改造"等重大问题学术界的看法尚不尽一致。然而，真理总是越辩越明，理论总是在探索中发展的。本丛书的编辑与出版，将披露大量第一手资料，对于真理的辩证和理论的发展必然产生推动作用。

在性质与体例上，这套丛书与1949—1952年部分一样，仍是一部有关中华人民共和国经济史料的大型学术资料系列丛书，兼有资料性和学术性双重意义。一方面，书中正文内容全部采用原始的档案资料，在编辑过程中严格维护文献原意，对重要文献资料力求兼容并蓄，毋使遗漏，并且为读者进一步深入探索提供详尽准确的来源和出处。另一方面，编者对汗牛充栋的文献资料进行去粗取精、去伪存真、由此及彼、由表及里的研究分析，在此基础上，按照生产关系变革、生产力发展、经济体制演变、经济运行各个环节等方面分门别类，设立卷次，详列纲目，按类编排成书；在编排的过程中注意到历史和逻辑的结合，每一卷资料都是一个有机的整体，使读者一目了然，便于比较分析和研究，而不同于一般的文件汇编。它兼有资料性、学术性和科学性。可以说，也是一种形式的经济史书，而且是一件具有开拓性的工作。

这部丛书的编辑和出版，得到了国务院、国家各部委档案部门的热忱支持，并承蒙当年领导我国经济建设的老同志的谆谆指教，在此向他们致以衷心的敬意和谢意。

由于这是一件开拓性的工作，加之档案资料的分散和统计资料的不完备，编辑工作必然有诸多不足和不尽如人意之处，恳请读者提出批评建议，以待再版和续编时改进。

1998年1月

学习周恩来经济思想*

——纪念周恩来同志诞辰100周年
（1998年2月）

1840年的鸦片战争改变了中国历史发展的走向。曾经创造了发达的古代经济和璀璨的古代文化的东方文明古国，其传统社会结构陷入了一种被迫、急促、曲折和痛苦的历史嬗变过程中。我国近代以来的历史，既是遭受帝国主义列强侵略而陷入半殖民地半封建深渊的屈辱史，也是开始觉醒、开始漫长而悲壮的现代化追求的奋斗史。但发端于"洋务运动"的近代化进程，百年来所取得的成效非常有限，由资产阶级领导的社会变革和现代化努力，也一直没有获得成功。

中国共产党领导的新民主主义革命，是由新的理论、新的领导、新的主体和力量构成的一场以实现独立、民主、富强的现代化国家为目标的伟大革命运动。它的胜利宣告了鸦片战争以来"屈辱的一个世纪"的结束。独立统一的中华人民共和国的成立，奠定了真正启动现代化建设的前提和基础，中国的现代化运动进入了一个新的历史阶段。

少年时代就决心"为了中华之崛起"而奋斗终生的周恩来，不仅是我国新民主主义革命的卓越领导人之一，以其赫赫功勋彪炳史册；他更是我国社会主义现代化事业的奠基者和开拓者，在

---

* 为1998年2月在北京召开的《周恩来生平和思想研讨会》写的论文，与毛立言合作。摘要发表于中共中央党校《燧石》杂志1998年第2期。

我国现代化历史丰碑上镌刻着他光辉的业绩。在经历了社会主义现代化建设初期的艰辛探索和曲折，在我国的现代化进程终于大踏步迈进的日子里，迎来了周恩来同志诞辰100周年。值此，我们谨以回顾总结周恩来领导我国社会主义经济建设的思想和实践，作为对我国社会主义现代化事业的这位奠基者和开拓者的缅怀和纪念。

一

中国近代在经济文化诸方面落后于西方工业化国家的历史事实和由此陷入的悲惨境地，决定了尽快实现以工业化为基础的现代化是历史提在中国人民面前的基本任务。当我们在1949年通过长期革命战争的浴血奋斗终于争得了对外独立和对内统一这个实现现代化的基本前提时，能否深刻而清醒地认识到这一基本历史趋势和任务，就成为能否承担起领导建设新中国的关键；能否始终坚持和加深对这一基本历史任务的认识，则是我国经济建设能否顺利发展的关键。

周恩来同志作为党和国家第一代领导核心主要成员之一，在其领导我国社会主义经济建设的思想和实践中，始终把实现社会主义现代化作为整个经济建设的核心和目标。实现社会主义现代化这一思想和目标，是周恩来社会主义经济思想的核心和灵魂。

在新中国即将诞生的时候，在中国人民政治协商会议第一届全体会议上，周恩来同志就向全国人民宣布，我们的目标是"建设独立、民主、和平、统一和富强的新中国，要把中国由一个农业国变为工业国"①。当经过努力，在很短时间内实现了国民经济的恢复以后，从1953年起，我国开始实施第一个五年计划，大

① 《周恩来选集》下卷，第23页。

刘国光

经济论著全集

第
14
卷

规模的社会主义经济建设正式启动。周恩来同志在这样一个重要的时刻，在1954年9月召开的第一届全国人民代表大会的《政府工作报告》中，不仅更为明确地提出了"经济建设工作在整个国家生活中已经居于首要的地位"，而且第一次非常郑重和明确地向全国人民提出了在我国"建设起强大的现代化的工业、现代化的农业、现代化的交通运输业和现代化的国防"[①]的任务。周恩来同志认为："我国的经济原来是很落后的。"如果我们不能实现四个现代化，"我们就不能摆脱落后和贫困，我们的革命就不能达到目的"[②]。基于这种对我国历史发展基本趋势的把握，周恩来同志以后多次强调这一任务和目标，不断提出实现四个现代化是全国人民的中心任务，经济建设必须以四个现代化为中心。直到"十年动乱"中，周恩来同志已经身患重病时，在1975年1月的四届人大一次会议所作的最后一次《政府工作报告》中，还重申了1964年12月向三届人大一次会议提出的分两步实现四个现代化的计划，号召全国人民向四个现代化的宏伟目标前进[③]。充分显示了他对这一基本目标的执著和坚定。

周恩来同志关于我国社会主义经济建设要以现代化为中心，我们经济建设的总体目标是要实现社会主义现代化的思想，是有着他的深刻的理论依据和认识依据的。首先，他把握和坚持了马克思主义历史唯物主义的基本原理，坚持了无产阶级革命的根本宗旨，即无产阶级政党的一切活动和无产阶级革命的根本目的，是为了解放和发展生产力。周恩来明确指出，革命的根本目的，是"解放我国的生产力，使我国国民经济能够沿着社会主义道路得到有计划的迅速的发展，以便提高人民的物质生活和文化生活

---

① 《周恩来选集》下卷，第132页。

② 同上。

③ 同上书，第479页。

的水平，并且巩固我们国家的独立和安全"①。其次，他深刻认识和把握了社会主义生产的目的，反映和代表了全国人民的根本利益和共同愿望。周恩来认为，社会主义生产的唯一目的，就在于"最大限度地满足整个社会经常增长的物质和文化的需要"②。从根本上讲，周恩来同志从中国历史的发展及其与整个世界现代化进程的关系这个宏大的视野，深刻地洞察和认清了我国社会发展的基本历史趋势和整个社会发展的主题，就是要实现社会主义现代化，这是时代赋予中国共产党和中国人民的历史使命，是摆脱落后境地、立足于世界民族之林，为人类作出更大贡献的要求和需要。周恩来指出：现在世界上各方面的事业都在飞跃发展，我们要迎头赶上，就要着重研究现代的问题，要一代胜过一代，作出比前人更大的贡献③。他认为，中国只有实现四个现代化，才能"立足于世界"，才能为人类作出更大的贡献。这不仅是因为从国内来看，"中国百多年来的历史特别是近二十几年的历史表明：中国一直是帝国主义侵略盗匪的重要目标，因此胜利了的中国人民不可能没有强大的国防力量来保护自己"④。"我们必须迅速改变国民经济长期的落后状态。"同时从国际方面来看，我国实现了四个现代化，就"可以促进社会主义各国经济的共同高涨，并且可以增强保卫世界和平的力量"⑤。

周恩来同志不仅坚定而明确地提出了我国经济建设的总体目标，而且在当时的历史条件下，还根据我国的国情指明了我国实现四个现代化的具体要求和推进这一基本历史任务的战略步骤。周恩来同志提出，我们实现工业现代化的具体要求，"就是要使自己有一个独立的完整的工业体系"。即"自己能够生产足

---

① 《周恩来选集》下卷，第132页。

② 同上书，第159页。

③ 《周恩来统一战线文选》，第447页。

④ 《周恩来选集》下卷，第33页。

⑤ 同上书，第225页。

够的主要的原材料；能够独立地制造机器，不仅能够制造一般的机器，还要能够制造重型机器和精密机器，能够制造新式的保卫自己的武器，像国防方面的原子弹、导弹、远程飞机；还要有相应的化学工业、动力工业、运输业、轻工业、农业等。但是，应该指出，基本上完整并不是说一切都完全自足。"[1]实现科学技术现代化的要求是，"实事求是，循序前进，相互促进，迎头赶上"，"要有雄心壮志，尽快赶上世界先进水平"[2]。同时，他还从四个现代化是一个有机联系的系统出发，强调指出："我们的四个现代化，要同时并进，相互促进，不能等工业现代化以后再来进行农业现代化，国防现代化和科学技术现代化。"[3]

对于我国推进和实现四个现代化的历史进程和战略步骤，周恩来同志指出："从第三个五年计划开始，我国国民经济的发展，可以按两步来设想：第一步，用15年时间，即在1980年以前，建成一个独立的比较完整的工业体系和国民经济体系；第二步，在本世纪内，全面实现农业、工业、国防和科学技术的现代化、使我国国民经济走在世界的前列。"[4]从实际的发展进程来看，虽然存在着"文化大革命"那种必然会阻碍现代化进程的非正常的动乱因素，但第一步目标还是基本上实现了。第二步目标要求和实际进程不可能完全吻合，其中有"文化大革命"那种政治上的因素的影响，也有对国情和现代化的客观标准和内涵认识不足的地方。这种情况是任何一个政党和领导者都难以完全避免的。实践证明，对我国实现现代化这一基本历史任务认识得深刻与否、坚定与否，是检验一个领导者对我国社会发展的基本趋势把握得如何的一个重要的标志。周恩来作为我国四个现代化的首

---

① 《周恩来选集》下卷，第232页。

② 同上书，第412页。

③ 同上。

④ 同上书，第479页。

倡者，并始终坚定不移地为之奋斗、付出了毕生精力的我国社会主义现代化的事业的奠基者和开拓者，虽然他的认识还有一定的历史局限性，而且也由于历史条件的限制没有很好地付诸实施，但其影响却是巨大和深远的。党的十一届三中全会以后邓小平和我们党重又确定的党在新时期的总任务，从一定意义上说，也是对周恩来这一核心思想的继承和发展。

二

中国的现代化不是通过资本主义途径实现的现代化，中国的社会主义也不是工业化已经完成和现代化已经实现或正在实现条件下的社会主义。这个现实同马克思恩格斯对未来社会的设想有着很大的差异。怎样认识这种历史条件下的社会主义？怎样在这样的历史条件下建设社会主义？这种形态的社会主义的主要任务是什么？就成为一个非常深刻的、具有很大难度的历史性课题。

周恩来同志作为一位伟大的马克思主义者，在早年对马克思主义理论学习和研究的基础上，随着我国社会主义社会的诞生和在探索中发展，对现实中社会主义的理解和认识也在不断发展。

新民主主义革命胜利以后，我国社会的性质和未来走向问题，也就是新民主主义的发展和将来向社会主义的过渡问题，实际上已经把对社会主义的认识和理解问题摆到人们面前。基于对社会主义所需要的生产力高度和物质基础的认识，周恩来不仅严格区分了新民主主义和社会主义的界限，而且认为将来向社会主义转化，也应该有客观物质基础的依据。对于我国必须经历一个新民主主义阶段，而不能直接进入社会主义的原因，周恩来认为，"实现社会主义要有一定条件的"，其中包括，落后的经济变为先进的经济，工业化相当高了，人民觉悟提高了，还有国内外情况等。如果条件不成熟，就急于转变到社会主义，"并不能实现社会主义"。对照东欧各国的情况，周恩来指出："没收资产阶级的企业，去掉资产阶级，走向社会主义，这是东欧各人民民主国家的做法，我们中国有所不同。""中国的经济是落后的，要实现工业国有化和农业集体化，还需要一个相当长的时间，还需要动员各方面的力量。要发挥资产阶级的积极性，让它发展有利于国计民生的经济事业，使我们的经济能更快地发展。"①

总之，他认为进入社会主义，要转变得很自然，要经过一个相当长的时间，"水到渠成"。既不能脱离生产力发展的水平，过早地否定资本主义经济和个体经济的作用，也不能脱离群众的觉悟水平，急躁地把将来的前途当做今天就要实行的政策。不论是经济建设，还是经济改造，都应当稳步前进。

后来，在向社会主义过渡的实践中，针对当时一些不同的见解，周恩来坚持从生产关系和生产力两个方面来认识和判断社会主义，他一方面提出要全面认识过渡时期的目标，指出社会主义最基本的标志就是完成了社会主义改造，取消了生产资料的私人资本主义所有制，农业、手工业集体化了。所以，仅仅把实现社会主义工业化作为过渡时期目标和任务是不完全的。同时他又指出，社会主义是建立在一定物质基础之上的，国家工业化是经济改造的关键。因此，过渡时期的中心内容，就是实行国家工业化和社会主义改造②。至于过渡时期的长短，则取决于是否基本上完成了国家工业化和对农业、手工业、资本主义工商业的社会主义改造。如果这些任务"基本上实现了，过渡时期就算结束了"③。

① 周恩来：《发挥人民民主统一战线积极作用的几个问题》，1950年4月13日。
② 《周恩来统一战线文选》，人民出版社1984年版，第254页。
③ 《周恩来选集》下卷，第105页。

正是由于周恩来对创造向社会主义过渡的物质基础的重视，所以他对在贯彻过渡时期总路线和总任务时出现的那种只讲社会主义改造而忽视国家工业化的倾向是不赞同的。他在1954年9月全国人大一届一次会议上的《政府工作报告》中指出："我们必须用全力来实现宪法所规定的我们在过渡时期的总任务，而这里最主要的事情，就是我们人人都要关心提高我们国家的生产力。我们必须了解，增加生产对于我们全体人民，对于我们国家，是具有决定意义的。"[1]

当1956年社会主义改造基本完成以后，他针对一些人认为社会主义改造基本完成就进入了社会主义社会、过渡时期就完结了的想法，进一步从建立社会主义物质基础的角度提出了两个过渡的思想。他指出：过渡时期是两个过渡，一个是三大改造，一个是国家的社会主义工业化。第一个过渡比我们过去设想的时间是大大地提前了，但在逐步实现工业化过程中，过渡时期还不能算走完。他说，要使工业在工农业产值中的比重占到70%以上是很不容易的，不能随便提出"提前完成中国工业化"的口号，"我们过渡时期还是照原来设想的那样长一点没有坏处。这可以督促我们更快地努力使工业生产发展的规模更大，速度更快"[2]。他针对一种认为已经进入社会主义社会的说法，更为严格地指出："也可以这样说，不过不怎么样准确。因为有两种过渡嘛！"他认为，完全进入就得建成社会主义，而建成社会主义就要消灭剥削和贫困，还要消灭愚昧。"不然，会给人们一种错觉，以为我们现在已进入社会主义了，我们什么都是社会主义了，原来社会主义就是这样。"就是说，这会降低社会主义的标准，就会对社会主义产生误解。他还指出："要真正巩固农业、手工业和资本主义工商业改造的成果，必须实现工业化才行。如果没有工业

---

① 《周恩来选集》下卷，第144页。
② 1956年2月6日，周恩来在全国政协党委会第17次会议上的讲话。

化，农业即使合作化了，也不巩固。手工业也是如此。"①

可以看出，周恩来与那种脱离生产力的发展、片面地注重生产关系变革的倾向不同，认为要实现向社会主义的过渡，不只是要实现生产资料私有制的社会主义改造，而且还要实现国家的工业化。他认为，所有制改造基本完成以后，"资产阶级从整个阶级意义上来说，已经不存在了"，资产阶级和无产阶级的矛盾已不再是主要矛盾。但过渡时期并没有完，社会主义还没有建成，只有再经过"一个相当长的过程"，消灭了剥削，消灭了贫困和愚昧，才成为"完全的社会主义国家"。这种注重生产力发展程度和社会物质基础，把社会主义区分为未建成的不完全的社会主义和建成后的完全的社会主义的思想，可以说是后来邓小平和我们党提出的社会主义初级阶段理论的思想渊源和雏形。

20世纪50年代中后期，周恩来等同志针对当时急于求成的倾向，提出反冒进的意见，受到批判。接着，在"左"倾错误思想影响下，我国社会主义经济建设出现了"大跃进"和人民公社化运动的失误，遭受严重挫折。周恩来在总结这些实践经验中对社会主义的认识又有了新的发展。他更加坚定了要依据生产力发展水平来实现生产关系变革的思想，更加明确了生产力落后国家建设社会主义的长期性和艰巨性。1961年，他在同一位外宾谈话时指出："我们把在中国建设社会主义看做是一个长期的任务。""社会主义是指生产关系而言，同时也表现在生产力上。""现在中国很穷，很落后，离富强的要求还很远，需要几十年才能赶上去。因此我们党和国家的政策和指导思想是一切为了有利于生产关系的改进、生产力的发展和物质财富的增加。如果政策收不到以上效果，那就应该予以纠正。"1962年1月，周恩来对刘少奇在扩大的中央工作会议上的书面报告草稿，提出应

---

① 《周恩来选集》下卷，第191页。

该"把所有制的改变要根据生产力发展水平和农民觉悟程度来决定的意思补写进去"。4月，他又在全国政协三届三次会议上指出："我们过去有一段时间设想得太容易一点，以为经过社会主义三大改造，我们的社会不是属于全民所有制就是属于集体所有制，好像社会主义改造很快就能完成。不仅农村，城市都得进入人民公社，把街道里弄都改造过来，成员都改造过来。而且还有一部分人，认为很快地就能从集体所有制转到全民所有制。现在看来这些想法是不恰当的。"[①]他明确指出："社会主义改造要随着整个社会主义建设的进展才能相应地完成。如果说我们中国实现现代化需要几十年的时间，那么，整个社会主义社会完全建成，就得花更长时间，然后才能向共产主义的高级阶段前进。我们一定要有一个比较长期的想法，认识社会主义改造需要一个很长的时间。"[②]

在片面注重生产关系变革、对社会主义的认识脱离了现实条件的"左"的倾向影响很深的情况下，周恩来却注重从生产力的发展和社会主义所需要的物质基础的这一基本点出发，来认识现实社会主义的存在条件、成熟程度和未来发展问题。从这里，我们不是可以非常清晰地看到后来邓小平和我们党强调的生产力标准和社会主义初级阶段理论的胚芽吗？

三

在我国实行拨乱反正和改革开放以前，"左"的倾向在1957年以后就开始出现并日益严重。在这种"左"的倾向长期笼罩的气氛下，周恩来同志却一再强调，我国国民经济要健康发展，要实现四个现代化的宏伟目标，必须坚持"科学的态度"，"经济

① 《周恩来选集》下卷，第395页。
② 同上书，第396页。

工作要实事求是"。在当时的艰难情况下，这是难能可贵的，充分显示了这位伟大的马克思主义者的成熟和坚定。大家知道，"实事求是"是马克思主义的精髓。周恩来同志对实事求是有精辟的见解。他认为，实事求是这四个字，话虽简单，却包含着丰富的内容。要做到实事求是，不是那么容易的。而经济工作要实事求是，一定要认识经济发展的客观规律，才能指导经济工作①。就一定要"说真话，鼓真劲，做实事，收实效"②；可以说，实事求是的科学态度和务实精神是周恩来社会主义经济思想的基础，是他领导我国经济建设的指导原则，这一思想和原则贯穿在大到对社会主义发展速度和发展程度的认识，小到每一项具体的经济工作当中。

在对社会主义的建设速度方面，他意味深长地说，我们"绝不要提出提早完成工业化的口号。冷静地算一算，确实不能提。工业建设可以加快，但不能说工业化提早完成。晚一点宣布建成社会主义社会有什么不好，这还能鞭策我们更好地努力"③。当1955年下半年在社会主义建设速度等问题上出现一些忽视客观经济规律、操之过急的设想时，他指出："现在有点急躁的苗头，这需要注意。""超过现实可能和没有根据的事，不要乱提，不要乱加快，否则就很危险。"④他再三指出计划要符合实际，不要光热火朝天，而要做到瓜熟蒂落，水到渠成。他认为，反对右倾保守当然是重要的，对群众的积极性不能泼冷水，但领导有头脑发热了的，用冷水洗洗，可能会清醒些。

在制定、实施经济计划方面，他指出，我们的经济计划，不管是"远景计划"，还是"年度计划"，都必须切实可行，不

---

① 转引自刘泾山、时学军：《周恩来的思维艺术》，山东大学出版社1992年版，第303页。
② 《周恩来选集》下卷，第350页。
③ 同上书，第190—191页。
④ 同上书，第190页。

能冒进，特别要注意"积极稳妥"、"综合平衡"。要做到这一点，一方面，"应该根据需要和可能，合理地规定国民经济的发展速度，把计划放在既积极又稳妥可靠的基础上，以保证国民经济比较均衡地发展"；另一方面，"应该使重点建设和全面安排相结合，以便国民经济各部门能够按比例地发展"①。周恩来提出："凡是不合乎实际的就要修改。"他认为，计划发生不符合实际的情况时，就应该修改计划；实际情况超过了计划的，也应该承认，计划不能一成不变。

在经济建设的各项具体工作当中，在领导干部的工作作风问题上，周恩来也反复强调要发扬实事求是的作风。他提出，进行经济问题的调查研究时，必须对事物进行分析、综合和比较，要敢于正视困难，解决困难，总的原则是，"从群众中来，到群众中去；集中起来，坚持下去；坚持真理，修正错误"。他认为，要坚持实事求是的思想路线和群众路线，就要反对经济建设上的浮夸作风，反对脱离实际脱离群众的官僚主义，反对弄虚作假的思想作风。1961年，周恩来就把实地调查了解到的农民反对办食堂、不赞成供给制的实际情况向毛泽东作了电话汇报。应该看到，那个时候在"左"倾思想日益严重的情况（当时就有因反映农民反对办食堂而被打成右倾机会主义分子的）下，坚持实事求是的科学态度和精神，是多么不容易，多么可贵。这样做，不仅在当时起到了减少"左"倾影响造成的损失的作用，而且也为以后我们党重新确立实事求是的思想路线打下了基础。

四

社会主义经济建设总是在一定的制度和体制框架中运行的，

① 《周恩来选集》下卷，第218—219页。

选择何种经济体制作为经济制度的实现形式，是一个关系到它的运行绩效乃至成败的问题。一个基本的历史事实是，世界上第一个社会主义国家——苏联——形成的"斯大林模式"曾经成为社会主义建设的体制典范，在世界社会主义实践中产生了广泛的影响。中国也不能例外。这一模式的形成和运行有当时的历史背景和成效，但后来被证明是效益低下的。但是认识和摆脱这种模式的影响并最终校正这种体制，是要经历一个历史过程的。当我国开始创建社会主义制度及其具体运行体制的时候，虽然"学习苏联"是当时唯一的选择，但我国领导人较早地就提出要对苏联经验采取分析的态度，要结合中国的情况来学习。当这种高度集中的传统计划经济体制在初期发挥了相当重要的作用而开始逐渐暴露出一些固有的弊端时，周恩来同志对这些弊端就有所觉察，开始思考和探讨如何改进我国的经济体制和管理体制的问题，提出了一些很重要很有远见的思想。

学习周恩来经济思想

在所有制形式方面，周恩来看到，在社会主义改造后期和基本完成以后，在人们的思想中和实践中已经出现了一种追求所有制和经济组织"一大二公"的倾向，他就开始制止和纠正这一倾向。1956年，针对全国一些地区忽视农业技术条件和干部管理水平盲目地把小社并为大社的倾向，他指示农业部派人实地调查。当年（1956年）8月他在会见外国的一个农业代表团时说：在我们国家"最近有希望搞大社的趋向，因此造成一些强迫命令"。他认为，在没有实现机械化以前，合作社"太大了不好搞"，"原来就是小社，不要再让他们组成大社"了。他怀疑有些大社是否搞得好，主张还应"搞些个体生产"，因为我国农民有"人力畜力耕作时代的个体耕作习惯，同时合作社增产不能很快，所以搞些个体生产，对改善农民的生活是有利的"。"从工业方面来说，小型工厂固然有它的缺点，但是它们在生产经营方面比较机动灵活，容易适应多样的、经常变化的需要。因此，凡是经营合理并且能够适应社会需要的小型工厂，都应该保存下来，不应该草率地加以合并或者取消。"手工业合作组织一般也"不宜过分集中"，应该"使大社、小社、小组同时存在"，"以便于直接为居民服务，时时便于吸收家庭辅助劳动参加生产"①。

　　在所有制结构方面，他针对当时存在的一味求纯的倾向，提出要允许作为公有制经济补充形式的私有、个体经济存在和发展。1957年4月，针对社会主义改造基本完成后在所有制结构上暴露出来的问题，周恩来在国务院全体会议上阐述了他关于多种经济成分的主张。他以开办煤矿为引子明确地提出了各行各业都"来一点自由，搞一点私营"的构想。他说："大煤矿国家办，小的合作社、私人都可以开……搞个办法，把过去的规定改一下，这样有好处。主流是社会主义，小的给些自由，这样可以帮助社会主义的发展。""大概工农商学兵，除了兵以外，每一行都可以来一点自由，搞一点私营的。"他认为"在社会主义建设中搞一些私营的，活一点有好处"②。在工业方面，有些手工业，"可以让他们自产自销，不必勉强组织起来"；在商业领域，要"有计划地组织一部分自由市场"，在一定范围内，"实行产品的自产自销"；"在城市居民区或者广大农村中，都应该保持相当数量的小商小贩，采取合作商店、合作小组、代销，甚至完全自购自销等方式，更好地为居民服务"③；在农村，"允许社员经营少量的自留地和小规模的家庭副业"④。可以看出，周恩来关于所有制形式和结构的思想是对当时追求"一大二公三纯"倾向的一种大胆的纠正。

① 　周恩来：《关于发展国民经济的第二个五年计划的建议和报告》，1956年9月16日。
② 　1957年4月6日，周恩来在国务院全体会议上的讲话。
③ 　中共中央党校党史教研室：《中共党史参考资料》（八），人民出版社1980年版。
④ 　李志宁：《中华人民共和国经济大事典》，吉林人民出版社1987年版。

刘国光

经济论著全集

第
14
卷

在分配方式和分配政策方面，周恩来很早就认识到原有分配体制中存在的平均主义弊端，提出要坚持按劳分配原则，反对平均主义，同时防止收入差距过分悬殊。1956年3月，周恩来指出，工资制度中的平均主义倾向等问题"尖锐地突出来了"，"现在非解决不可"了，"要求我们来一个全面的改革"。他深刻地指出："平均主义是一种鼓励落后、阻碍进步的小资产阶级思想，同马克思主义思想和社会主义制度毫无共同之点。平均主义妨害职工学习技术和提高劳动生产率的积极性，对于发展经济建设很有害，因此我们必须坚决反对平均主义。"①他认为，"在社会主义制度下，同社会生产力的水平相适应的原则是按劳取酬"；"对于简单劳动和复杂劳动、体力劳动和脑力劳动，国家所付给他们的报酬还应该有一定的差别。取消这种差别，对于提高劳动生产率和提高业务、技术水平都是不利的"②。基于这种认识，周恩来提出和领导了在分配制度方面的改革，建立新的奖金制度、升级制度，并逐步扩大了先进定额标准的计件工资制的范围。改进后的工资等级制度"对熟练劳动与不熟练劳动，繁重劳动与轻易劳动""规定了比较明显的差别"。并且"适当地扩大了低等级工人与高等级工人工资标准的差距"。对高级知识分子"规定了较高的工资标准"，对知识分子中"有重要贡献的规定了加发特定津贴的制度"。他特别强调："应该根据按劳取酬的原则，适当地调整知识分子的工资，使他们所得的工资多少同他们对于国家所作的贡献大小相适应。"③

在主要反对分配制度中的平均主义的时候，周恩来也提出防止收入差距过分悬殊、注意社会公平的问题。他认为，在社会分

学习周恩来经济思想

---

① 《周恩来选集》下卷，第143页。

② 中共中央党校党史教研室：《中共党史参考资料》（八），人民出版社1980年版。

③ 《周恩来选集》下卷，第172页。

配问题上既不能发展平均主义，又要保证不能只让城市中一部分人，乃至城市中也是极少数人的生活水平提高了，而广大人民首先是农村的人民生活水平不能提高，造成悬殊太大。高级工资不要跟低级工资相差的倍数太多。这是我们工资中应该注意的。①

特别值得我们注意的是，周恩来同志很早就认识到受"左"的错误倾向影响而形成的社会福利制度方面存在的弊端。他在1957年7月提出公费医疗制度也"有很多毛病"，需要研究解决。后来他在党的八届三中全会上，正式向全党提出改革公费医疗制度的问题，并明确提出了和个人利益挂钩的改革建议，"劳保医疗和公费医疗实行少量收费（门诊、住院和药品），取消一切陋规，减少国家补贴"。同时，他还提出改革城市住宅管理制度，认为原来收费过低，指出公房的"租金一般应包括折旧、维护、管理三项费用"，用这个办法解决国家在住房方面的财政负担。

在经济管理体制方面，周恩来提出了改革高度集权的经济管理体制，正确处理中央集权与地方、企业拥有一定自主权的问题。他指出："社会生产力发展不能光靠集权"②，"中央集权的政府，权太多了，很容易养成官僚主义"③。认为苏联近二十年由于"过分集权于中央，进一步集权于斯大林"，"社会主义建设成就比应有的少了"④。基于这种认识，他提出了改革高度集权的经济管理体制、实行分权的思想。他认为，分权问题主要不在于现有的企业究竟是归中央还是归地方管理的问题，"主要的是使地方有权"，"地方除了有党权、政权（就是行政权）以外，还要有人权、财权"。⑤除分权给地方外，还"必须给每一

---

① 1957年3月24日，周恩来在杭州市群众大会上的讲话。
② 1956年6月23日，周恩来在国务院体制会议上的讲话。
③ 1956年5月3日，周恩来在国务院司局长以上干部会议上的报告。
④ 1956年6月23日，周恩来在国务院体制会议上的讲话。
⑤ 同上。

个生产单位以一定的自治权力", "给它一定的机动范围", 使企业的"经营积极性不受阻碍"①。

周恩来同志很客观地认识到, 在改革中探索一个比较完善的经济管理体制不是一下子就能完成的, 各种改进后的体制还要"在执行中不断改进"。实行一个时期, 又要有改进, 要不断改进。这实际上是要在认识和实践相互作用的长期过程中来探索适合现实的经济管理体制。因此, 他在领导和推行分权改革的时候, 坚持了实事求是的稳妥求实的原则, 他提出要"全面规划, 加强领导; 统一计划, 分工合作; 因地制宜, 因事制宜", 而具体实施的范围和进程则是"全面改进, 逐步实现"②。

具有非常突出的务实精神和坚持从生产力角度思考问题的周恩来, 较早地看到传统体制的弊端并提出了进行体制改革的思想并付诸实践, 虽然由于历史条件的限制, 还不可能达到我们今天的高度, 但其中有些观点是相当深刻的, 特别是其基本思路对后来邓小平和我们党全面改革理论的提出是有积极影响的。

五

作为一个后发超越型的以现代化为发展目标的国家, 能否认识现代化的实质, 能否认准和抓住推动这一历史进程的基本动力, 是我国实现强国富民这一现代化宏伟目标的非常关键的问题。

周恩来同志作为一位受过现代西方工业文明熏陶、有很高文化素养的知识分子型的国家领导人, 在这个问题上显示出非常突出的思想特色和非凡洞察力。他深刻认识到科学技术是工业化和现代化进程中的基本推动力量, 一贯强调科学技术在实现现代

---

① 1956年5月3日, 周恩来在国务院司局长以上干部会议上的报告。
② 1956年6月30日, 周恩来在第一届全国人大常委会第三次会议的发言要点。

化中的关键作用。在我们刚刚开始社会主义建设的1956年，他就强调指出：在社会主义时代，比以前任何时期都更加需要充分地提高生产技术，更加需要充分发展科学和利用科学知识。他还从我国科技现状出发，提出了发展科技事业的宏大任务，他说：我国的科学文化力量目前是比苏联和其他世界大国小得多，同时在质量上也要低得多，这是同我国六亿人口的社会主义大国的需要很不相称的。我们必须急起直追，力求尽可能迅速地扩大和提高我国的科学文化力量，而在不太长的时间里赶上世界先进水平。这是我们党和全国知识界、全国人民的一个伟大的战斗任务[①]。在1963年年初，他又非常明确地指出："我们要正确认识科学技术现代化在社会主义建设中的重大意义。我国过去的科学基础很差。我们要实现农业现代化、工业现代化、国防现代化和科学技术现代化，把我们祖国建设成为一个社会主义强国，关键在于实现科学技术的现代化。"[②]

周恩来同志从我国实际出发，对科技事业的发展作出了战略性的安排，奠定了进一步发展的基础。他在领导我国科技事业发展的过程中，针对初期存在盲目性和缺乏长远打算的情况，提出要"作出全面规划，分清缓急本末，有系统地利用苏联科学的最新成果，尽可能迅速地赶上苏联水平"[③]。在他的主持下，1956年我国制定了《1956—1967年科学技术发展远景规划纲要（草案）》。按照规划要求，除基础理论一项外，各项任务均在1962年提前完成。在此基础上，周恩来又主持制定了《1963—1972年科技发展十年规划》。在整个科技事业的发展中，他还极富远见地提出要摆正基础研究和应用研究的关系，指出"为了有系统地

---

① 中共中央文献研究室：《周恩来经济文选》，中央文献出版社1993年版，第233页。

② 《周恩来选集》下卷，第412页。

③ 同上书，第183页。

提高我国科学水平，还必须打破近视的倾向，在理论工作和技术工作之间，在长远需要和目前需要之间，分配的力量应该保持适当的比例，并且形成正确的分工和合作，以免有所偏废"①。1972年他又提出必须把基础科学和理论研究抓起来。我国之所以能在高科技领域占有一席之地，卫星能上天，原子弹能爆炸成功，是与周恩来对科技事业的重视和正确领导分不开的。

正是基于对科学技术在社会主义现代化建设中这种关键作用的认识，周恩来同志也就很自然地对作为承担和从事科学技术工作的知识分子给予了高度的重视，正确地解决了知识分子在社会主义现代化建设中的地位和作用问题。

新中国建立后，周恩来一再告诉全党要十分重视人才和科学技术问题，指出"今天最大的不足是知识分子不足"。"我国要建设，干部、人才就成为一个决定性的因素。"他从我国现代化建设的根本需要出发，提出了建立一支包括原有知识分子、知识化的工农干部、大中专毕业生和出国留学生在内的宏大的和识分子队伍的任务。他一再告诫党的各级干部要克服在知识分子问题上的官僚主义和宗派主义倾向，要尊重、信任、关心、爱护知识分子，使他们能充分发挥业务专长。在我国大规模社会主义经济建设开始起步的时候，在知识分子问题成为一个突出的直接影响到社会主义经济建设的问题时，他在党中央于1956年召开的关于知识分子的会议上，运用马克思主义的观点，对我国知识分子队伍进行了正确的估价。他指出，经过解放后六年多党在旧社会遗留下来的知识分子中卓有成效的工作，"他们中间绝大部分已经成为国家工作人员，已经为社会主义服务，已经是工人阶级的一部分"。"在团结、教育、改造旧知识分子的同时，党又用了很大的力量来培养大量的新的知识分子，其中已经有相当数量的

① 《周恩来选集》下卷，第183页。

劳动阶级出身的知识分子。"周恩来同志说："由于这一切，我国的知识界的面貌在过去六年来已经发生了根本的变化。"对于当时存在的对知识分子问题漠不关心、低估知识界的巨大进步、否认他们是工人阶级的一部分、不给知识分子以应有的信任和支持的看法，周恩来给予了严肃的批评。他认为这是党内的一种宗派主义倾向，是在知识分子问题上应该防止和纠正的主要倾向。1957年后，随着"左"倾思想的发展，党内产生了把我国的知识分子看做资产阶级知识分子的错误看法。1962年，周恩来在广州召开的全国科学工作、戏剧创作等会议上，再一次就知识分子问题发表了看法，从理论和实际的结合上进一步作出了马克思主义的分析。他从"知识分子不是独立的阶级，而是脑力劳动者构成的社会阶层。一般地说，这个阶级的绝大部分人在一定的社会条件下是附属于当时的统治阶层并为其服务的"[1]。再次重申要"把知识分子放在劳动者之中"，"对知识分子的估计要以这个为纲"。他说：你们是人民的科学家，社会主义的科学家，无产阶级的科学家，是革命的知识分子，应该取消资产阶级知识分子的帽子。周恩来同志对知识分子的所作的这种符合历史实际的正确分析和估计，对于调动和发挥知识分子在现代化建设中的积极作用具有十分重大的意义和影响。

也正是基于科学技术在社会主义现代化建设中的关键作用，周恩来同志对我国的教育事业同样给予了极大的重视。他一贯强调教育事业在社会主义现代化建设中的战略地位和作用。他认为，掌握科学技术的各类人才是建设社会主义、推进现代化进程中具有决定意义的因素；培养现代化建设需要的、掌握科学技术的各类人才的教育事业，是对整个国家的现代化建设具有直接和长远影响的一项最重要的事业。1951年，他在政务院各部门负责

---

　① 《周恩来选集》下卷，第354页。

人参加的会议上，反复强调大力培养建设人才。20世纪50年代中期，世界处在新科技革命的前夕，要发展经济和赶上世界先进水平，人才问题就更为突出。周恩来又强调指出：我们要建立社会主义工业化的巩固基础，进行国家建设和推进国民经济的技术改造，就必须努力培养建设人才，[①]为国家培养各项建设人才，首先是工业技术人才和科学研究人才，是教育工作的首要任务[②]。1963年，当他更明确更完整地提出实现"四化"的战略目标时，又强调指出教育不仅是科学技术现代化的基础，同时也是整个现代化建设的基础。

周恩来同志在对整个教育事业如何适应国家建设的需要进行了全面、深入、具体的分析和研究的基础上，从我国实际出发，提出了教育事业发展的战略方针，对我国的教育方针、教育制度和教育体系等问题都提出了指导性的意见，他的这些思想和实践奠定了我国社会主义教育事业的基础，促进了这一重要事业的发展。

今天，我们党在总结历史经验，深刻把握现代科技、教育事业发展与进一步现代化的关系基础上，提出了具有重大意义的"科教兴国"战略，其中，不也包含着周恩来关于这一问题的极有远见的思想和卓越智慧吗？

六

在错综复杂不断变化的国际政治、经济格局下，作为一个后发现代化国家，作为一个发展中的社会主义大国，怎样认识和处理依靠自己力量和争取外援的关系，怎样认识和对待与世界各国的关系，也是一个十分重要而且不可回避的问题。

---

① 《周恩来教育文选》，教育科学出版社1984年版，第140页。
② 同上。

周恩来同志从我国社会主义现代化建设的基本目标出发，明确提出了在社会主义经济建设中，既要立足于自力更生，又要积极扩大对外经济技术交流的思想和方针，较早地提出了采取开放态度、向外国学习的问题。新中国成立初期，周恩来就提出，国家建设要以国内力量为主，"生产建设上要自力更生，政治上要独立自主"①。1956年他向党的八大所作经济工作报告中指出，那种认为经济建设可以依赖外国援助，不要建立独立的比较完整的工业体系和国民经济体系的想法是错误的；而"另一种关起门来建设的想法也是错误的"。他指出："由于各国人民争取和平、民主、民族独立的力量日益强大，国际局势日益趋于和缓，我国同世界各国在经济上、技术上、文化上的联系，必然会一天比一天发展。因此，在建设社会主义事业中的孤立思想，也是错误的。"②1964年，周恩来同志在向三届人大一次会议所作的《政府工作报告》中又指出："自力更生是革命和建设事业的基本立脚点。""国际合作必须建立在自力更生的基础上。"同时，"外国一切好的经验、好的技术，都要吸收过来，为我所用"③。

然而，对外关系，不是单方面的事情。它不仅取决于自己的愿望和所确定的方针政策，而且还受到国际政治经济秩序的制约。我国要在进行社会主义现代化建设的时候争得比较好的外部环境，争得尽量多的与外国经济技术交流的机会，获得对外开放和向外国学习的条件，就必须依据世界政治基本格局的现实，确立一个既有利于我们发展需要又符合世界上多数国家愿望的处理国际关系的基本原则，奠定我国对外关系的基础。周恩来作为一位杰出的外交家和战略活动家，创造性地提出了和平共处五项原

---

① 《周恩来选集》下卷，第10页。
② 同上书，第226页。
③ 同上书，第440—441页。

则，作为建立新型国家关系和国际新秩序的准则。这五项原则同和平共处的目标有机地结合在一起，规定了相互对等的约束条件，兼顾了当事各方的利益，从而为世界各国实行和平共处、共同发展奠定了基础。这些原则超越意识形态和社会制度，作为第二次世界大战后国际关系中强权政治、冷战对峙的对立物，反映了世界各国尤其是发展中国家的普遍愿望，成为国际关系中普遍承认的基本原则。这样，就为我国奠定了为了自身的经济建设而积极主动地实行对外经济技术交流的基础，获得了在维护国家主权和根本利益基础上实行对外开放、向外国学习的基本条件。

在这样的基础上，周恩来提出了"和平经济政策"的概念，主张在自力更生的基础上积极开展平等互利的国际经济往来和合作。他提出，发展经济一方面要依靠自己的力量，另一方面也要靠国际合作，自力更生建设独立经济并不排除和拒绝平等贸易、互通有无、技术进口、相互援助，特别是经济不发达的国家更需要发达国家的技术和设备。他还特别强调，我们应该学习一切国家的长处和优点，包括资本主义生产上好的技术、好的管理方法。他认为敢于向一切国家的长处学习就是最有自信心和自尊心的表现，这样的民族也一定是能够自强的民族[①]。

周恩来同志作为奠定了我国对外开放基础的具有高度洞察力和战略眼光的卓越领导人，一直同当时在对外关系上存在的那种"左"的错误倾向和思想进行着坚决的斗争。1973年2月周恩来在听取国家计委汇报1973年经济计划时，曾批评和指出了当时的一种错误思想和做法。他说，有的出国考察代表团考察回来，也不敢讲外国人的长处，好像一讲就给我们脸上抹黑。要他去考察，就是要把人家的长处学回来，不然，出去干什么？周恩来明确指出，对于外国的长处，就是要学习。不敢说人家的长处，也

---

① 中共中央文献研究室：《周恩来经济文选》，中央文献出版社1993年版，第256页。

不敢说我们自己的短处，这是不符合毛泽东思想的，是由于受极左思潮的影响。他曾经严厉地指出："极左的做法，说得好，是空想；说得不好，就是破坏。"令人遗憾的是，在"左"倾错误的影响和当时特定的国际政治关系下，周恩来这些关于发展对外经济关系和实行对外开放的思想并没有得到很好的实现。而在党的十一届三中全会以后，在邓小平和我们党确立的对外开放战略和政策中，终于得到了实现和进一步的发展。

当我们回顾新中国成立以来社会主义经济建设的历史，回顾周恩来领导我国社会主义经济建设的光辉业绩时，不能不使我们深深感到，要找到一条符合国情、符合客观规律和符合我国各族人民根本利益的实现社会主义现代化的道路，也就是要找到一条真正把马克思主义和我国实际结合起来的中国现代化之路，具有多么大的难度，同时，又是具有多么重大而深远的意义。任何在这种探索和开拓中作出贡献的人，都是值得我们永远怀念的。周恩来作为在我国社会主义现代化建设奠基阶段和开拓时期的卓越领导人，是以毛泽东为核心的第一代领导集体中的重要成员，在整个中国革命和建设的进程中，对毛泽东思想的形成和发展作出了重大贡献。新中国成立以后，周恩来作为政府总理，辅佐毛泽东领导国家建设。在当时的历史条件下，毛泽东的作用和影响是决定性的。周恩来在领导社会主义经济建设中，在执行毛泽东的基本决策中，在许多方面都有发挥和创造；在有些方面，有些时候，又有所补充和校正；所有这些，都有着他的思想特色。他是建设有中国特色社会主义的伟大探索者和先驱者之一。他所作出的重大的历史性贡献，必将永远铭刻在中国人民心中。他对于我国社会主义现代化事业的执着追求、坚定信念、宝贵思想和不懈奋斗的崇高精神，必将激励我们在新的历史条件下，在以江泽民为核心的新一代中央领导集体的率领下，沿着有中国特色社会主义道路奋勇前进，实现几代中国人为之奋斗的宏伟理想。

关于国有企业的股份制改造[*]

（1998年2月26日）

1. 股份制公司自17世纪以来已有三百多年的发展历史，它是现代市场经济中最流行的一种企业组织形式。中国要从传统的计划经济转变为市场经济，也要采用这种企业组织形式。只是中国的特殊问题在于，它要建立的市场经济是社会主义市场经济；它要建立的股份制企业是从原有的公有制特别是国有制企业改造过来的股份制企业，这种改造是在坚持公有制为主体、国有制为主导的前提下进行的。因此这里的股份制遇到了传统市场经济所未见到或难以见到的问题。问题很多，首先是意识形态上的障碍问题。

所有制结构的调整和国有企业改革一直是中国改革中的一个敏感问题。若干年来，国有经济在国民经济中的比重持续下降。如工业总产值中国有工业比重1985年为65%，1996年降到28.5%。在1996年的GDP中国有成分比重降到40%左右。对此，部分人士包括有影响的人士，忧心忡忡，认为这是国企改革违背了公有制为主体、国有制为主导的原则，影响了改革的社会主义方向的结果。一些人士尤其担心公有制企业改革采取股份制和股份合作制形式，会不会导致私有化。这种思想认识问题不解决，国有企业

---

* 在中国宏观经济学会、香港工商专业联会举办的迈向2000年的中国研讨会上的讲话。先后发表于国家计委《经济改革与发展》1998年第4期、《上海综合经济》1998年第6期。

改革就很难继续向前迈进。这个问题在党的十五大报告中着重解决了。几个重要的、关键性的论点是：其一，公有制不等于国有制。集体经济和混合所有制经济中的国有、集体成分也属于公有制。其二，国有经济的主导作用不等于行行业业大大小小一切都要国有，而是主要体现在对关系国民经济命脉的重要部门和关键领域的控制力上。其三，公有制的实现形式可以多样化，一切反映社会化生产规律的经营方式和组织形式都可以大胆利用。其四，股份制是一种现代企业的资本组织形式，资本主义可以用，社会主义也可以用。其五，目前大量出现的股份合作制，是劳动者的劳动联合与劳动者的资本联合相结合的一种集体合作经济形式，应给予支持和引导。所有这些，都有助于解除人们对国企改革采取股份制形式的疑虑，促进了国企改革的加速前进。

2. 当前国有企业相当一部分缺乏活力，主要是面临两个方面的问题。一方面，从单个企业来看，传统的政企不分的企业管理体制，不能适应市场经济的要求，经营效率低；另一方面，从整个国有经济来看，布局过广、过散，战线过长，致使单个企业资金不足，难以实现规模经济和技术改造，制约了企业效益的改善。国有企业改革到底走什么路子，多年来一直在探索，从改革开始到前几年，先后经历了扩大经营自主权、利改税、利润承包、转换经营机制等阶段，虽然取得了一些成效，但没有从根本上搞活企业。而且随着国有体制外的经济发展和市场化程度的提高，国有企业经营日益困难，明亏暗亏的面不断扩大。其根本原因在于：一是没有注意到国有经济整体布局的调整和重组；二是单个国有企业改革局限于原有体制的框架内，沿着"放权让利"的思路进行，主要是在政府和企业的利润分配关系上做文章，而没有深入到传统国有企业产权制度的弊端，认真解决"政企不分""条块分割"等国有企业的痼疾。

改革的实践表明，要从根本上搞活国有企业，必须一方面

刘国光

经济论著全集

第

14

卷

要着眼于国有经济的整体布局，对国有企业实行战略性重组；一方面要从理顺国企的产权关系入手，实行企业制度的创新，建立以股份制公司为主要形式的现代企业制度。国有企业这一新的改革方向，是党的十四届三中全会提出来的，十五大重申了要按照"产权清晰、权责明确、政企分开、管理科学"的要求，对国有大中型企业实行规范的公司制改造，使之成为适应市场的法人实体和竞争主体。公司制改造就是将传统的国有企业按照《公司法》逐步规范地改造为有限责任公司和股份有限公司，也就是多元投资主体的股份制企业。这种多元投资主体构造的股份制企业组织形式，既有利于实行政企分开，转换企业机制；又有利于吸收社会资金，充实企业资本金，扩大国有经济的控制力；也便于实现国有资本的结构调整和战略性重组。所以，中国选择以股份制公司为主要形式的现代企业制度作为国企的改革方向，不是偶然的，而是有其特殊的内涵和重要意义。

3. 国有企业的股份制改造，要根据国有经济战略性重组的要求来进行。所谓战略性重组，就是在收缩国有经济战线的同时，集中力量加强国家必须确保的重点产业和企业。今后国有资本应主要集中于那些影响国民经济全局的、非国有企业办不了或办不好的，只能由国家来兴办的事业，包括关系国家安全的行业、大型基础设施、特大型不可再生资源的开发、对国家长期发展具有战略意义的高新技术开发等。这些必须由国家保障的行业和企业，原则上应保持国家所有，实行独资经营，但并不排除在国家控制的前提下用股份制适当吸收民间资本，或由多个国有股东联合所有。在一般竞争性行业中，要使国有资本从分散的中小企业向大型和特大型的企业集团，从低效的劣势企业向高效的优势企业流动和集中。竞争性行业有三种情况：一是少数大型特大型骨干企业，可以改造成国家控股的、投资主体多元化的股份制企业。二是竞争性行业中的非骨干大型企业，国有资本不一定控股，一般参股或退出都行，可以改革为让非国有投资主体控股，或非国有的股份制企业，但其中相当部分的企业宜由其他公有法人来控股。三是竞争性行业中为数众多的国有中小型企业，主要为地、县以下企业，这些企业大多缺乏竞争优势，因体制原因，效益明显低于民营企业。这些企业可通过多种形式主要是股份合作制形式，改造成为民营企业，国有资产原则上应从中退出。

国有经济战略性重组，特别是竞争性领域大型国企的改组，要借助资本市场进行，通过资本市场上股权转让和收购兼并活动来完成。对于国企改革和发展中碰到的资金不足问题，十五大提出，要采取多种方式，包括直接融资方式，也就是通过证券市场，来充实企业资本金。同时还指出，要以资本为纽带，通过市场组建跨部门、跨地区、跨所有制、跨国的企业集团。这样就把发展资本市场同国企的股份制改造和国资的战略性重组结合起来。众所周知，股份制经济的充分发展是资本市场发展的重要基础，资本市场的发展又是股份制经济发展和资本重组的重要条件。迄今我国在这两方面的发展上有些脱节，须采取有效措施逐步解决。要把资本市场的发展建立在为产业和企业发展服务的基础上，着重发挥其促进国企改革和国资重组的功能，优先和主要促使优势企业进入市场并带动其他企业的改革与重组，以达到既充分利用资本市场机制推动股份制改革和战略性重组，又能保证资本市场自身的逐步完善和健康发展。

4. 国企股份制改革，迄今已试验了十多年，在转换企业机制、充实企业资本、提高企业和资本的运作效率等方面，已逐渐取得成效。但是，由于股份制改造尚处于探索起步阶段，经验不足，又囿于人们认识和利益上的局限性，改革过程中也出现了某些误区，偏离了建立现代企业制度的宗旨。对此，列举于下。

一些国企把股份制改造变成单纯"圈钱"的手段，重集资、轻改制，滥用股东资金，企业机制依然故我。

不少国企不按《公司法》规定，换牌为独资公司，或转为国家绝对控股的股份公司，企业的原上级主管，仍然沿用过去管理国企的制度办法来管理，使企业难以实现政企分开、自主经营。

一些企业在改制和重组中，资产评估严重失实，既有低评造成国有资产流失的，也有虚评（包括积压产品、失效工程、非经营性资产等）造成不良后果的。

在资产重组和组建企业集团方面，存在着行政化、"拉郎配"、甩包袱、归大堆倾向，有联合虚名，无实质提高。"三不变"（即参与联合的企业的隶属关系、经济性质和上缴利税不变）维护了条块分割的旧体制，成为国资重组的大障碍。

在证券市场的培育和发展方面，过去一定程度地存在着脱离产业和企业发展的虚拟膨胀倾向；主要着眼于"集资""圈钱"功能而未将"改制"和"重组"功能放在优先位置的倾向；把企业上市作为"解困"和"扶贫"手段而忽视促优上市的倾向；过分依赖诸如额度分配层层审批等传统行政手段的倾向；等等。这既不利于国企改革和国资重组，也不利于资本市场自身的健康发展。

当然，上举问题，不能掩盖国企改革取得的成就。之所以出现上述误区和问题，与社会上对股份制存在着简单化的认识有关。应该指出，在针对过去国有企业改革走过的弯路，提出制度创新的思路时，理论界确曾有过分突出产权改革和股份制改造，而比较忽视搞活企业的其他必要方面的倾向。十五大澄清了人们对股份制改革的疑虑后，社会上又曾出现过分鼓吹股份制和股份合作制的现象，寄希望于"一股就灵"、"一改就灵"。有些地方甚至定出何时完成多少企业改制的指标，并用行政命令的办法来"达标"，如不顾条件强迫职工入股，等等。这种刮股份制之风的现象是对十五大精神的误解，对国企改革的顺利推进是不利的。

国企改革并非"一股就灵",原因是:第一,股份公司并不都是上市公司,更不是国企改革的唯一形式。不是所有国企改革都要采取股份制形式。根据《公司法》规定,有些特殊企业,经国务院批准仍要采取国家独资形式。搞活小企业也不是只有股份合作制一种形式,还包括改组、联合、兼并、租赁、承包经营和股份合作制、出售等多种形式。第二,在实行股份制、股份合作制改造的场合,搞好国有企业也不能单纯依靠企业改制,而是需要采取一系列相互联系的重要举措,即不久前中央经济工作会议总结的以下五个方面:(1)积极推进国有企业的战略性改组,搞好大的,放活小的;(2)进一步实施鼓励兼并、规范破产、下岗分流、减员增效和再就业工程;(3)坚持"三改一加强"的方针,通过体制改革、结构改组、技术改造和加强管理,提高国企在国内外市场的竞争力;(4)建设好企业领导班子;(5)积极推进各项配套改革,特别是搞好政府机构改革,加强建立和完善社会保障体系;等等。只有综合落实上述各项方针政策,而不是孤立地实行股份制改造,我们才能真正搞活国有企业,使国有经济走上健康发展的道路。

5. 国有企业改革现已进入攻坚阶段。不久前中央提出,用三年左右的时间,通过改革、改组、改造和加强管理,使大多数国有大中型亏损企业摆脱困境,力争到20世纪末大多数国有大中型骨干企业初步建立现代企业制度。这是一项艰巨的任务。一些人士对能否三年实现这两个目标信心不足。其实政府承诺要搞好的,并不是所有的国企,而是指大中型企业中的骨干企业和亏损企业,并且是其中的大多数。所以,实现三年目标必须明确重点,力争重点突破,以点带面。现在全国国有工业企业有68 000多个,其中52 000户小型企业走放开搞活之路,剩下的大中型企业只有16 000户。中央决定重点支持的是其中的1000户,在利税总额中占全国的85%;目前已经落实的500多户,利税超过80%,

因此是举足轻重的。为了抓好这些重点企业，今后除了逐步实现规范化的股份制改革外，还要坚持以市场为导向，组建和壮大企业集团。与此同时，对目前16 000多个大中型企业中的5900户亏损企业，也要集中力量抓好重点行业和亏损大户的扭亏工作。中央已决定把最困难的纺织行业作为困难行业深化改革和扭亏解困的突破口，然后再逐步扩大到军工、机械等困难行业。用这种重点突破的办法推进国企改革，三年实现两个有限目标，是有成功的把握的。因为，现在国企改革尽管困难重重，但也面临着有利形势。一是国民经济已进入了低通胀高增长的平稳发展时期，为国企改革提供了有利的宏观环境；二是中央对国企改革已经理出明确思路，确定了大政方针，即前述五条；三是国家对国企改革的政策支持力度加大；四是解决国企问题的难点，如对国企解困、改革中钱从哪里来，人往哪里去，我们已经积累了许多宝贵经验，解决问题的措施也更加有力。所以三年实现国企改革的两个目标是有可能的。现在的关键是要狠抓落实，坚决打好国企改革这一攻坚战。

在《1998年中国：经济形势分析与预测》英文版出版发布仪式上的主题讲演

（1998年3月17日）

尊敬的主席、尊敬的各位来宾：

今天，香港大学亚洲研究中心举办了英文版经济蓝皮书——《1998年中国：经济形势分析与预测》的出版发布仪式。我想就大家所关心的1998年中国经济走势问题进一步谈谈个人的一些看法。之所以说是"进一步"谈谈，是因为在这本经济蓝皮书中，我已经发表过了一些看法，这就是该书中我所写的一篇文章，题为"再论当前经济形势的几个问题"。同时，该书中还有我们中国社会科学院"经济形势分析与预测"课题组发表的"1997年秋季报告"。我的这篇文章和我们课题组的秋季报告，代表了我们对1998年中国经济走势的基本分析和基本看法。考虑到近几个月来国内外的一些新情况，特别是亚洲金融风波将会对1998年中国经济所产生的影响，我想在经济蓝皮书已有的基本分析的基础上，再进一步作一些扩展说明。

一、关于1998年中国经济增长率的预测

1997年，中国实现了低通胀下的经济适度快速增长，GDP增

长率为8.8%，物价上涨率为0.8%。对1998年中国GDP增长率的预测，目前海内外存在着许多种不同的看法和估计。

第一种看法，认为受亚洲金融风波的影响，世界上许多国家都纷纷调低了1998年经济增长目标，预计中国GDP增长率也将明显下降，估计为5%~6%。这主要是国际上的一些有关机构的预测。

第二种看法，认为亚洲金融风波将对中国经济产生一定影响，但不会那么大，预计1998年GDP增长率为7%~8%。

第三种看法，认为亚洲金融风波对中国经济有影响，但经过努力，采取必要措施，1998年GDP增长率仍可达到8%以上，或9%左右。

第四种看法，认为通过增加投资需求，1998年GDP增长率可达10%。

第五种看法，认为在新的刺激政策下，中国经济会出现一个强劲的增长势头，预计1998年GDP增长率将上升到11%。

以上种种不同的估计，从5%到11%，差距很大。这反映出一种情况，就是影响1998年中国经济走势的不确定性因素很多。当不确定性因素很多时，就容易出现种种不同的看法。不确定性因素很多，也给我们的预测工作带来很大的难度。在去年（1997年）10月时，我们对1998年中国GDP增长率提出的预测是9.7%。现在看来，需要略作一点调整。调整为9%左右。我们的基本看法是：1998年，中国经济仍将保持低通胀下的适度快速增长，GDP增长率既不会低于8%，也不会猛升到10%以上。也就是说，既不会"大下"，也不会"大上"，而是将继续保持既适度快速又相对平稳的发展。这一基本看法，与我们在这本蓝皮书中所提出的基本看法相一致。下面，我对此作些具体分析。

在《1998年中国：经济形势分析与预测》英文版出版发布仪式上的主题讲演

二、1998年中国经济增长为什么不会低于8%

我们可以从以下几个方面进行分析。

1. 为防止GDP增长率的下降，中国将扩大固定资产投资规模，以推动经济新的增长

在1998年，将会对中国GDP增长率产生下降影响的因素主要有两个：一个是亚洲金融风波对中国外贸产生的影响。在1997年，中国的外贸形势很好，进出口总额为3250.6亿美元，比上年增长12.1%。其中，出口大幅度增长，为20.9%；进口增长2.5%。净出口为403亿美元，净出口比上年增长了281亿美元，按1美元兑换8.3元人民币计算，净出口比上年增长2332亿人民币，这对1997年现价GDP增长的贡献率为32%。也就是说，在1997年GDP增长中，有三分之一来自净出口的增长。净出口的增长对GDP增长的拉动作用十分明显。然而，1998年中国的外贸形势不容乐观，面临着严峻的挑战。预计1998年中国进出口总额为3450亿美元，比1997年增长6.1%，增幅将明显下降，特别是出口的增长将会较大幅度地下降。这样，在1998年，净出口的增长对GDP增长的拉动作用将会变得很微弱。初步估计，与1997年相比，1998年净出口增长的下降将影响中国GDP增长率减少2个百分点左右。另一个因素是经济增长率回落的惯性作用。1993年以来，为了阻止经济的过热增长和抑制通货膨胀，中国GDP在保持了较高增长速度的同时，也在逐年地平稳回落，从1992年的14.2%，回落到1997年的8.8%，五年内共回落了5.4个百分点，平均每年回落1.08个百分点。我在这本经济蓝皮书所写的文章中曾指出，在保持一定的宏观调控力度下，经济增长率的变动，无论是在连续上升中还是在连续下降中，都具有一定的惯性。这是由国民经济各部门之间的产业关联效应，以及需求与生产之间的关联效应所决定

的。五年来经济增长率的回落惯性，将影响1998年GDP下降1个百分点左右。

以上两个方面的因素合起来，会影响1998年GDP增长率下降3个百分点左右。为防止GDP增长率的下降，中国政府一再重申，中国既不会也没有必要通过人民币贬值的办法来刺激出口。保持人民币的稳定，既有利于中国经济的稳定和发展，也有利于亚洲以及整个世界经济的稳定和发展。为了抵消以上两个因素的影响，中国政府已经和正在采取各种有关的措施，特别是在适度从紧、适时微调、稳中求进的方针指导下，加大微调的力度，主要是通过各种途径加大固定资产投资的力度。预计，1998年固定资产投资规模将为29 100亿元，比1997年的25 300亿元增长15%。而在1997年，固定资产投资增长率为10%。投资的扩大也将会带动就业和消费需求的增长，从而带动整个国民经济的增长。固定资产投资的扩大，将有重点地用于增加公共投资。这主要包括：（1）农田基本建设和水利设施建设；（2）公路、铁路等交通基础设施建设；（3）环境保护项目；（4）高新技术产业；（5）居民住宅建设等。

2. 充分利用现有的生产能力，加速结构调整，大力开拓农村市场

经过近几年来经济增长率的平稳回落，原来制约中国经济增长的主要"瓶颈"——能源、交通、原材料等，已明显缓解，一些生产能力出现过剩。生产能力的过剩，一部分是由于受到需求总量的制约，一部分则是由于供给结构不适应需求结构的变化而造成的。中国经济发展的优势，是具有广阔潜力的国内市场，特别是农村市场。随着几年来中国农业生产的稳步发展，广大农民对消费品和生产资料的需求都在扩大。因此，充分利用现有的生产能力，加大结构调整的力度，积极开拓国内市场，特别是农村市场，使适销对路的商品通畅地进入农村，将会成为推动中国经

济增长的一个重要的动力源。

3. 地区发展的推移和进一步扩大对外开放,将使中国经济保持增长的活力

中国地域辽阔,是经济发展的又一个优势。20世纪80年代以来,在经济体制改革和对外开放中迅速发展起来的东部沿海各省,继续保持着较好的增长势头,并正在进行产业结构和产品结构的优化与升级。中部和北部的一些农业大省,近几年来,在农业扎扎实实发展的基础上,工业的发展也正在振兴。西部地区近几年来也有了新的发展。这样,在辽阔的地域上,形成了不同经济发展水平和不同产业结构的梯次推移,特别是中西部的开发和开放,具有广阔的潜力,这将给中国经济的增长带来持久的活力。

在扩大对外开放方面,中国已采取了进一步的措施。从今年(1998年)1月1日起,对于国家鼓励和支持的投资项目,其设备进口重新实行税收优惠政策,免征关税和进口环节增值税。中国的工业品平均关税到2005年将进一步下降至10%。目前,亚洲一些国家虽然遭受了金融风波的袭击,但美国、西欧等国际资本仍看好在亚洲的投资前景,特别是看好在中国的投资前景。现在,全球制造业最大的500家跨国公司,已有300家在中国投资,并且大多经营良好。可以说,中国势将成为外国在亚洲投资的一块绿洲。

三、1998年中国经济增长为什么不会猛升到10%以上

这是因为中国经济运行的大背景已经发生了深刻的变化。这主要包括两个方面:一方面,经济运行机制发生了深刻变化;另一方面,经济增长的政策环境发生了深刻变化。

1. 随着经济体制改革的不断深化,中国的经济运行机制已经发生了深刻的变化

这主要表现在：市场约束机制的形成和投资约束机制的形成

从市场约束机制来说，经过20年来的改革开放，经济不断增长，综合国力显著增强，商品市场从整体上说已经告别了"短缺经济"，由"卖方市场"转向"买方市场"。在过去的"卖方市场"下，产品生产出来不愁卖不出去。而在现在的"买方市场"下，由于竞争的压力，产品不论是卖得出去还是卖不出去，厂家都要千方百计地去努力促销。如果说在过去，产品就像"皇帝的女儿"不愁"嫁"的话，那么，现在，在"买方市场"下，不论是嫁得出去的"姑娘"还是嫁不出去的"姑娘"，都在风风火火地闯"婆家"。在市场约束机制的作用下，生产的增长不会盲目地一下子跳跃得很高。

从投资约束机制来说，随着国有企业经营机制的转换，企业逐步成为适应市场的法人实体和竞争主体，企业的投资行为已在转换，更多地受到市场的制约。而非国有企业的投资行为，更是依赖于市场。特别值得提出的是，从1998年1月1日起，中央银行取消了对国有商业银行的贷款限额控制，实行资产负债比例管理和风险管理，这是中国金融宏观调控方式的重大转变，也是中国开始告别"投资无责任、投资无风险"时代的一个重要标志。在这一新的金融管理体制下，银行的贷款将以市场为导向和受到市场的制约。这也决定了1998年中国经济的增长不会盲目地、突发式地向上扩张。

2. 经济增长的政策环境发生了深刻的变化

过去，中国经济的发展经常处于"大起大落"之中。"大落"的前提是"大起"。这主要与宏观调控政策特别是宏观调控的指导思想有关，那就是一再盲目地追求高速度。近几年来，中央政府切实吸取了历史上多次"大起大落"的深刻教训，特别是在1995年9月召开的中共十四届五中全会上，在《关于制定国民经济和社会发展"九五"计划和2010年远景目标的建议》中，明确提出了实行两个具有全局意义的根本性转变：一是经济体制从传统的计划经济体制向社会主义市场经济体制转变，二是经济增长方式从粗放型向集约型转变，不断提高经济增长的质量和效益。为了实行这两个根本转变，中央政府在宏观调控方面坚决地执行了相配套的适度从紧，适时微调，加速结构调整，抑制通货膨胀，实现稳中求进的政策指导方针。与过去相比，中国经济增长的政策环境已经发生了重大变化。这就为国民经济既适度快速又相对平稳的发展提供了可靠的政策保证。在这本经济蓝皮书我所写的那篇文章中，我曾从五个方面说明了为什么在今后一段时期内仍然必须坚持适度从紧政策方针的理由。亚洲金融风波也再一次提出了警示，在经济高速增长中一定要防止盲目的过度投资，防止"经济泡沫"的产生。从目前中国政府的宏观调控政策特别是宏观调控的指导思想来说，绝不会使经济再次重蹈"大起大落"的覆辙。

当前，在深化国有企业改革中，如何解决下岗职工的生活和再就业问题，成为一个关键。这关系到国有企业改革的成败。在这本经济蓝皮书中，对于目前中国就业压力之所以较大，我也曾提出了五个方面的原因，并提出了解决就业问题的八种途径。概括地说，造成企业职工下岗的原因，主要根源于在原有的计划经济体制下，企业冗员过多，以及重复建设所形成的产业结构、行业结构、产品结构的不合理。随着改革的深化和结构调整，这些问题日益暴露出来。因此，对于下岗职工的生活和再就业问题，主要应该通过政府、企业和社会各方面力量的共同努力，不断拓宽就业渠道，转变择业观念，加快劳动市场的形成，建立社会保障体系等综合措施来加以解决，而不能靠全面放松银根、以通货膨胀来盲目刺激经济扩张的办法去解决。如果采取盲目扩张的办法来解决，那么，虽一时有所效果，但在经济"大起"之后的"大落"中，必定会进一步加剧职工下岗的现象。

列宁商品经济理论的精髓*

——评《市场经济理论典鉴》

（1998年3月19日）

　　研究社会主义市场经济，我们固然要认真吸取西方经济学中有益的东西，然而更重要的还是要坚持和运用马克思主义的基本观点和基本方法，特别是邓小平理论，实事求是地分析新情况、研究新问题。就社会主义市场经济理论来说，本质上乃是马克思主义经济学说的新发展。经典作家关于商品经济的论著仍是一个需要反复研究、重新发掘的精神宝库。尤其是列宁的商品经济理论，同邓小平的社会主义市场经济理论更有着一脉相通的直接联系。杨承训所著《市场经济理论典鉴——列宁商品经济理论系统研究》一书（天津人民出版社出版），透彻地阐释了列宁商品经济理论的精髓，具体地揭示了十五大报告所论述的这种"一脉相承"的关系，从深层次上说明了列宁的理论可作为我们研究市场经济的理论典鉴。

　　该书的建树首先表现在，它全面系统地论述了列宁的商品经济理论，包括列宁早期揭示资本主义市场经济发育阶段的发展和运行规律，中期论析资本主义市场经济开始进入发达阶段的内在矛盾和客观规律，晚期探索社会主义建设初期的商品市场关系和公有制形式，进而把列宁的商品经济思想梳理成一个完整的理论体系，并且归结为三大理论贡献。它对于我们把握列宁经济理论

＊　原载《人民日报》。

的脉络，汲取它的精华，为社会主义市场经济所用，有着很大的裨益。我们不仅可以借鉴新经济政策的理论和实践，而且能够从列宁对发达资本主义市场经济以及它的发育时期的分析中得到启示，尤其对于我们研究社会主义初级阶段商品经济发展不平衡中各种错综复杂的经济现象，它也可作为一个很好的参鉴蓝本。

在此基础上，该书阐发了列宁商品经济理论中许多以往尚未深入研究的重要观点，这是它的又一特色。诸如，揭示商品经济和生产社会化的内在联系，初步分析进入发达商品经济的八个特征，市场经济推动现代生产力发展和科学技术进步的机制等，对于我们进一步认识市场经济产生、发展的根基和进步作用确有新的启迪。关于新经济政策的理论与实践，书中概括为一个根本转变、两个公式演讲、三个范畴运用，也很富有新意。作者在该书跋中，独具匠心地从列宁的商品经济理论中引申出社会主义建设初期的经济制度同市场经济结合的九个切入点，认为"虽然处于萌芽状态，但其基本精神却是十分宝贵的，对于社会主义初级阶段更有启迪作用"。同时，书中也实事求是地指出了列宁认识的历史局限性（同现在对市场经济的认识差距甚大），提出有待深入研究的问题。

作者有意识地突出了列宁商品经济理论的实用性，使得该书更有实践价值。它以很大的篇幅详细剖析了列宁关于金融、财政、商业、农业、工业、计划工作、企业管理、外经、外贸等部门经济的理论和实践，并介绍了列宁关于公有制形式、分配方式、上层建筑的改造和建设、科学技术发展等问题的论述。这部专著资料翔实，旁征博引，可谓评析列宁商品经济理论的重头之作。

作者长期研究列宁的经济理论，对其论著十分谙熟。也许正是因为这样，书中有引文过多之感，而对于当代各种流派的观点似乎论及不足，对当时认识上的局限性还应作更多的分析。希望今后能够加以弥补，有的论点也需要进一步研讨。

增长速度 · 宏观调控 · 供求关系*

——在中国社会科学院经济形势分析与预测 春季座谈会上的开幕词摘要

（1998年4月27日）

增长速度

1993年加强宏观调控以来，经济增长速度逐年、有时是逐季下降，到今年（1998年）第一季度还未停止。从1992年14.2%的高峰，降到1996年的9.6%，成功地实现了"软着陆"，这是大家公认的。

"软着陆"成功后的1997年，人们以为经济运行已经到了"谷底"，速度该稳住了，或者重新启动、回升。但这一年GDP增幅降到8.8%。这虽然是仍居世界首位的高速度，但逐月下降的势头，迅速向着当今我国经济增长适度区间（8%~10%）的下限逼近，不能不引起人们注意。对此，我们在去年（1997年）10月初中国社会科学院经济形势分析会上曾经指出："在

---

* 1998年6月2日《人民日报》在发表此文时特地加了编者的话，指出：在成功实现经济"软着陆"的基础上，1997年中国经济又取得了举世瞩目的好成绩。国民经济发展呈现出"高增长、低通胀"的良好态势。为了使这一良好态势得以保持下去，必须正确认识和处理当前我国宏观经济运行中的增长速度、宏观调控和供求关系等问题。中国社会科学院特邀顾问刘国光研究员撰文，对这三个问题发表了自己的看法。文章很有说服力，值得认真一读。

保持宏观调控的一定力度时，经济增长率和物价上涨率的变动趋势，都会有一定的惯性。这是由部门间的产业关联效应、生产与需求间的关联效应所决定的。这种关联效应也使政策具有滞后效应。"那时，东南亚金融危机对我国的影响尚未显露，我们提出了"当前为了防止经济回落的惯性可能带来后续经济增长持续下滑，需要适时适度地及时作些必要的松动微调"。

此后，东南亚金融危机扩展到东南亚许多国家和地区，并影响到全世界，其对我国的影响也逐渐显露，这种松动微调就更是必要的了。事实上，在实施"软着陆"的后期和"软着陆"成功之后，已经陆续采取了一些金融微调措施。去年10月以后，经过对东南亚金融危机影响的深化认识，特别是金融工作会议、经济工作会议以来，这些微调措施一步步强化，除了取消银行贷款指令限额、进一步降低利率、降低存款准备金率等外，还特别针对东南亚金融危机带来的外需减少和国内需求增幅有所放缓的趋势，推出增加固定资产投资、扩大内需等重要措施。但是由于这些措施发挥作用有一个时滞的问题，而且有些措施（如增加固定资产投资）的到位和落实还需要一个过程，再加上东南亚金融危机对我国经济的负面影响更加表面化，所以，上述措施未能即时阻止速度下降的趋势。1998年第一季度GDP比上年同期增长7.2%，增幅比上年同期进一步下降了2.2个百分点。看来，今年全年要达到8%的速度目标，还要付出很大的努力。但目前支撑8%增长的客观条件还是比较充裕的。交通、能源、原材料、农业、外汇储备、通胀率等，都是多年来最为宽松的，可以支持8%以上的经济增长。有理由认为，随着适度松动微调措施的逐步到位和发挥作用，速度下降的趋势将会逐渐稳下来，今年下半年和明年（1999年）上半年将出现回升。

问题是已采取的微调措施力度上是否足够。比如，固定资产投资增幅加大到15%能否落实？是否足以保证今年经济增长速度达到8%？是否还需要也可能再加一点力度？如果提高固定资产投资的增幅，在投资动力、项目准备和资金渠道上有无保证？等等。这些问题需要及时研究解决。当然，固定资产投资的乘数作用对经济发展的后续影响很大，不宜跨步过大，并且要防止重复建设造成新的结构扭曲、经济过热和通货膨胀。所以应十分谨慎。

宏观调控

针对"软着陆"成功以来国内经济运行走势出现的新问题和东南亚金融危机的新情况，在宏观调控政策上进行某些措施和力度的调整是完全必要的。对于这些调整的意义应当怎样认识呢？采取某些金融松动、增加投资、扩大内需的措施，是不是意味着放弃适度从紧的中长期宏观调控政策，转而采取我们过去曾经用过的那种扩张性政策，或者转而采取传统凯恩斯主义式的扩张性政策呢？还是意味着这仍是在继续坚持适度从紧方针的前提下所作的适时适度的、调控力度的调整呢？

前一种观点事实上把我国增长速度的某些下降看成是典型经济周期谷底延伸的停滞衰退，需要强扩张性的调控政策才能启动。因此，不必再提什么适度从紧了。应当看到，我国经济运行的周期形态已发生变化，经过"软着陆"出现了"高增长、低通胀"的局面。在这样一种位势较高的"谷底"，虽然出现了某些供给大于需求、企业经营困难、职工下岗等问题，对此我们必须认真对待并且已经开始采取措施逐步解决；但接近并环绕8%的经济增长率目前仍是居于世界前列的速度，从整体经济运行来看，还不能说我国经济已经处于类似西方典型经济周期的停滞衰退阶段而需要实行全面扩张的宏观调控政策。

从短期来看，为对付目前经济运行中的一些困难问题，必须加大一些松动金融和增加投资的力度和幅度，但这仍属适时适度微调的范围。事实上，我们已经和正在采取的宏观调控政策调整的措施与力度都是审慎的、有选择的和有分寸的，而不是全面放松的扩张性宏观调控政策。

从中长期来看，在体制转轨尚未完成、旧体制惯性尚未根除以前，我们仍然需要坚持适度从紧的宏观调控政策，把宏观调控措施在力度上的短期调整置于中长期政策之下。其理由除了去年10月初我在中国社会科学院经济形势分析会上的发言中对为什么"软着陆"成功后还要坚持适度从紧的政策所讲的五条（经济蓝皮书《1998年中国：经济形势分析与预测》，第6页）外，这里还要指出以下几点。

一是保持宏观调控政策的稳定性、连续性和灵活性。适度从紧、适时微调，从十四届五中全会到十五大都是作为中长期宏观调控政策提出来的。现在虽然企业、金融、政府机构三大改革步子加快，但整个经济体制和运行机制转轨的完成还要有一个过程，原有体制所固有的约束软弱和盲目扩张的机制仍未消失，"适度从紧"作为中长期方针，仍有继续坚持之必要。

二是在宏观调控措施力度的短期调整中，不能忽视短期调整对中长期的后续影响。近期通货膨胀的危险虽然暂时有所削弱，但潜在反弹因素始终存在，初步形成的买方市场还不能说已经巩固。所以要警钟长鸣。这有利于防止搞盲目投资、重复建设、一哄而起、重蹈覆辙。

三是坚持这一中长期宏观调控政策。通过政策措施和力度的适时掌握、适度调整，既可以为刺激经济增长、扩大就业留有充分的空间和余地，又可以为把扩大内需同结构调整、深化改革结合起来，提供一个比较稳定的良好的宏观环境，从而有利于两个根本性转变的顺利推进。

供求关系

最近一段时期，在社会商品总供求关系上，面临着供给大于需求的问题，表现为有些商品卖不出去，库存积压增多，一些生产能力多余而开不了工，等等。为了解释这一现象以便找出解决途径，在社会上的讨论中频频出现和使用需求不足、生产过剩、买方市场等概念。这些概念看来相似，其实是有差别的。有些论者把供大于求等同于或归结为"需求不足"，这不免失于简单化。其实并不是所有供大于求都源于"需求不足"。比如，正在压缩掉的一千万个纺织锭子，是需求不足造成的吗？又比如，前次经济过热以来就出现并且几年来还在增加的已达到六七千万平方米的闲置商品房，是需求不足造成的吗？回答显然是否定的。例子举不胜举。此类"供大于求"的原因只能从结构和体制上去找。近一时期以来出现的供大于求，不宜简单地归之于"需求不足"，而是蕴涵有以下三个方面的来由或组成部分。

第一个组成部分是初步形成的买方市场。这是市场取向改革的一项伟大成果，是不容否定的。这里所说的"买方市场"，指的是正常的买方市场。我在1983年《再论买方市场》[①]一文中曾把它界定为"供给略大于直接需求的买方市场"，以区别于"供给过剩的买方市场"。"略大"多少才合适呢？当时提出，供给略大于直接需求的差额应满足三项需要：（1）正常的周转存货（生产和流通环节）增长的需要；（2）预防不测事故（自然、社会）的储备增长的需要；（3）为实现消费者选择权利和造成

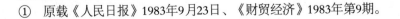

① 原载《人民日报》1983年9月23日、《财贸经济》1983年第9期。

生产者竞争环境必须淘汰一部分落后陈旧商品和生产能力的需要。在上述合理界限内形成的供给略大于直接需求，特别是为保护消费者正常权益和促进生产者正常经营的剩余是开展合理竞争所必需的生产剩余，是健康的市场经济所绝对需要的，既不应视为"需求不足"，也不宜叫做"生产过剩"。如果勉强借用"生产过剩"的概念，那则如马克思所说："这种过剩本身并不是什么祸害，而是利益。"①

第二个组成部分：超过上述正常买方市场合理界限的供给，是真正的生产过剩。这其中有一部分也不是由于"需求不足"所形成的，而是盲目投资、重复建设以及经济过热时期的过度膨胀、泡沫经济所带来的结构扭曲、资源浪费等恶果造成的。

第三个组成部分，即除了上述第一和第二个组成部分以外剩下来的供给大于需求的部分，才可归于"需求不足"。这部分不足源于内需或外需，源于投资或消费，或兼而有之。"软着陆"成功后，尤其是去年第四季度以来，随着经济增长速度的惯性下滑和境外经济风波影响的显露，需求相对不足的问题逐渐突出，包括内需和外需、消费需求和投资需求，其增长势头均有放慢倾向。

我国目前宏观经济中总供给大于总需求的上述三个组成部分，因其来源和性质不同，所以不宜等同对待。对于正常买方市场应予保护、巩固，使之健康发展。对于生产过剩（不是由于需求不足造成的），应从体制上、结构上探寻根源，压缩陈旧落后的生产能力，挤掉仍然存在的经济泡沫，逐步调整生产供应结构，使之适应有效需求结构，以消除社会资源的浪费。对于需求不足部分，则应从内需外需、消费投资诸方面探寻原因，找出对策，从刺激有效需求着手（我国目前主要从增加投资、扩大内需

① 《马克思恩格斯全集》第24卷，第526页。

方面着手），增加和改善有效供给来解决。我国宏观经济供求关系的三个组成部分如何认定和对待，是我国特殊国情中产生的一个特殊问题。它既是一个理论问题，又是一个实践问题，需要我们进一步深入研究。

永久性与世界性研究课题

——《澳门日报》特约记者专访
（1998年5月14日）

    中国社会科学院特邀顾问刘国光教授最近被澳门中小企业协进会聘为名誉会长，他应邀将于1998年5月中旬率团赴澳门访问，记者（张玉书）特约刘教授进行了专访，请他就这次访问澳门和中小企业的问题谈谈自己的想法。

    刘国光是中国最有影响的经济学家之一，著有大量的经济著作。20世纪40年代中期毕业于西南联大经济系，新中国成立后又到莫斯科经济学院攻读研究生。1955年以后一直在中国科学院从事经济研究工作，曾担任过社科院副院长，并兼任国家统计局副局长和国内多所名牌大学的教授。刘国光虽已七十多岁高龄，满头银发，但身体健旺，思路清晰，一派学者风度。他告诉记者，早在1993年就不再担任行政领导职务了，但有关国家经济发展、宏观经济管理和经济体制改革等一些重大的课题，他仍参与研究和咨询工作。刘教授还常出国参加一些学术交流活动，他的工作仍十分繁忙、紧张。

中小企业发展受重视

    刘国光说，20世纪80年代初，应霍英东的邀请，他曾随同许涤新去过一次澳门。当时中国的改革开放尚未真正起步，澳门的情况也很一般。近二十年来，他没有再去过澳门，对澳门的情况不太了解。这次在澳门特区筹委会刚刚成立之初有幸再次访问澳门，并应邀担任澳门中小企业协进会名誉会长，感到很高兴。这既是对他的信任，也是他了解、学习澳门的好机会。将尽所能做些工作，尽一点绵薄之力。

在谈到中小企业问题时，刘国光说："中小企业是企业规模形态的概念，是大企业的对称。从经济发展的历史、现状以及今后的趋势来看，中小企业不仅是一个永久性的课题，也是一个世界性的课题。无论是过去、现在，还是将来，都存在中小企业问题；不论是发达国家、新兴工业化国家，还是发展中国家，也都存在中小企业问题。"

他认为，中小企业经营灵活，面大量广，在经济生活中起着举足轻重的作用。它不仅活跃了市场，以多品种、多花色满足人们的生活需求，而且在扩大就业、稳定社会等方面也有重要作用。所以中小企业的发展，理所当然应引起各国政府和实业界的重视。

刘教授说，中国是一个中小企业的海洋。仅就工业企业而言，1996年底，在全国近八万个工业企业中，99%以上是中小企业，大企业不足1%。即使是中外合资企业中，中小企业的比重也达到90%之上。这些中小企业完成全部工业总产值的60%左右，就业人数的70%左右，大量人民生活日用品和出口加工制成品，都是由中小企业供应的，而且它还促进内地市场的发育和竞争，推动了经济体制改革的深化，成为新的经济增长点。

成立企业协进会适时

刘国光强调，中小企业势单力薄，信息不灵，存在着许多问题和不足，需要政府在政策和资金方面给予扶持，需要社会提供各方面的服务，更需要自身团结协作。澳门中小企业协进会的

永久性与世界性研究课题

成立，正是适应中小企业发展中的这些需要应运而生的。它可以在政府和众多的中小企业之间发挥桥梁的作用，将中小企业经营者的困难和要求向政府反映，并为政府解决中小企业相关的问题出谋划策；它也将发挥服务的功能，为中小企业在投资、市场营销、企业管理、技术进步、开展进出口贸易、人才培训、司法诉讼、信息等方面提供咨询服务；它还将发挥组织功能，将中小企业家们组织起来，交流经验、开展专业化的合作、互相帮助，增强维护自身利益的意识。与此同时，中小企业协进会还将进一步增强与世界各国和地区之间的中小企业民间组织以及中小实业界的交流和联系，特别是增强与祖国内地中小企业间的交流与联系。刘国光说，作为学者，他对协进会的成立表示支持，因为它是大有可为的。

刘教授还说，澳门有中小企业一万五千多家，占企业总数的95%左右，这是一支不容忽视的力量。充分发挥它的作用，并在经济结构和技术结构上进行合理的调整和升级换代，它们就一定能对澳门经济发展和社会进步作出自己的贡献。

对澳门前景充满信心

刘国光教授表示，对澳门的前景充满信心。他说：目前澳门经济发展低迷，这既有经济结构问题，也与东南亚金融危机有一定的关系。再过一年多时间，澳门即将回归祖国，这是继香港之后，中国人民在完成领土完整方面又一大盛事，也是邓小平"一国两制"理论的再一次胜利和实践。澳门的过去是由澳门居民自己创造的。澳门的将来，特别是澳门回归之后，澳门人民一定会在"一国两制""澳人治澳"的方针指引下，创造出更加实惠的经济和更加美好的未来。

在澳门中小企业协进会成立
大会上的讲话

（1998年5月14日）

澳门中小企业协进会今天成立了。这是澳门经济和社会生活中的一件大喜事。我代表中国社会科学院赴澳访问团，表示热烈的祝贺！

中小企业是企业规模形态的概念，是大企业的对称。从经济发展的历史、现状以及今后的趋势来看，中小企业不仅是一个永久性的课题，也是一个世界性的课题。说它是一个永久性的课题，是说不论是过去、现在还是将来，都存在着中小企业的问题；说它是一个全世界性的课题，是说不论是发达国家、新兴工业化国家，还是发展中国家，也都存在着中小企业的问题。

由于中小企业经营灵活，面大量广，因此在经济生活中起着举足轻重的作用，不仅活跃了市场，以多品种、多花色满足人们的生活需求，而且在扩大就业、稳定社会等方面都是大企业所不能代替的。一大批中小企业家为经济的发展和社会的进步，作出了应有的贡献。所以，中小企业的发展理所当然地越来越引起各国政府和实业界的重视。

但是，中小企业由于势单力薄，需要政府在政策上给予扶持，需要社会提供各方面的服务，更需要自身团结协作。澳门中小企业协进会的成立，正是适应中小企业发展中的这些需要应运而生的。它将在政府和众多的中小企业之间，起着桥梁的作用；

它也将发挥服务功能，为中小企业家在投资、市场营销、企业管理、技术进步、开展进出口贸易、人才培训、司法诉讼、信息等方面提供咨询服务；它还将发挥组织功能，即将中小企业家们组织起来，交流经验，开展专业化协作，互相帮助，增强维护自身利益的意识。

与此同时，中小企业协进会的成立，将进一步增强与世界各国和地区之间的中小企业民间组织以及中小实业界的交流和联系。特别是增强与中国内地中小企业间的交流与联系。

中国内地是一个中小企业的海洋。仅就工业企业而言，1996年年底在全部近800万个工业企业中，99%以上是中小企业，大企业不足1%。其中，遍布城乡的私营和个体企业的比重相当大。即使是中外合资企业中，中小企业的比重也达90%以上。这些中小企业完成全部工业总产值的60%左右，就业人数70%左右，大量的人民生活日用品和出口加工制成品，都是由中小企业供应的，而且促进了内地市场的发育和竞争，推动了经济体制改革的深化等，成为新的经济增长点。

众所周知，到1998年12月，正好是决定中国内地经济发生根本性转变的中国共产党十一届三中全会召开20周年。改革开放的20年来，在邓小平建设有中国特色社会主义理论的指导下，中国内地经济发展，社会进步，国家经济实力不断增强，人民生活水平逐步提高。国内生产总值平均每年实际增长率达10%以上，提前实现了20世纪末国民生产总值比1980年翻两番的目标。这20年，是中国内地经济发展最好的时期。

正如大家所知道的那样，中国内地的经济改革是从农村开始的，是从土地的管理体制改革开始的。改革的核心是将原来由人民公社生产队集体管理的土地，分配给农民，实行了土地联产承包责任制。由于调动了农民的生产积极性，促进了农村经济全面发展，农业生产增加值平均每年以4.5%速度增长。农业生产的发展，解决了长期存在的市场副食品供应紧缺的问题，也增加了农民收入，提高了农民生活水平，1亿多农村人口摆脱贫困。在改革农村土地管理制度的同时，各级政府重视农业投入，积极推广先进适用技术，加强水利设施和农田基本建设，农业综合生产能力有了很大提高。农业生产经过几个台阶的发展，1997年粮食产量达到49 250万吨。现在，内地已经初步形成比较完备的粮食储备体系，肉、蛋、禽、奶、水产品、水果和蔬菜等农产品产量都大幅度增加。城乡市场副食品供应充足，花色品种齐全，丰富了人民群众物质生活。

在农业生产不断发展的同时，乡镇企业也逐步兴起。在农民的总收入中，约有40%来源于乡镇企业。发展乡镇企业的重大意义，还在于能够安排农村剩余劳动力。中国是古老的农业大国，人口多，农业人口比重大，现代化建设的一个十分重要的任务是完成农业劳动力的转移。现在，我们摸索到了一个很好的形式，就是发展乡镇企业。目前，全国各类乡镇企业共吸纳了1亿多农村富余劳动力，加上8000万左右进入城市务工经商的农民，约有2亿农村剩余劳动力事实上得到转移，加之农闲时间的农副业生产，完全可以有把握地说，中国农村剩余劳动力的问题已经基本得到解决。在中国，能够在较短的时间内解决这样的一个大而特殊的问题，也是改革开放以来的一大奇迹。

农业基础的巩固，加之其他改革开放政策的实施，有力地促进了工业和其他产业的发展。20年来，中国工业迅速发展，工业增加值平均每年以15%左右速度增长，产业结构和产品结构得到调整，几种主要工业产品产量跃居世界前列。长期困扰国民经济的能源、交通等问题，逐步得到缓解，主要生产资料和消费品出现了供求基本平衡或供大于求的格局，商品紧缺的现象已经根本改观了。

对外开放继续扩大，形成了多方位、多层次、宽领域的开放格局。国际贸易在世界上的位次，从改革开放时期的30多位跃居到十大贸易国的行列。利用外资增长，成为发展中国家吸引外资最多的国家。国际收支良好，国家外汇储备由改革开放初期的零起步，增加到1399亿美元，这对我国发展对外经济合作，抵御国际金融风险，发挥了重要作用。在东南亚金融危机发生以后，我国政府郑重宣布人民币不贬值，赢得了良好的国际信誉。

在改革开放的过程中，曾经一度在某些领域出现过热、物价涨幅过高的问题。通过深化改革，加强和改善宏观调控，问题得到缓解，从而既保持了经济的高速增长，又有效地抑制了通货膨胀，出现了多年所没有过的"高增长、低膨胀"的经济发展的良好态势。

由于我国经济开始进入调整期，加上金融危机的负面影响，最近一段时期经济发展速度相对放慢，企业经营出现了一些暂时的困难，但实现今年8%的增长速度，还是可能的。也正是由于这样的以市场机制为主配置资源的基础性作用的发挥，竞争力度进一步加大，从而增大了促进企业技术进步和提高经营管理水平的拉动力，出现了从来没有过的从整体上提高国民经济素质的大环境。

展望未来，中国人民信心满怀。我们完全能够在邓小平理论的指引下，按照三大发展步骤的宏伟规划，经过50年左右的奋斗，将我们伟大的祖国，建设成繁荣富强的现代化强国。

还有一年多的时间，澳门就要回归了。这是继香港之后，中国人民在完成领土完整方面的又一大盛事。也是邓小平"一国两制"理论的再一次的胜利和实现。

澳门的过去，是由澳门人民自己创造的。澳门的将来，特别是澳门回归之后，澳门人民一定会在"一国两制""澳人治澳"方针的指引下，创造更加美好的未来。

澳门有15 000多个中小企业，占澳门企业总数的95%左右。

这是一支不容忽视的力量。充分发挥这支力量的作用，就一定会在继续发挥澳门旅游等产业优势的同时，进一步发展工业、农业、商业、交通运输业等，使经济结构得到调整，进一步壮大澳门经济实力。与此同时，发展澳门的高新科技产业，进一步提高澳门的技术水平。

澳门中小企业协进会的成立，一定会在团结联合澳门中小企业的同时，和大型企业加强专业化协作，为澳门的经济发展和社会进步作出应有的贡献。

东亚金融危机与中国*

——在中美第二届经济发展与体制改革研讨会上的发言
（1998年5月27日）

始于去年（1997年）年中的东亚金融危机，已经对亚洲各主要经济体和世界其他地区产生了广泛的影响，中国也不例外。

一、对中国经济的影响

就在东亚一些国家先后爆发金融危机的时候，中国经济继1996年成功实现"软着陆"后，近一年多来继续平稳滑行，出现了"高增长、低通胀"局面，增长速度保持在8%以上的高位水平，通胀率降至3%以下。这表明，东亚金融危机并未对中国经济产生重大的直接冲击。然而，这场危机的间接影响特别是其对中国经济的滞后影响，还是不容忽视的。

首先，对中国出口贸易的影响。近年来，中国对东南亚国家和韩国及日本的出口大体占中国出口总额的30%左右。东亚主要国家爆发金融危机后，经济增长放慢，势必减少从中国的进口。同时，这些国家部分出口产品和主要市场与中国相似，其汇率大幅度下调，势必影响中国的出口竞争能力。

其次，对引进外资的影响。近二十年来，中国实际吸收外

102   *   原载《经济参考报》1998年6月23日。

商直接投资的80%和大部分海外直接融资来自中国香港、中国台湾、日本、韩国和新加坡等国家和地区。这次金融危机将使这些国家和地区对华投资和融资的规模下降。同时，美欧发达国家和地区以及国际金融机构由于加大对东亚重灾区的金融援助力度，其对华投融资规模也会受到影响。

再次，对人民币汇率的影响。由于外贸出口和引进外资的增幅下降，国际收支黑字缩减，必然会在一定程度上对人民币汇率产生下调压力。中国虽然对保持汇率稳定作出过郑重承诺，但是，实际化解人民币汇率下调压力，仍需做巨大努力。

最后，对经济增长速度的影响。东亚金融危机的发生，适逢中国经济运行处于景气循环的"低谷"阶段。这两种因素相互作用将导致中国经济增长速度下降。从目前情况看，虽然通过采取各种措施，包括扩大内需，仍有可能实现8%或略高一点的经济增长，但不可能超过去年的水平。

二、几点经验教训

从中国的角度看，以下几点经验教训是值得总结与汲取的。

第一，一个国家要保持经济稳定发展，必须重视供求总量的动态均衡，切忌"泡沫经济"。受这次金融危机沉重打击的东亚经济体，大多是房地产市场和证券市场连年出现"泡沫经济"，最终酿成了以大量房地产闲置、呆坏账连锁冲击为主要特征的金融危机。有些经济体用牺牲供求动态均衡和国际收支平衡的办法来满足少数大企业过度扩张的要求，从而为本国经济的长期增长埋下了危机的根子。中国前些年也曾出现过"泡沫现象"，但自1993年年中起，通过加强宏观调控，控制了房地产和开发区的过热发展态势，在东亚金融危机爆发之前已经成功地实现了"软着陆"，为抵御国际金融风波创造了条件。我们要认真总结这方面的经验教训，防止泡沫经济以其他形式再次出现。

第二，健全金融体系，加强金融系统的风险管理与监督，是防范和化解金融风险的必要条件。这次受金融危机沉重打击的经济体，大都重视运用金融手段推动经济发展，但在金融自由化的过程中，由于放松了必要的监督与管理，大量银行信贷资金直接、间接流向高风险部门，导致过度贷款、巨额呆坏账和金融机构破产倒闭。中国金融领域也存在不稳定因素，国有商业银行不良贷款达1/4，其中逾期两年以上的呆滞贷款和无法收回的呆坏账达10%以上，各类金融违法、违规活动比较严重。为防范和化解金融风险，中国政府不久前决定采取措施，深化金融改革，强化金融监管，包括加快国有商业银行的商业化改革步伐，逐步实行资产负债管理和风险管理，加强金融机构内控制度的建设，等等。这些措施的逐步落实，将更有利于防范和防止可能出现的内外金融风险的袭击。

第三，对金融业的对外开放，要保持积极和谨慎态度。在金融体系尚不健全、政府调控能力较弱的情况下，过早过快地全面放开本国资本市场、取消外汇管制、大量引进境外金融机构，助长了国际游资的进入和冲击，造成了投机资本排挤产业资本、短期投资和短期债务规模过大的不稳定局面。这是东亚一些经济体发生金融危机的一个重要原因。中国对金融业的对外开放一直持既积极又谨慎的态度，到目前为止，资本市场的放开尚处于初始阶段，资本账户的人民币自由兑换尚未启动，对资本流动的管制还较严，引进外资的规模和结构比较合理，外国在华直接投资占外资规模的60%以上，中长期借款占外债规模的80%以上，等等，这些均对国际投机资本在中国汇市和股市兴风作浪的能力施加了必要限制。这是中国能够抵挡东亚金融危机冲击的一堵厚墙。当然，今后中国仍要坚定地实施既积极又谨慎的金融对外开放方针，其时间顺序和实施步骤要与金融体系的健全和金融监管能力的加强相适应。

第四，产业政策要符合实际，发挥本国资源比较优势。东亚国家的经济增长主要靠增加劳动和资本的投入，这一点在经济发展水平较低的阶段是客观的和必要的。但经济发展达到一定水平以后，如不重视技术创新和高新技术的推动，就会使国民经济的发展失去后劲。东南亚国家在经济增长方式由粗放向集约的转变上，确实存在步履迟滞的问题，但这次金融危机还不能说直接导因于此。其直接导因是这些国家的产业政策好高骛远，不顾国内经济发展水平、资源优势和国内外市场容量，盲目追求资本密集、技术密集的产业发展，投资过度集中于某些支柱工业，如汽车、电子、化工等，过度发展出口产业，造成严重的产业结构失调和大规模的供给过剩。中国经济发展中长期存在的一个问题是粗放增长，这不仅与中国的经济发展水平有关，而且也与条块分割、市场割据的体制以及地区之间与部门之间追求"大而全""小而全"的低水平重复建设，甚至成为一种痼疾，导致生产能力过剩和开工不足等问题。中国这几年强调由粗放增长转向集约增长，但考虑到中国劳动力富余、资金不足和科技落后的资源结构现状，这一转变也只能是以既要积极又要稳妥的方式进行为宜。

第五，"东亚模式"的一个突出特征是政府主动参与和推动经济增长。经验表明，这种参与和推动是必不可少的，但随着市场经济的成熟和企业的成长，要减少政府对经济的干预，否则易于形成政企不分、官商勾结。在这方面，韩国的教训尤其深刻。韩国注重通过发展大企业集团来推动本国经济发展，但政策过度倾斜。由于过度强调企业资本的"低成本扩大"，容忍企业在政府的保护下盲目举债，负债率高达500%甚至达到3000%~4000%的畸形水平，结果给韩国带来灾难。从中国的情况来看，市场取向改革的一项重要内容，是实现政企分开和转变政府职能。这项改

東亞金融危機与中國

105

革的阻力和难度较大，今年新组建的政府开始有所突破。当然，我们绝不能因此而否定东亚政府主导型市场经济模式的历史功绩，更不能否定政府在经济发展中的必要作用。尤其是处在较低发展阶段和经济转轨时期的中国，政府的作用还要比发达市场经济国家更大一些。

三、危机阴影下中国经济走势和对策

1997年以来，中国经济在"高增长、低通胀"总形势下出现了逐季缓缓下滑的趋势。东亚金融危机进一步强化了这种趋势。今年（1998年）第一季度中国GDP增长率降至7.2%，比上年同期下降2.2个百分点。为了扭转速度下滑趋势，把危机的影响降到最低限度，同时对东亚和世界摆脱金融危机后果尽我们的一份国际义务，中国新一届政府已经明确提出"要确保今年中国的经济增长速度达到8%，通货膨胀率小于3%，人民币汇率保持稳定"。另外，切实扭转经济增长速度下滑，也有利于缓解国内就业压力等问题。鉴于今年外需所受影响较大的现实，我们必须从本国国情出发，主要依靠扩大内需，来保证上述目标的实现。

扩大内需的主要措施有如下几个方面：一是扩大固定资产投资规模，加大对铁路、公路、通信、环保等公共设施和基础部门的投资力度，以此来带动全社会固定资产投资，使今年的固定资产投资增长达到15%以上。二是引导和扩大居民消费，当前要尽快实行公有住房的商品化，启动城市居民住宅市场，同时还要努力开发农村消费需求，开拓农村市场。三是扩大内需要与经济结构的调整结合起来。目前中国内需不足，产业结构升级严重滞后。因此，这次扩大投资，要向高技术含量、高加工度和高附加值产业倾斜，要在加大基础产业投资的同时，逐步加大机电工业的技术改造投资，以推动产业升级。另外，还要压缩陈旧落后、过剩多余的生产能力（如压缩纺纱能力1000万锭）。四是扩大内需还要与体制改革结合起来。目前中国的供需矛盾主要是结构性的，同时又是制度性的。例如，条（部门）块（地方）分割，造成重复投资，带来生产能力过剩和开工不足；福利分房制度造成住房市场销售不旺；等等。因此，要扩大内需，就必须继续深化改革，转换机制。最后，扩大内需必须在继续坚持适度从紧的中长期宏观调控方针的前提下进行。目前中国经济虽然遇到一些困难，包括经济增长率下降、职工下岗增加等，但是，这并不意味着中国经济运行已经处于类似典型经济周期的停滞衰退阶段，实际上中国经济增长率还处于相当高的位置，同时通货膨胀的潜在反弹因素还始终存在，因此，不能放弃适度从紧的中长期宏观调控方针转而采取全面扩张性政策。正确的选择是，在继续坚持适度从紧的中长期宏观调控方针下，对宏观经济调控的措施和力度进行适时、适度松动和调整，以促进国民经济的持续高速健康发展。

在外需方面，由于做出了稳定人民币汇率的承诺，因此，在对策上应当主要通过运用非汇率措施来扩大外需。一是进一步降低关税和实行出口退税；二是对外商对华投资进口设备恢复免征关税；三是进一步扩大外贸企业进出口自主经营决策权；四是在继续巩固与传统贸易伙伴的关系的同时，大力开拓新的国际市场；五是优化出口产业和产品结构，努力提高出口产品质量和档次，降低成本，提高非价格竞争能力；六是进一步加大外贸体制改革力度，理顺关系，推动出口增长。

以上我仅就东亚金融危机对中国经济的影响、中国可以从中汲取的经验教训以及中国的对策措施等方面，作了几点简要阐述。我相信，只要我们能够认真实施上述对策措施，顺利克服危机带来的影响，继续实现我国国民经济的持续高速健康成长，将是有把握的！

经济增速下滑势头有望遏制[*]

（1998年6月9日）

　　"软着陆"成功之后，我国经济增长速度今年（1998年）一季度已下滑至合理区间的下限，但这种状况在今年下半年、明年（1999年）上半年有望得到遏制。

　　宏观调控后，1996年我国经济增长9.6%，物价涨幅低于3%，成功地实现了高增长、低通胀的"软着陆"。但是，"软着陆"后，去年（1997年）我国经济增速继续降至8.8%，今年一季度又降至7.2%，并且还在下降。刘国光指出，7%、8%的经济增速在世界范围看并不算低，但在我国，这个速度已降至经济运行合理区间的下限。

　　"软着陆"成功后，经济增速为何继续下降？一是原来经济下滑的惯性使然；二是亚洲金融风波的影响；三是新出台的宏观调控政策没有到位。他说，为实现今年经济增长的目标，国家采取的扩大国内需求、增大投资需求、扩大外需出口等一系列措施是有效的，也是可行的。

　　今年1~4月我国经济增长低于8%，年内完成8%的任务有一定难度。但他同时指出，实现增长8%的有利条件也不少：交通、能源、原材料、外汇等的供应充足，物价呈负增长，这是多年来最宽松的时期，完全可支持8%的增长；国家相应出台了一系列措

---

[*]　《中国改革报》记者周群据作者1998年6月9日在南宁的讲话摘发于6月10日该报。

施，如扩大内需、松动银根、银行降息等，并且力度在一步一步加强。

西方典型经济周期的谷底是经济停滞、衰退、萧条阶段，因此需要强扩张性的经济政策来调整，这与我国"软着陆"后的状况不同。"软着陆"后我国经济"谷底"位势较高，呈现高增长、低通胀态势，经济增长仍处于世界的前列，因此，适度从紧、适时微调才是我国的正确选择。我国针对当前的一些困难所采取的放松银根等举措，仍属适时、适度微调的范围。

经济增速下滑势头有望遏制

当前中国经济形势*

——在中国社会保障体系国际研讨会上的讲话
（1998年6月23日）

这次研讨会的组织者要我讲讲当前中国的经济形势。因时间有限，只能简短讲点个人的观察和看法。

1. 大家知道，今年（1998年）12月正好是中国共产党十一届三中全会决定实行改革开放满20周年。20年来，中国经济发生了根本性转变，从计划经济走向市场经济，国家经济实力不断增强，人民生活水平逐步提高。GDP平均每年增长率达10%左右，提前实现了20世纪末比1980年翻两番的目标。这20年，是中国经济发展最好的时期。

2. 20年来，中国经济发展并不是一帆风顺，而是有曲折的，经历了四次较大的起伏。最近一次的经济过热，发生在1992—1993年。从1993年夏季开始加强和完善宏观调控，主要是实行适度从紧与灵活微调相结合的政策措施，使经济逐渐降温。GDP增长率由1992年的14%，1993年降为13.2%，1994年为12.6%，1995年为10.5%，1996年回落到9.7%。物价上涨率走势略微滞后，1994年达到21.7%，1995年降为14.8%，1996年回落到6%。这样，一度出现的经济过热和通货膨胀得到了有效控制，到1996年年底，中国宏观经济运行成功地实现了"软着陆"，这是大家公认的。

110　*　原载《中国企业报》，1998年7月6日。

3. 到了去年（1997年），人们起初认为，"软着陆"成功后，经济运行已经到了"谷底"，经济增长率下降的趋势应该稳住了，或者重新启动，回升。可是1997年增长率除了在上半年曾稍有反弹外，一路走低，GDP各季增长速度如下。

Ⅰ季度	Ⅰ—Ⅱ季度	Ⅰ—Ⅲ季度	Ⅰ—Ⅳ季度
9.4%	9.5%	9.0%	8.8%

1997年全年GDP增长率回落到8.8%，比上年低0.9个百分点；物价上涨率由上年6%回落到1.2%。进入今年第一季度，GDP增长率进一步回落到7.2%，与上年同期增长率相比下降了2.2个百分点；市场物价继续走低，一季度与上年同期相比下降了1.5%。虽然国民经济在低通胀的情况下仍然实现了较快的增长，而且1998年全年和今年一季度的增长率与当今世界各国包括发展中国家相比，还是比较高的速度，但是增长率持续下降的势头，回落到现在国内经济学界公认的当今我国经济增长的适度区间（8%~10%）以下，并且带来职工下岗增多、企业经营困难和金融风险增大等问题，不能不引起人们关注。

4. 这一年多来，中国经济增长速度为何继续逐季放慢？有四个原因。一是前几年"软着陆"过程中经济增长降速的惯性，不能一下子刹住，仍在继续下滑。二是近年来体制改革和结构调整力度加大，虽然最终有利于提高效率和促进增长，但近期在企业重组和职工下岗过程中却带来暂时抑制增长的因素。三是东亚金融风波的影响，包括对我国外贸出口和引进外资的负面影响逐渐显露。四是针对上述现象采取的对策措施，没有及时跟上、到位和发挥作用。

5. 实际上，1996年以来实行"软着陆"过程的后期以及"软着陆"成功以后，就已经陆续采取了一些放松金融的措施，包括几次降低银行利息率，取消银行贷款的额度限制，调低银行存款准备金率，等等。去年（1997年）第4季度以来，随着对境外经济风波影响和境内经济走势认识的加深，金融松动的措施一步步强化。针对东亚金融危机对我国外需出口负面影响和经济增长率继续下滑的趋势，今年3月九届人大选出的国务院新一届政府成立后，就明确宣布1998年经济工作三项目标，一是确保经济增长率达到8%，二是物价上涨率控制在3%以下，三是稳定人民币汇率。提出这三项目标的目的，一方面是要继续保持国内经济"高增长、低通胀"的良好态势；另一方面要认真履行我国对外承诺的国际义务。

6. 为了实现今年的宏观调控目标，我国政府采取了一系列政策措施，其中很重要的一条是扩大国内需求。我国目前出现了供大于求的局面，但这一局面并不都是由于需求不足的结果，而是包含着三个方面的来由或组成部分。一是过去计划经济时代的绝对短缺被市场取向改革中初步形成的买方市场所代替，这是改革的一项成果，在合理界限内供给略大于需求，是为实现消费者的选择权利和造成生产者竞争环境所需要的。二是超过正常买方市场合理界限的供给，是真正的生产过剩，这其中有一部分也不是由于需求不足所形成的，而是我国经济生活中盲目投资、重复建设，以及经济过热时期的过度膨胀、泡沫经济所带来的结构扭曲、无效供给、资源浪费的恶果。三是除上述两个部分以外剩下来的供给大于需求的部分，才是真正的需求不足造成的。"软着陆"成功后，尤其是去年第四季度以来，随着经济增长速度的下滑和境外金融风波影响的显露，需求不足的问题逐渐突出。鉴于国外需求缩减的压力尚在发展，一时难以逆转，因此稳住经济增长的重点放在扩大国内需求方面，是完全必要的。

7. 国内需求中的消费需求部分，随着温饱问题的解决，人民生活向小康水平迈进，消费层次的拉开，使消费市场上过去那种排浪式的消费热点短期内难以形成。由于收入分配差距扩大，由于对就业和收入增长放慢的预期以及对福利保障等方面的个人负担增大的预期，居民储蓄倾向进一步强化。因此近期消费需求将保持平稳增长态势，难以作重大启动。所以，扩大国内需求，首先要扩大固定资产投资规模，重点是加大对铁路、公路、电信、城建、水利、环保等公共设施和基础部门的投资力度，以此来带动全社会固定资产投资，使全年固定资产投资由原拟增长10%提高到15%以上。其次，要引导和扩大居民消费需求。当前最迫切的是启动城市居民住房消费和住宅市场，同时要努力开发农村消费需求，开拓农村市场。城乡这两个方面的需求市场潜力很大，特别是占全国人口70%的8亿多农村人口，目前在全国消费品市场的占有额只有40%，是尚待开发的巨大中国市场中的一大块宝地。

8. 扩大国内需求的政策措施不是孤立的。首先，扩大内需要同经济结构的调整结合起来。目前，中国一方面产业结构升级严重滞后，另一方面劳动力丰富的资源优势尚未充分发挥。因此这次扩大投资，要在加大基础产业设施投资的同时，逐步加大机电工业的技术改造投资，以推动产业升级；在向高技术含量、高加工度和高附加值产业倾斜的同时，加大对可采用大量新技术的劳动密集型产业（主要是中小企业）的投资力度。还要压缩陈旧落后、过剩多余的生产能力和无效供给（如目前正在着手拆掉1000万个纺锭）。其次，扩大内需要同体制改革结合起来。目前中国的供需矛盾主要是结构性的，同时又是制度性的。例如，条（部门）块（地方）分割，造成重复投资，带来生产能力过剩和开工不足。又如，福利分房制度，造成住房市场难以推展，等等。要扩大内需，就必须深化改革，转换机制。最后，扩大内需必须在继续坚持适度从紧的中长期宏观调控方针的前提下进行。目前中国经济虽然遇到一些困难，包括增长率下降，就业问题上升，等等，但是，这并不意味着中国经济运行已经处于类似典型经济周期的停滞衰退阶段，实际上中国经济增长率仍处于相当高的位势上，同时通货膨胀的潜在反弹压力始终存在。因此，不能放弃适度从紧的中长期宏观调控方针。要在继续坚持适度从紧的财政、货币政策的前提下，对宏观调控的措施和力度进行适时、适度的松动和调整。

9. 今年以来，促进经济增长的各项措施正在陆续出台并开始发挥作用。1~5月全国固定资产投资增长12.7%，增幅比一季度和前四个月加强；适当增加了货币供应量，扩大了中长期贷款，并加强运用财政手段进行基础建设。从今年上半年的情况看，GDP增长率在7%~7.5%运行，全年完成增长8%的目标看来还有一定的难度。但也存在有利条件：一是目前交通、能源、原材料供应、农业、外汇储备、通胀率等，是多年来最为宽松的，都可以支撑8%以上的增长。二是政府政策明确由降速转向保速，由限制投资转向鼓励投资，由主要稳定物价转向着重解决就业问题。三是各级地方政府的积极性大，各省市增长目标都定位在8%以上，只要给予政策，不难启动。目前的问题是，已采取的松动微调措施力度是否够，比如，固定资产投资增幅加大到15%能否落实，是否足以保证今年经济增长达到8%，是否需要也可能再增加一点力度，如果提高固定资产投资的增幅，在投资动力、项目准备和资金措施上有无保证，等等，这些问题需要及时研究解决。

我认为，随着扩大内需、松动银根和其他一系列有关政策措施的落实，速度下降的趋势将逐渐稳定下来，今年下半年明年（1999年）上半年将出现回升。中国经济当前更重要的是结构和效益问题，如果抓紧目前最为宽松的宏观经济环境，致力于结构调整和效率提高，那么增长速度即使暂时下来一点也没有什么可怕，因为从长期来看中国经济的发展将置于更加坚实健康的基础之上。所以，认真实行经济体制和增长方式两个根本性转变（体制：由计划转向市场；增长：由粗放转向集约），仍然是当前中国经济的根本任务。

江苏应为全国发展挑重担

——《江苏经济》杂志记者专访
（1998年7月）

记者（王新农）： 刘老，您是我国著名经济学家。在您长期从事宏观经济分析过程中，江苏给您留下怎样的印象？

刘国光： 我是江苏南京人，对江苏改革开放和现代化建设事业自然是多一分关心。20世纪80年代，我还多次到江苏做些调查研究工作，近几年去得少了，但对江苏的印象还是比较好的。江苏历来就是我国经济较发达地区，自然条件好，地理位置优越，市场繁荣，人才荟萃，科技发达，历史文化底蕴深厚。党的十一届三中全会以后，江苏经济又有了长足的发展。据我观察，改革开放以来，江苏的多项经济发展指标长期位居全国前列。1997年江苏国内生产总值达6695亿元，财政收入达512.9亿元，分别占到全国的8.95%和5.93%。江苏的土地只占全国土地的1.66%，人口密度很高。在那么一小块土地上，养活那么多人口，还为国家作出这么大的贡献，确实了不起。在经济体制改革方面，江苏也是很有建树的。如苏南农民首创的乡镇企业，在计划体制的夹缝中破土而出，有力地冲破了旧体制的框框，在很短的时间内迅速在全省全国全面展开，形成了在江苏"三分天下有其二"、在全国"三分天下有其一"的格局。为我国改革开放以来国民经济持续高速增长作出了重大贡献，同时，乡镇工业也是我国1993年实施宏观调控以来实现高增长低通胀的重要支撑力量。江泽民总书记前一段时期视察苏南乡镇企业，再一次肯定了乡镇企业在国民经济中的地位和作用。又如，江苏在全国较早提出市场经济为主的发展战略，这不仅体现了江苏同志的远见和理论勇气，也展现了江苏人的实干精神。总之，江苏在改革和发展方面的骄人业绩，使我这个江苏人感到欣慰。

记者： 今年（1998年）江苏经济增长目标是11%，您如何看这一目标定位？

刘国光： 1997年江苏国内生产总值的增幅是12%，今年的目标比去年（1997年）实际低了一个百分点。这一增长目标的调低是必要的，也是积极的。第一，我认为，全国经济增长的合理速度应在8%~10%，中央把增长速度定在8%，体现了稳中求进的方针。江苏增长目标调低为11%与中央的指导思想是一致的。第二，11%的增长目标仍比全国8%要高出3个百分点，我初步算一下，1998年江苏的GDP接近占全国的10%，这体现了江苏人民为祖国现代化建设勇挑重担的决心。第三，江苏国内生产总值已多年位于全国前列，基数很大，江苏GDP每增长1个百分点，就是66.95亿元国内生产总值的概念，所以说这担子是不轻的。第四，目前，江苏已进入工业化的中期阶段，国际经验表明，在此期间一般都进入经济起飞、快速发展的阶段，这种快速发展有可能持续一段时期，仍有发展空间。江苏科学文化发达，政府的调控能力较强，只要全省上下共同动力，11%的增长目标是有可能实现的。

记者： 今年一季度，江苏实现国内生产总值1405.2亿元，比上年同期增长7.8%，同比回落2.5个百分点，仅比全国平均速度快0.6个百分点。对此省内一些同志很担心，您怎么看？

刘国光： 7%、8%的经济增速，在世界范围看不算低，但在我国这个速度已降至经济运行合理区间的下限了，担心有一定道理。这里有经济下滑的惯性作用，有东南亚金融风波的影响，也有宏观调控政策没到位的问题。但用发展的眼光看，问题并不大。1997年全国的平均水平是，一季度国内生产总值只占全年的14.3%，前几年也大体是这个水平。看来，一季度增幅慢一点是这几年的一个规律，江苏一季度实现1405.2亿元，与全年目标7431亿元相比约占18.9%，高于去年全国平均水平4.6个百分点。在全年增长目标定位大体合理的前提下，这个比例应该说是正常的。问题的关键是政府要善于从一季度经济运行的过程中，发现制约经济增长的主要因素和主要矛盾，在以后的工作中作出适时适度的调整。

记者："适度从紧，适时微调"是您长期坚持的宏观调控方针。最近，江苏省委专门召开常委扩大会，明确提出要进一步启动投资、消费、出口三大需求，对此，您有何评价？

刘国光：对我国宏观经济要坚持"适度从紧，适时调整"的方针，是我多年来对我国宏观经济分析得出的一个基本经验，也是我国经济成功实现"软着陆"的一条基本判断，要从整体上把握。第一，从紧要适度，通货膨胀与通货紧缩对经济都是有害的。我们吃过高通胀的亏，也要警惕通货紧缩的破坏作用。第二，从紧有个对象问题。传统体制内在的"软约束""超分配"的扩张冲动是从紧的对象，在总的宏观形势要求我们增加投资扩大内需的时候，基础公共设施建设就要放松，高新技术产业非但不能紧，还要有选择地大力支持其发展。第三，适度从紧要与适时微调配合，调整把握时机和力度非常重要。最近我从新闻媒体上得知，江苏省委在认真分析一季度经济形势的基础上，抓住影响经济增长的主要矛盾和矛盾的主要方面，作出进一步启动投资、消费、出口三大需求的调整政策，时机把握得很好。要取得实际效果，关键在方向、力度。近期的松动要置于中长期适度从紧的政策范围之内。今天的政策不能为今后的发展设置障碍。令我欣慰的是，江苏的同志清醒地看到这一点，并采取了切实措施。

记者：请您谈谈对江苏启动三大需求的具体建议。

刘国光：这里我想强调一点，就是无论是经济理论工作者还是实际工作者，对经济运行中出现的现象和问题，一定要分清其性质，探索其根源，这样才能对症下药、标本兼治。最近一段时期，在社会商品总供求关系上，面临着供给大于需求的问题，表现为有些商品卖不出去，库存积压增多，工厂开工不足，企业亏损严重，下岗职工增多。我以为，把这一现象笼统地归之于"需求不足"是把问题简单化了。我认为，近一时期以来出现的供大于求蕴涵着三方面的来由或组成部分：一是初步形成的买方市场。这是市场取向改革的一项伟大成果，是不能否定的。在合理界限内供给略大于直接需求。特别是为保护消费者正常权益和促进生产者正常经营的剩余，是开展合理竞争所必要的生产剩余，是健康的市场经济所绝对需要的。二是超过正常买方市场合理界限的供给，是真正的生产过剩。这其中有一部分也不是由于"需求不足"所形成的，而是盲目投资、重复建设以及经济过热时期的过度膨胀、泡沫经济所带来的结构扭曲，是资源浪费等恶果造成的。三是除了前面我讲的两条以外，剩下来的供给大于需求的部分，才可归于"需求不足"。这部分不足源于内需或外需，源于投资或消费，或兼而有之。"软着陆"成功以后，尤其是去年四季度以来，随着经济增长速度的惯性下滑和境外经济风波影响的显露，需求不足问题逐渐突出，包括内需和外需、消费需求和投资需求，其增长势头均有放慢倾向。

供大于求这三个组成部分，其来源和性质是不同的，应区别对待。对于正常的买方市场应予保护、巩固，使之健康发展。对不是由于需求不足的生产过剩，应从体制、结构上探寻根源，压缩陈旧落后的生产力，挤掉仍然存在的经济泡沫，逐步调整生产供应结构，使之适应有效需求结构，以消除社会资源的浪费。

对于需求不足部分，则应从内需外需、消费投资诸方面探寻原因，找出对策，从刺激有效需求着手，也就是从你们江苏目前正在启动的投资、消费、出口三大需求着手，增加和改善有效供给来解决。

我国宏观经济供求关系的三个组成部分如何认定和对待，是我国特殊国情中产生的一个特殊问题。它既是一个理论问题，又是一个实践问题。我高兴地看到江苏的同志已在实践中积极地探索，我期待着你们在复杂的经济实践中总结出好的经验。

《中国企业新体制——督导机制与企业现代化》序*

（1998年7月）

国有企业改革是中国整个经济改革的重点和难点。1993年，中国政府提出了将"建立现代企业制度"作为企业改革的目标，但对于什么是"现代企业制度"，尚待从理论到实践作多方面的深入探索。现在一般都接受"产权清晰、权责明确、政企分开、管理科学"的抽象界定，但对这四句话的内涵以及四句话之间的关系，都有不同的理解。就拿"管理科学"来说，一些经济理论界的人士，从西方经济学中借鉴corporate governance这一概念，认为主要应指建立科学的企业治理结构，以便妥当处理所有者（股东）、决策者（董事会）、执行者（经理层）、职工以及其他相关利益者之间的关系。这一概念（企业治理结构），已在理论界和改革实践中广为流传，但尚未被吸纳入权威的政策法规文件中。目前正规的提法是"建立科学的企业领导和组织结构"，其中除上述诸方面的关系外，还包括正确处理党、企关系等方面的内容，因此这的确是中国国企改革的一项极其复杂的问题。尽管这样，如何从中国国情出发，借鉴西方企业组织管理的成功经验，正确把握和实行corporate governance，是一个亟待研究解决的问题。

---

* 见谭安杰著：《中国企业新体制——督导机制与企业现代化》，商务印书馆香港有限公司1998年版。

谭安杰教授的新著《中国企业新体制——督导机制与企业现代化》，就是对中国国有企业改革中如何掌握和实行corporate governance问题的探索。他把这一概念译为"企业督导机制"，代替目前流行的"企业治理结构"的译词，是有其自身的理由的，但最后采用何种译词来表达这一概念，还有待今后的讨论和实践。

《中国企业新体制——督导机制与企业现代化》一书从作者熟悉的当代西方经济学的最新理论出发，综合各不同学派的理论观点，并结合中国经济和社会的现实情况，探讨如何在中国的市场经济不断完善的条件下，建立起可行、有效的企业督导机制。对于企业督导机制（法人治理结构）这一个概念和作用，作者从理论和各国的实践方面作了详尽的研究与论述，并对企业改革中的几个关键问题进行了论述。如通过分析国外国有企业的所有权与控制权的问题，来分析中国国有企业的问题。对中国企业督导机制建立的背景、社会发展条件、企业督导机制应实现的目标等方面，均作出详细的考察与研究，并展望及设计督导机制的未来发展模式。这些认真的探索，是值得参考的。

目前，在中国共产党第十五次全国代表大会以后，中国的企业改革加快了步伐。相信《中国企业新体制——督导机制与企业现代化》的出版，会给中国企业改革各方面的思考带来启示。我们衷心祝贺《中国企业新体制——督导机制与企业现代化》出版成功！

经济科学与当前形势*

——《科技潮》主编专访
（1998年8月）

记者（李慰饴）： 您是我国著名经济学家。几十年来，特别是改革开放的20年来，您对我国经济体制改革和经济发展战略进行了深入研究，推出了一系列理论成果并提出一系列政策建议，对国家宏观经济的科学决策和社会主义经济理论的建设都作出了重要贡献。您认为经济科学是怎样一门科学？它在我国现阶段具有怎样的重要作用？

刘国光： 经济科学，简单地说是"经世济用"之学。我们现在把经济工作作为整个工作的重点。本来毛主席在党的八大时就提出阶级斗争已经基本结束，应该向地球开战。这不仅是人与自然的斗争，也是指经济建设。后来由于众所周知的原因，这个思想没有实现。直到党的十一届三中全会才又提出"全党全国的工作重点转移到经济建设上来"。我们是个落后的国家，而落后就要挨打。我们耽误了多少时间！人家第二次世界大战后20年、30年搞发展，不少国家都上去了。连东南亚一些原来比我们落后的国家也上去了，从20世纪50年代到70年代他们超过了我们。所以党的十一届三中全会才提出工作重点转移的决策。我们本来就有实现现代化的任务，中间又耽误了那么长的时间，经济建设的任务很紧迫。

---

* 原载《科技潮》1998年第8期。

我们的经济科学应当研究并服务于我国经济建设和实现现代化的任务。20世纪70年代末，我们就提出了取消指令性计划、强化市场取向的建议。80年代中期，我们又提出要使国民经济走上持续、稳定、协调发展的道路，必须实现经济体制和发展战略的"双重模式转换"的论断。

我们认识并实现这两种转换经历了很多曲折。实际上，一直到1992年党的十四大后才正式确定下来。十四届五中全会提出了"两个根本性转变"：体制的转变，由计划经济向社会主义市场经济的转变；然后是经济增长方式的转变，由粗放型向集约型的转变。这里不提发展战略，而提增长方式，因为发展战略包括生产目的、消费积累关系、生产结构、增长方式等，其中一些问题已基本解决。但增长方式问题过去一直没有解决好。粗放型增长就是以数量为主，注重资本和劳动的投入；而集约型增长就要提高科技含量、提高效益、加强管理等。

经济科学理论这二十多年来受到党和政府的高度重视。经济科学反映了我国经济发展的历史要求，也反映了我们人民改善生活质量的愿望。经济科学要为人民服务。

记者：回顾我国经济发展历程，发生的重大决策失误、经济状况的大起大落实在触目惊心。您谈到很多国家，包括一些原来比较落后的国家都上去了，但这些国家的经济理论一定比我们高明吗？他们并不一定有很多杰出的经济学家。为什么他们却没有发生大起大落？我们怎么会发生像1958年"大跃进"这样严重违反经济规律的事情？

刘国光：思想上是想快，出发点是好的，但是不科学。再有一个原因就是一直按照速度和数量来考核，也促成了片面性的发展。先进的地方强调速度，说它有条件快发展，落后的地方要缩短差距，就更急于赶上去，形成全国争快的局面。

记者：现在这种情况是不是有了很大的扭转？

刘国光：应该说最近20年来大有改善。过去我国经济的大起大落，幅度很大，年度之间差距几十个百分点。改革开放以来，起伏也还有，但幅度大大减低了，这说明我们实现两个根本性转变还是有效的。这些年不仅实现了工作重点的转移，而且在总体战略的把握上也是好的。近20年来经济发展比较快，平均达到9%的速度，但波动不像过去那样大。这些年也有波动，像1984年和1988年出现的经济过热。由于1987—1988年的快速扩张，才有了1989—1991年的三年大调整。1987—1990年的一起一落，经济增长率起落幅度为7.8%，虽远低于改革开放前的历次波动，也仍是较大的幅度。到了1992年，又上去了，1993年又到了高峰，发生经济过热。随后的调整不叫"治理整顿"，叫作"加强宏观调控"，这是朱镕基同志主持的，是按中央精神办的。我们正确进行宏观调控，成功地实现了"软着陆"。1993年大起时，我们担心大落，但没有发生。"软着陆"一直走到现在，比较平稳。

记者：产生过热，有没有认识上的不足？是不是有我们对经济运行的规律性的认识和掌握的问题？

刘国光：经济学界也有不同的观点。有一些人总想快，提出什么"通货膨胀无害论"，等等。他们说，通货膨胀不可怕，物价高一些没有关系。他们提出，只要提高人民的承受能力就行了。

记者：还有人举出一些外国的例子，如说巴西等国通胀就很高，还是有了发展。

刘国光：这种理论在20世纪80年代中后期曾受到一定的推崇，甚至影响到决策人士，1988年就提出过"闯关"的说法。实际上是闯不过去了，才有了治理整顿。这种理论在我们实施"软着陆"的过程中不断出现。有说我们紧缩不对呀，应该放开放松呀；说企业效益都不好、市场萎缩、下岗增多，把这些问题归结于"软着陆"。不可否认，社会上有部分人、有部分企业、有部

经济科学与当前形势

125

分阶层，在通货膨胀、经济过热中得到了好处，在这期间富起来、发财的人有的是。所以说在经济理论界提倡和坚持这种观点，下面是有基础的。每次我们反对并制止通货膨胀的时候，总有人出来为通货膨胀说话。我认为有两个原因，一个就是盲目地把西方的理论套过来；另一个就是弄不清就业、增长与通货膨胀的关系，有人说就业与通货膨胀是一对相反的东西，物价下来了，失业率就高。就是这么个理论，有很多似是而非的东西。但多数人反对这种理论，因为靠这种方式的发展是有害的。适度的通胀政策只有在出现了严重的经济衰退与萧条的情况下才能谨慎采用。

记者：那么，您认为应当怎样理解邓小平同志关于"发展是硬道理"的论断？

刘国光：邓小平同志讲得很好。但他所说的发展，应该是有效益的、有市场的。而主张通货膨胀的人，却不管这些，按他们的理论去做，必然导致重复建设、资源破坏、环境恶化。"硬道理"一定要正确地理解。正因为如此，我们才要实现增长方式的转变。决不能再搞重复建设。有的项目一投产就停工，一投产就亏损、就破坏生态。这种发展不是硬道理，是歪道理。

我在两个问题上发言较多，一个是稳定经济，一个是反对通货膨胀。我很拥护1993年以来中央关于宏观调控的政策。既避免了经济过热，又没有在大起之后造成大落，即不是"硬着陆"，而是平稳地"着陆"，而且保持了不低的发展速度。1996年是9.7%，1997年是8.8%，今年（1998年）上半年达到7%，应该说这是个不低的速度，在世界上说还是比较高的速度。

记者：目前增长速度降低的原因是什么？

刘国光：现在增长速度下降，原因是多方面的，主要有四个。一个是"软着陆"成功后经济运行有个惯性，前几年"软着陆"过程使经济增长降速不能一下子刹住，仍在继续下滑；二是近年来体制改革和结构调整，实行企业重组和职工下岗带来暂时抑制增长的因素；三是东亚金融危机影响我国出口和引进外资；四是针对上述情况我们采取的政策措施如扩大内需、增加投资等没能及时到位和发挥作用，需要一个过程。

我们正在采取相应措施，确保预定的增长速度。如最近调整利率，增加对基础产业的投资，等等。我们预计，只要措施落实，今年下半年到明年（1999年），增长的速度就会止降回升。我们要逐步把市场、结构、效益等方面搞上去。对于目前我们面临的困难不要惊慌失措。如就业问题，应该十分重视，企业重组，机关也在改革，减员增效是个方向。我们应该加强社会救济、社会保障体系。目前的困难是在整个经济体制、结构和增长方式转变中不可避免的阵痛。我们的思想要新一点，政策上要积极解决，有一个适应的过程。想一想全国，不仅是城市还包括农村，有那么多剩余劳动力，不是简单放松一下银根就可以解决问题的。我们要综合考虑各种因素，要考虑人们能承受的限度，不能超过，超过限度会发生危险。

记者： 当前，我们是否继续实行适度从紧的政策？

刘国光： 从十四届五中全会到十五大，一直到今年初召开的人大，中央一直强调中长期的宏观调控政策是适度从紧，包括现在扩大内需、增加投资、降低利率等都是在这个政策的基础上提出的。否则，不知什么时候，大家头脑一发热，又会造成过去那种大起大落，那样损失太大了！

记者： 您谈到我们宏观调控和"软着陆"取得的成功，总的经济形势是积极的，这是从全局来看。但从许多地区的许多人的实际感受来看，又好像消极的东西多一些。如何看待这种宏观与微观的差别？

刘国光： 我们正在采取一些措施有针对性地解决我们经济工作中多年遗留下来的问题，也包括采取一些灵活措施，如适当扩大投资、松动贷款。但这些措施的见效要有一个过程，许多问题是多年积累的，不可能一下子就解决。

记者： 到某些地方去，我有个感受。经济学家从经济的角度讨论问题，但很多问题不完全是经济范畴的。比如说企业亏损，很多情况是由于企业的领导贪污腐化、不负责任或能力太差。如果社会风气好一些，每个企业的负责人都能艰苦奋斗，与职工同舟共济，为党和国家分忧，绝不会是现在这个样子。我们的忧虑正是在这里。

刘国光： 这里有社会风气问题，也有机制的原因，不是一下子能转变的。也还有个结构问题。多年来搞政企不分、重复建设、重复浪费，您说是谁的问题？这些不是本届政府搞的，调整需要时间。

记者： 现在群众对少数人奢侈浪费是有意见的。

刘国光： 有些人的财富怎么积聚的？当然，有的是一砖一瓦积攒的，有的就是靠钻空子、邪门歪道、权钱交易等，恐怕后者更多。不该富的人富起来，所以人的心理不平衡。

记者： 1993年下半年我去海南岛，宏观调控后，很多房地产商投资趴在那儿了，他们很不满。那几年的泡沫经济使这些人大发其财，所以认为改革开放就应该是那样的。

刘国光： 他们留恋那样的状态，因为那才是冒险家的乐园。可是，国家这样搞下去怎么行？这样也许会走东亚一些发生"危机"的国家的路子。韩国也是如此，大企业和政府勾结，负债率可以高达500%~1000%，没法偿还，肯定要倒，一倒就带动许多小企业。我们假如不是实行了宏观调控，会是什么局面？

记者： 您在一篇文章中谈到扩大内需、加大基础设施的投资时，我注意到您主张向推动产业升级、向高技术含量产业、高附加值产品倾斜，加大对可采用大量新技术、劳动密集型的产业主要是中小企业的投资力度。

刘国光：我们在结构调整中应把企业的科技水平搞上去。我们与发达国家有很大差距，必须改变这种状况。我们还要利用资源优势、劳动力的资源优势。我们要多搞一些能吸收先进技术的小企业，如中关村，许多企业有一定的科技实力，又吸收了劳动力。发展中小企业有利于提供就业，日本就是这样。我国台湾地区也主要靠中小企业，用人多，同时又是科技型。现在台湾地区的情况是劳动力不足。

记者：这里讲的主要是民营企业、乡镇企业。

刘国光：我们对中小企业在信贷支持和政策支持方面应该加大力度。

经济科学与当前形势

中国经济发展现况与前瞻

——在台北国际关系研究中心座谈会上的讲话
（1998年8月27日）

今年（1998年）12月正好是中国内地实行改革开放满20周年。20年来，中国经济体制发生了显著的变化。初步形成了以公有制为主体的多种所有制经济共同发展的局面。市场机制的作用不断增强。政府对经济的管理由过去行政指令性的直接控制，逐步转向用经济手段来进行间接调控。初步形成了包括经济特区——沿海——沿江——沿边——沿主要交通干线和内陆中心城市的多层次、全方位对外开放格局。

改革开放推动了经济建设的迅速发展。1979—1996年GDP每年平均增长9.9%，高于改革前30年平均每年增长6.1%的速度。综合国力不断增强，相应地使城乡人民生活也得到改善。尤其是近几年呈现出快速稳定增长局面，1991—1996年GDP平均每年增长12.1%，是中国历史上增长最快的时期，在世界上增长速度也是名列前茅。据世界银行资料显示，中国内地GDP在世界各国的排位，已由1991年的第10位，1996年升到第7位。

改革开放以来内地的经济发展并不是一帆风顺的，而是经历了四次较大的起伏。最近一次的经济过热，发生在1992—1993年。从1993年夏季开始，加强和完善宏观调控，主要是用适度从紧与灵活微调相结合的政策措施使经济逐渐降温。GDP增长率由1992年的14%，1993年降为13.2%，1994年降为12.6%，1995年降为10.5%，1996年回落到9.7%。物价上涨率的变动稍微滞后，1994年达到21.7%的高峰，1995年降为14.8%，1996年回落到6%。这样，一度出现的经济过热和严重通胀得到了有效的控制，在1996年底内地宏观经济运行成功地实现了"软着陆"这是中外一致公认的。

"软着陆"成功以后，进入1997年，人们起初认为，经济运行已经到了谷底，经济增长率下降的趋势应该稳住了，或者重新启动。可是1997年增长率除了在上半年第二季度稍有反弹外，全年一路走低。GDP各季度与上年同期相比的增长速度为：

Ⅰ季度	Ⅰ—Ⅱ季度	Ⅰ—Ⅲ季度	Ⅰ—Ⅳ季度
9.4%	9.5%	9.0%	8.8%

1997年全年GDP增长率回落到8.8%，比上年低0.9%；全年物价上涨率由上年6%回落到1.2%。进入今年第一季度，GDP增长率进一步落到7.2%，第二季度6.8%，上半年GDP增长率为7%，与上年同期增长率相比，下降了2.5%。市场物价去年（1997年）10月起与上年同月相比开始出现负增长，今年上半年物价与上年同期相比下降了2.1%。虽然国民经济在低通胀和负通胀的情况下仍然实现了较快的增长，但是增长率持续下降的势头，已经回落到现在国内经济学界公认的当今内地经济增长的适度区间（8%~10%）以下，并且带来职工下岗增多、企业经营困难和金融风险增大等问题。例如，1997年年末，城镇登记失业人数570万，下岗职工人数达1200万，预计今年新增职工下岗人数300万，下岗职工总数达1500万以上。国有企业亏损、库存积压、应收账款等都在增加。银行不良贷款占贷款总额的比重达1/4，等等。这些情况，不能不引起人们关注。

这一年半来，内地经济增长速度为何继续逐季放慢？有五个原因：一是前几年"软着陆"过程中经济增长降速的惯性，不能一下子刹住，仍在继续下滑。二是随着体制转轨，原来计划经济体制下的短缺经济逐渐消失，"买方市场"的基本格局初步形成，经济发展越来越受到市场需求的约束。三是近几年来体制改革和结构调整力度加大，企业关、停、并、转增多，这虽然最终有利于提高效率和促进增长，但近期在企业重组和职工下岗过程中，却带来暂时抑制增长的因素。四是东亚金融风波的影响，包括对内地外贸出口和引进外资的负面影响逐渐显露。五是针对上述现象采取的对策措施，没有及时跟上、到位和发挥作用。

内地经济成功地实现"软着陆"后不久，我们中国社会科学院的经济研究工作者就曾经及时提出，对宏观调控"需要适时适度地作些必要的松动微调"的政策建议。其后，东南亚金融危机扩展到东亚许多国家和地区，并影响到全世界，其对内地经济的负面影响也逐渐显现，这种松动微调更是必要的了。事实上，在"软着陆"实施的后期和成功之后，政府已经陆续采取了一些松动金融的微调措施。去年第四季度以来，随着对境外金融风波影响和境内经济走势认识的加深，这些微调措施一步步强化。除了取消银行贷款额度、降低存款准备金率、几次降低存贷款利率等外，还特别针对东亚金融危机带来的外需减少和经济增长率继续下滑的趋势，推出增加固定资产投资、扩大国内需求等重大措施。但是由于这些措施发挥作用有一个时滞的问题，而且有些措施如固定资产投资的到位和落实还需要一个过程，所以未能即时阻止增长速度的下降。上述几项原因也表明，今年上半年能够达到7%的增长速度，在当前严峻的国内外经济形势下是来之不易的。

内地经济目前遇到的一个重大问题就是出现了供给大于需求的局面。表现为有些产品卖不出去，库存积压增多，一些生产能力多余而开工不足，利用率只有30%~50%，等等。这一局面是由于以下三个方面的来由形成的。第一是过去计划经济时代以排队和配给现象为标志的绝对短缺，被市场取向的改革中初步形成相对宽松的买方市场所代替，这是改革的一项成果，在合理界限内供给略大于需求，是为实现消费者的选择权利和造成生产者竞争环境所需要的。第二是内地经济生活中因追求速度而产生的盲目投资、重复建设以及经济过热时期的过度膨胀、泡沫经济所带来的结构扭曲和无效供给。第三是除上述两部分以外供给大于需求的部分，这是真正的"需求不足"造成的。内地经济生活中的局部供大于求，原来主要限于第二种即结构性供求扭曲或者无效供给；近几年来买方市场的逐步形成，进一步使供求总量关系向供大于求的方向倾斜；"软着陆"成功后，尤其是去年第四季度以来，随着境外金融风波影响的显露和经济增长速度的下滑，需求不足的问题逐渐突出出来。

需求总量是由国外对我国的出口需求、国内消费需求和投资需求三大需求构成的。受东亚金融危机的影响，今年上半年出口总额增幅呈现逐月回落的趋势，按月累计比上年同期增长：1~2月为15.7%，1~3月为13.2%，1~4月为11.6%，1~5月为8.6%，1~6月增长7.6%。其中5月曾一度出现22个月以来首次负增长。虽然6月、7月出口增长下滑的幅度有所放慢，但国外需求减缩的压力仍在发展，一时难以逆转。因此，稳住经济增长的重点放在扩大国内需求方面，是完全必要的。扩大内需也不仅仅是近期为化解境外金融风波的冲击，而且从长期来看，也有利于增加中国内地在国际合作与竞争中的回旋余地。毕竟中国是一个大国，不能像小型经济体那样主要依赖国外市场，而要在充分利用国外市场的同时，把发展的基本立足点放在努力开拓国内市场上。

国内需求中的消费需求部分，随着温饱问题的解决，人民生活向小康水平迈进，消费层次的拉开，国内原有的一些消费热点逐渐平淡，新的消费热点尚未形成，消费市场上过去那种排浪式的购买热潮短期内难再出现。由于收入分配差距拉大，由于对就业和收入增长不确定的预期以及对福利保障、子女教育等方面的个人支出负担将要增大的预期，居民储蓄倾向进一步强化。再加上拓展消费需求所需的一些基础设施条件（如道路、电网）和制度条件（如消费信贷、住房商品化）的整备迟缓滞后，也影响了广大城乡市场的开拓。因此，近期消费需求将保持平稳增长态势，难以作重大启动。所以，扩大国内需求，首先要从扩大固定资产投资规模着手，也是顺理成章的。

扩大固定资产投资，不仅投资本身直接构成总需求的一部分，而且通过投资的乘数作用，创造倍加的需求，所以是当前治理需求不足、刺激经济增长的最有效药方。随着政府关于增加对基础设施投资等一系列扩大内需措施的逐步落实，今年上半年国有单位固定资产投资增长开始出现加速的势头，第一季度同比增长10.3%，上半年同比增长13.8%，比第一季度提高了3.5%；1~7月增长15.6%，比上半年高出1.8%。照此趋势，全年固定资产投资增长有可能达到20%。这对于扭转经济增长速度下降趋势，将起决定性作用。重要的问题是这次增加投资的方向，不能再在一般加工工业上搞盲目重复建设，而要重点加大基础设施薄弱环节投资的力度。按照政府最近的安排，增加的投资要定向用于公路、铁路、电信、农田水利和生态工程、城市基础设施和环保建设、农村电网改造和粮库建设、经济实用住房建设等。

增加投资还应同结构调整结合起来。目前中国内地一方面产业结构升级滞后，另一方面劳动力本身的资源优势尚未充分发挥。因此，应在加大基础设施投资力度的同时，逐步增加机电工业的技术改造投资，以推动技术升级，并增大对可采用大量新技术的劳动密集型产业（主要是中小企业）的支持力度，以利于解决劳动就业问题。

扩大需求的重点放在增加投资和扩大内需，当然并不意味放弃刺激消费需求和促进外贸出口的努力。除了尽可能创造一些就业机会、增加居民收入外，正着手采取发展消费信贷，建立覆盖全国的容量较大的供电网络等措施开拓城乡消费市场；还要加快和调整住房制度、教育收费制度、失业、养老、医疗等社会保障制度改革的步伐，以稳定居民的心理预期，增强其消费倾向。在外贸出口方面，我们已承诺稳定人民币汇率，所以扩大外需要用非汇率的手段，诸如增加出口退税、提高出口商品质量、降低出口成本等。实行多元化贸易战略也是一项重要措施。今年上半年虽然对东亚受金融危机严重冲击国家的出口下降，但对北美、欧洲等地区的出口均有较大增长，这对实现上半年出口增长7.6%作出了贡献。

　　"软着陆"成功以来在宏观调控上陆续采取的一些松动微调措施，主要是在货币金融政策方面。但近年的实践证明，在目前情况下依靠银行贷款来刺激经济的做法已不如过去那样有效。去年和今年中央银行连续五次降低存贷利率，市场反应并不明显，正是说明了目前货币政策刺激经济方面的局限性。原因何在呢？一是银行商业化改革中更加重视贷款质量，出现"惜贷"现象。二是企业改革中自我约束有所加强，投资决策趋于谨慎。三是利率下调的幅度低于物价下降的幅度，致使真实利率提高，企业赢利前景不佳，暴利机会大减，总觉得找不到好项目。四是这次扩大内需主要靠基础设施投资，而基础设施中有许多项目属于公共产品或准公共产品，具有明显的外部性的特点（有社会经济效益，但投资者不能得到直接回报），这部分投资很难通过降低利率扩大信贷的方式来刺激，而宜于由政府提供资金和由政府贴息的贷款来进行。所以在运用货币政策的同时，更要运用财政政策来刺激需求增长。目前内地财政收入占GDP比重在10%左右，支持经济的实力不足。最近政府提出要实行积极的财政政策，主要是采取适当增发国债的办法向银行和社会吸收资金来支持对基础设施投资。据测算①，1997年国家财政的债务依存率约为17.5%，低于国际公认的控制线的上限；国债余额占GDP比重的国债负担率只有5.89%，扩大国债发行的余地更大。实现积极的财政政策要求我们重新审视原定于20世纪末基本消除财政赤字的任务。推迟实现这一任务，甚至短期内让赤字有所增长，是可以暂时容忍的。但这件事既要克服近几年来形成的社会上和立法机构内人们厌恶通胀、反对赤字的认知和情绪，同时又要防止过去的经济过热时期流行的"赤字财政无害论""通货膨胀有益论"观点的死灰复燃。鉴于我们自己过去的经验教训，在当前实施积极的财政货币的松动政策时，也必须注意适时适度，在坚持适度从紧的中长期宏观调控方针下进行，以防止一哄而起，搞盲目重复建设，生产积压产品，给后续经济发展重新带来过热膨胀的恶果。

今年以来，在非常复杂的国内外经济环境下，内地经济发展取得来之不易的成绩，但要完成全年8%的增长目标，在今年夏季国内发生特大洪涝灾害和下半年东亚金融危机前景难测的情况下，是有一定的难度的。但也存在有利条件：一是目前交通、能源、原材料供应、外汇储备、通胀率等，是多年来最为宽松的，都可以支撑8%以上的增长。二是政府政策明确由降速转向保速，由限制投资转向鼓励投资，由主要抑制通胀转向着重解决就业问题。三是各级地方的积极性大，各省市增长目标都定位在8%以上，只要给予政策，不难启动。我认为，随着扩大内需一系列有关政策措施的落实见效，速度下降的趋势将逐渐稳定下来，今年第四季度明年（1999年）上半年将出现回升。内地经济当前更为重要的问题我认为还是结构和效率问题，如果抓紧目前比较宽松的宏观经济环境，致力于结构调整和效率提高，那么增长速度即使暂时下来一点也没有什么可怕，因为从长期来看内地经济的发

---

　　① 参见《中国经济时报》1998年8月7日。

展将置于更加坚实健康的基础之上。所以，认真实行经济体制和增长方式两个根本性转变，仍然是当前经济工作的根本任务。

中国内地改革开放以来已经有两个10年的10%左右的高速增长，今后能否继续保持这一增长态势？议论颇多，看法不一。大体上有两种意见：一种以日本、韩国等国为例，认为随着发展水平提高，发展方式从粗放转向集约，今后内地经济将从高速增长转入正常增长阶段。另一种看法从人力资源开发潜力、市场容量拓宽潜力、高储蓄率的资金潜力、技术差距的后发优势潜力等方面，以及从城市化、市场化、国际化进程将为内地提供持久不衰的发展动力，认为中国今后仍可有20~30年的高速增长。双方论点各有一定道理。对中国内地未来经济增长及其在世界经济中地位的测算，则因采用计算方法、折算口径不同，而有很大的差异。但不论采用哪种方法，都认为从总规模来看，在未来20~30年，中国内地经济将走向世界的最前列。但即使总量达到世界首位的时候，人均水平仍然较低，其他许多质量指标仍然落后，需要一个比较长时间的努力，才能赶上世界先进国家、地区的水平。邓小平提出到2050年初步实现现代化，接近发达国家的水平，这是从国情出发、实事求是的战略估计。中国人多地广，发展很不平衡，这是困难所在，又是潜力所在。中华民族有足够的智慧和能力，能够在历史长河中最短的时期内完成现代化的任务。

中国经济发展现况与前瞻

关于当前经济形势及政策取向 若干问题的看法*

——在国务院研究经济形势分析会上的发言 （1998年9月11日）

一、要客观地认识当前经济形势

对今年（1998年）形势变化，我4月曾在社科院的经济形势分析会上对增长速度下降分析过几点原因。其中一点是：虽然宏观调控的松动措施已出台不少，但还有个力度和时滞的问题。随着各项措施逐步到位，速度下降的趋势将会逐步稳下来，今年下半年和明年（1999年）上半年会出现回升。几个月来国务院又采取了一系列措施，加强刺激需求的力度，现在看来已初见成效。一些预示经济周期运行的先行指标，如固定资产投资、企业存款、银行贷款和一些投资性产品，如钢材、水泥等都在回升，加上目前财政1000亿元和银行的1000亿元投入，对四季度和明年经济肯定会有推进。我认为，党中央、国务院采取的这些措施都是正确的，也符合矛盾暴露和认识的过程。对问题，总有一个认识的过程。十五大报告时就没有讲东南亚危机对我国的影响。因为

---

* 原载《江苏通讯》1988年第3期。发表时该刊编者按：中国社会科学院特邀顾问、著名经济学家刘国光在国务院研究室经济形势分析会上，对当前经济形势及政策取向问题发表了六点看法。国务院总理朱镕基批示指出："刘国光同志的文章观点明确，说理透彻，逻辑性强，是一篇好文章。"

那时影响尚未显现。物价总水平的负增长也是从去年（1997年）10月以后才出现的。今年年初有人说，我们早就提出需求不足，现在才认识一致；指责抓晚了两年，即1996年初就应抓扩大内需。我认为1997年第四季度需求不足的问题才开始比较突出，此前还不能说是需求不足。如果两年前就需求不足，就不要搞什么"软着陆"了。这次"软着陆"成功，就是因为没有听这些"先见之明"。我认为，整个政策制定和实施，大体上是符合矛盾发展暴露过程和认识过程的规律的。

二、要科学地看待8%增长目标

年内经济增长速度肯定要回升，但能否达到确保8%的目标？年初提出确保8%，有鼓舞信心和士气的重要政治含义，是很必要的。并且有个8%，各方面的安排都好办一些。但没料到今年世界经济形势进一步恶化和内地洪灾这么严重。1~8月，工业增长7.8%，由此推算GDP增长约为6.9%；三季度要达到8%，这不容易；而四季度GDP必须达到10%以上，全年才能达到8%，这不是完全不可能，但难度很大。我认为到了这个时候，不必过于追求8%。否则，一会助长虚假风气，促使下面虚报成绩。二会助长"大干快上"，出现过于集中的投资热。三会引发后年（2000年）、大后年（2001年）的过热。如果四季度达到10%，明年起点很高，后续影响怎么办？四是今年如有7.5%~8%的速度，在全世界范围内也是很体面的。海外人士怀疑我们的8%有水分。美国《时代周刊》预测我们只有3%，这当然是瞎猜。但是今年以来一些实物量指标（如发电量、能源、货运量等）与经济增长速度相比明显偏低，现在各省报的数字综合起来高于8%，这些情况也要研究核实。我主张现在在保8%上要注意灵活性。即使达不到，也没有关系，应强调两个因素：东亚金融危机和水灾。还要强调，中国当前经济问题主要还是结构、效率和环境问题，而不是速度问题。

三、启动经济要立足于中长期发展格局，注意历史经验

过热时要防止"硬着陆"，过冷时要防止"硬起飞"。我们获得了"软着陆"的经验。现在是否通货紧缩？领导同志讲话中肯定了这一点。连续十个多月的物价下降，可以判断为轻度的通货紧缩了。我们也有治理紧缩的教训。上次经济周期谷底1990年GDP增长3.8%；1991年启动，达到9.1%，上升了5%；1992年又大上，达到14.2%，又上升了5%，两年升幅这样大，结果出现过热。这次情况与过去有所不同：过去对扩张性政策，企业和消费者的反应都是很快跟进。这次由于机制原因和市场原因，企业投资需求和消费者购买需求的跟进，都不会如过去那样迅猛反应（经济学意义的"乘数"变小）。所以，GDP增速在今年预计在7.5%~8%的基础上，明年达到8%就很不错了。

对明年增长有三种估计。第一种是8%~10%。第二种估计是如果今年一定要确保8%，四季度就会达到10%，明年将会超过10%。第三种估计是明年国际经济紧缩的大形势不好，对我国经济影响更加严峻，这样明年增长可能达不到8%。显然，启动经济要考虑明年和更远。根据历史经验，我国经济增长率从低谷上升的持续时间平均为2.1年，下降时间平均为2.5年。启动后经济增长率上升没有超过3年的。原因就在于过去启动太快，幅度太大，"大上"必然导致"大下"。那么，这次启动，能否把上升时期延长一些（如4~5年），保持持续平稳增长？总之，启动经济不能只看到当前紧迫需要，而要着眼于较长时期的持续健康发

展。关键在于防止盲目大上、重复建设；否则带来物价猛涨，又会出现全力扑灭通胀之火的局面。所以，我很赞成现在实行扩大内需所持的既积极又谨慎的态度。最近财政部发言人讲，现在实行积极的财政政策，是在中长期适度从紧政策基础上进行的短期调整，这是很正确的。

四、实行轻度通货膨胀政策，还是坚持物价基本稳定政策

迄今物价总水平的下降已持续了十个多月。价格下降影响生产者信心和消费者预期，反映了经济不够活跃，不利于启动经济。鉴于此有人提出：应实行轻度通货膨胀政策，让物价持续小幅（比如5%以内）上涨，来刺激经济增长。对此需要商榷。我认为价格政策还是要提基本稳定为好。高通货膨胀肯定不行，这不多说了。低通货膨胀好不好？首先要问什么是"低通胀"？前几年有人拿拉美和苏东地区的高通胀做参照系，说我国百分之十几二十几的物价上涨是"低通胀"。即使把价格总水平上涨5%，算是低通胀，但从现在的负2%到正5%，实际上将上涨7%，幅度并不低。而且"低通胀"很容易滑向"高通胀"。通货膨胀不论高低都会使结构扭曲，不利于刺激技术进步，助长过度投机，加剧分配不公。我一直认为这是不可取的。

当然，持续的物价下降即通货紧缩也不好，因为它易于使人们对经济前景的预期看淡，失去信心。但从历史上看，一定的通货紧缩与经济发展并不总是矛盾的。19世纪70~90年代美国就出现过高经济增长和高通货紧缩并存的情况。价格下降对新兴产业和技术进步有促进作用。不久前美国《华尔街日报》有一篇题为"通货紧缩没有什么可怕的"文章说："通货紧缩也许会损害旧

行业。因为它将迫使生产者降低价格以消除生产能力过剩现象，但却不会影响创新的技术领域，因为价格的下降将促进需求和技术的蓬勃发展。现在所面临的是主要由于供应过剩而造成的通货紧缩，从历史的角度看这是起好作用的通货紧缩。"在我们目前同已出现的轻度通货紧缩的负面影响作斗争时，上述从历史角度提出的看法也是值得思考的。

我之所以在此插入上述议论，是想指出，不要认为价格总水平上涨是刺激增长促进进步的不二法门，价格总水平下降对经济发展也可以有一定的积极作用，而通胀和通缩这两者的弊端也都是显而易见的。因此，我不赞成实行"轻度通货膨胀政策"的主张，而赞成保持物价总水平基本稳定的主张。"基本稳定"当然不是绝对不动，而是环绕一条合理的趋势线（因不同历史时期不同条件而异）上下微动。一旦出现持续上升的"通胀"或持续下降的"通缩"，就应启动微调措施予以调控。这样的物价总水平基本稳定的政策，能够稳定人们对经济发展前景的预期和信心，有利于刺激技术进步，杜绝过度投机，减缓分配扭曲，并为结构调整和升级提供良好的外部条件。它应成为当前我国调控物价总水平的一项基本政策。

五、"扩张性"财政政策的运用要适时适度

今年年中提出实行更加积极的财政政策，提得很及时，货币政策要配合财政政策，但没有提积极的货币政策。上半年人们就在议论，货币政策是否失灵了？财政政策启动内需更直接、快捷、有效。这种观点似乎有理，但不深入。说货币政策不灵的主要根据是对银行几次降息企业反应不大。其实，以前经济过热时，不少企业对升息的反应也不大，这里面有一个企业机制和市场机制转换尚未到位的问题。不能简单地说货币政策失灵了。货

币信贷供应量的调节也不是只有调息一种手段，还有利息以外的多种手段。说银行过分"惜贷"，也只看到了表面现象。近几个月来，银行贷款、企业存款都在回升，特别是随着投资力度加大，基本建设投资贷款在很快回升。还有不少经济活动的刺激不能只靠财政，而主要靠货币手段。所以货币政策也要积极运用。财政手段可能更快一些，但减税增支和发债总是与赤字的扩大相联系的。在国民经济中存在着闲置资源（包括资金、劳动力、设备能力、物资材料等）的情况下，赤字财政是可以容忍其存在甚至扩大的。比如，目前储蓄大于投资、银行资金存大于贷，在此情况下，财政用发债方式向银行借1000亿元，支持基础设施建设投资，是没有危险的。但是，社会闲置资源毕竟有限，随着经济扩张的进行，迟早资源"瓶颈"会一一出现。况且财政性扩张还要同时考虑信贷扩张的需要而不能挤掉后者。因此，扩张性的财政政策是有限度的，实行积极的财政政策也要适时适度，否则财政赤字会超过承受能力，引发通货膨胀。所以，实行积极的财政政策，绝不等于接受时隐时现的"赤字无害"、"通胀有益"的论调，同这类观点严格划清界限，是必要的。

六、产业结构问题

最近，为扩大内需而新增的2000亿元投资限定用在基础设施建设上，不搞加工工业。这对防止重复建设、增大过剩能力和积压库存，是必要的、正确的。但在这2000亿元之外，加工工业还是要搞的。因为：第一，提高国际竞争能力，要依靠技术进步，加强技术改造，首先要对机电设备等装备工业进行技术改造，这些都与加工工业分不开。第二，解决就业问题，需要发展量大面广的中小企业，这也与加工工业分不开。如何优化我国的产业结构，使之既能适应世界科技发展的要求，又能缓解城乡人口就业的压力，是当前经济启动和今后经济发展中的一个重大问题。对于促进技术改造和支持中小企业的发展，现在中央很重视。但政策力度和落实还不够，还要继续强调。

论当前宏观调控的两个问题*

——在中国社会科学院经济形势分析与预测
秋季研讨会上的讲话
（1998年10月8日）

一、关于扩大内需的政策手段的选择与配合问题

在扩大内需、启动经济的过程中，一个重要问题就是政策手段的选择与配合。1996年以来，在实施"软着陆"的后期和"软着陆"成功之后，中央已在金融领域陆续采取了一些松动性启动措施，比如几次降低利率等，但这些措施对于刺激投资、启动经济来说，效果不太明显。在这种情况下，从理论层面来看，不少人士提出，货币政策"失灵"了，应主要依靠财政政策。从实践层面看，近几个月来，中央采取了更加积极的财政政策，并同货币政策相结合，加大了启动力度，其效果正在显现。这里有两个问题需要弄清。一个问题是，为什么说货币政策"不灵"了？另一个问题是，在实行更加积极的财政政策时，应该注意一些什么问题？①

关于货币政策为什么"失灵"，人们多从转轨时期的体制原因来解释。在信贷资源比较宽裕、存大于贷的情况下，银行为

---

* 与刘树成合作，发表于《1999年：中国经济形势分析与预测》，社会科学文献出版社1998年版。

什么"惜贷"？这是由于银行商业化改革逐步深化，要更多考虑资产和贷款的质量。在利率下降、信贷资金供应不再那么紧缺的情况下，企业为什么"慎借"？这是由于企业政企分开的改革逐步推行，要更多考虑自负盈亏、自我约束。应该说，这都是改革中的进步。但由于转轨尚在进行，机制尚未完善，相互磨合的过程还未完成，因而产生对利率反应不够灵敏的现象。不仅当前为治理经济偏冷而降低利率时，碰到这个问题，前几年在治理经济过热而提高利率时，也有"不在乎""欠反应"的现象。整体来说，这个问题将随着改革的进一步深化，市场、企业、银行等机制的进一步完善，逐步得到解决。

对货币政策"失灵"的另一种解释主要是在学术界小范围内议论的，最近报纸上也有所讨论，就是中国是否也出现了"流动性陷阱"，以致货币政策不起作用了？这是从美国经济学家克鲁格曼对日本经济的分析中引发出来的讨论。

所谓"流动性陷阱"包含这样三层意思：第一，经济处于严重的萧条之中，名义利率已下降为零或接近于零。由于利息收入太低，人们宁愿持有现金，而不愿持有债券、票据进行投资。第二，这时扩张性货币政策对名义利率的进一步下降已失去作用，因为名义利率不能为负。第三，由此，利率对刺激投资和消费的回升也失去了杠杆作用。按照传统凯恩斯主义观点，经济处于"流动性陷阱"时，货币政策不起作用，只有靠财政政策来启动。克鲁格曼认为：日本经济已经陷入这种"流动性陷阱"，名义利率如隔夜货币市场利率已降低到0.37%，几乎接近于零利率。他不同意凯恩斯的观点，而认为在这种情况下，无论是靠传统的货币政策（短期的货币扩张），还是靠传统的财政政策（扩大政府支出、减税），都不能使日本经济摆脱困境。他主张采用非传统的货币政策，即大量印制钞票，造成一个长达15年之久的4%的通货膨胀预期，使实际利率为负，来刺激投资需求与消费需求。他认为这是日本摆脱当前萧条的唯一出路。

克鲁格曼的文章在国际上、在日本均引起了关注，同时，也引起了我国学术界和有关方面的关注。目前，我国经济中也存在某些对利率下降反应"不灵"的现象，我国是不是也陷入了"流动性陷阱"呢？我们认为还不能这样说。这是因为：

其一，在"流动性陷阱"状态下，利率的杠杆作用失灵；但是不能反过来说，凡是利率杠杆没有充分发挥作用的情况都是"流动性陷阱"。目前，我国市场化取向的改革虽然已经取得了很大进展，利率的市场化已开始起步，利率对储蓄、投资和消费的调节作用也已开始有所发挥，但从整个金融市场的发育以及决定投资与消费变动的主要因素来说，利率的杠杆作用还没有像发达市场经济下那样灵敏，也没有像计划经济下的行政手段那样有力。也就是说，利率对投资和消费的灵敏调节作用还没有充分形成。在我国目前条件下，利率没有充分发挥其灵敏的杠杆作用，主要是因为体制转轨尚未完成，利率变动对投资和消费变动的市场传导机制尚未充分确立，而不是因为我国经济已经陷入了"流动性陷阱"。

其二，我国经济并没有像日本那样处于严重的萧条之中。日本经济自1992年以来，基本处于零增长状态；特别是1997年，GDP为其第二次世界大战后以来最严重的负增长（－0.7%）。而我国经济增长率自1993年下半年以来虽然逐年平稳回落，但在国内外经济形势十分严峻的1998年，仍保持着比其他国家高的增长水平。

其三，我国的名义利率并没有处于接近零利率的水平。以一年期存款利率来说，为4.77%。虽然1997年10月以来出现物价总水平的负增长而使实际利率高于名义利率，从而在一定程度上不利于投资和消费需求的扩张，但目前也存在着多种促使物价转降为升的契机。名义利率也不是没有下调的空间。当然，这种下调有无必要，需从多方面综合考虑。

其四，目前居民缺乏购买意愿，并不是因为名义利率低而宁愿手持现金，也不是因为实际利率高而去储蓄存款，而是因为居民的即期收入增长与预期收入增长的下降，因为居民即期与未来预期的其他支出（包括购买住房、社会保险支出、教育支出等）的上升。

其五，目前企业缺乏投资意愿，主要也不在于借款的成本太高，而在于：由于过去盲目投资、重复建设所造成的一些生产能力的过剩；同时存在着市场有效需求的不足；并且企业虽然开始有了一定的风险意识、责任意识，但还缺乏应有的激励机制。

这样看来，中国的情况还不能说已经陷入了像日本那样的"流动性陷阱"，因而克鲁格曼为日本经济复苏所开的"非传统货币政策"药方，在我国显然是不适用的。也就是说，通过通货膨胀来形成负实际利率或低实际利率，从而通过降低借贷成本来刺激投资需求和消费需求，这在我国目前的条件下是行不通的。当货币政策启动经济的效应一时受到某些限制的情况下，采取某些扩张性的财政措施来扩大国内需求，还是有必要的。但是在实行扩张性财政政策时，不能忽视这一政策本身的局限性和实行这一政策可能带来的消极后果。

用减税增支或增发国债的财政手段来扩大需求，确有比用货币信贷手段更直接、更快捷的效应，但其运用一般总与增加财政赤字联系存一起，因此，只能在一定条件下，并在短暂时间内运用。当国民经济中存在着相当数量的未被利用的闲置资源（包括资金、劳动力、设备能力、物资材料等）时，赤字财政的手段是可以利用的。例如，我国目前的情况，资金上储蓄大于投资，存款大于贷款，劳动力资源存在着下岗待业问题，不少生产设备能力停产半停产，商品物资库存积压增多，等等。特别是大量闲置资金未被金融系统释放出来用于投资的情况下，财政完全可以用发放国债的办法向银行借来用于基础设施投资，扩大内需，刺激增长，这不会引发通货膨胀的危险。但是，社会闲置资源毕竟有限，随着经济扩张的进行，资源"瓶颈"会一一出现。如继续实行扩张性财政政策，则必然会引发严重的通货膨胀，或滞胀（即一方面经济增长停滞，一方面物价继续上涨）。传统凯恩斯主义的扩张性财政政策带来滞胀后果，已经为第二次世界大战后奉行这一政策的西方国家的经验所证明并被抛弃。所以，我们当前实行更加积极的财政政策时，必须心中有数、适时适度，绝不可以把赤字财政当做一项长期的政策措施来使用。

实行扩张性财政政策要适时适度，还有一个重要理由，就是扩大内需刺激增长的任务不可能由一个财政手段来包揽。财政手段与货币信贷手段因其对偿还的要求等性质不同，各有其适用的领域。财政手段更适用于公共性的和难以取得直接回报的项目，而那些在比较短时间内能够得到直接回报的项目，更宜于用信贷手段来进行。基础设施建设视其回报情况的不同，有的可用财政手段来启动，有的也可吸收非财政性的资金，包括信贷资金来实施。所以，目前在发行1000亿元国债的同时，还需1000亿元信贷资金来配套。这两个1000亿元都规定了用于基础设施投资，而不能用于搞加工工业。这对于防止重复建设、防止增加无效供给是非常必要的。但另一方面，为提高国际竞争力所需的技术改造和为解决就业所需的量大面广的中小企业的发展，主要不能靠财政手段，更多地要依靠信贷手段的支持。财政性的扩张必须同时考虑信贷扩张的需要而不能挤掉后者。这是实施扩张性财政政策的又一个限制。

再者，货币信贷供应量的增加，降息并非全然失灵，降息也不是唯一手段，还有利率以外的多种手段。说银行过分"惜贷"，也只看到表面局部现象。事实上，在1998年扩大内需的启动过程中，在启用1000亿元国债以前，从4月、5月开始，中央过去采取的启动政策就已初步见效。表现在经济运行的一些先行指标，如投资、信贷及某些投资品的生产等都在回升，特别值得注意的是，随着投资力度加大，银行对基本建设投资的贷款在迅速增加。而且，1998年下半年出台的2000亿元新投入，无论是1000亿元国债发行的运作，还是另1000亿元信贷资金的配合，都离不开银行信贷和货币政策的运作。所以，在当前的经济启动中，财政政策与货币政策要相互配合，两者都要适时适度。随着扩张性财政政策的逐步到位和结构调整问题的逐步突出（特别是技术改造和发展中小企业），货币信贷政策的任务将越发重要。这些都是有关方面正在做的和正在正确把握的事情。在提法上进一步明确，将有利于把实践放在更加自觉的基础上。

二、关于通货紧缩和物价政策问题

我国当前是否出现了通货紧缩？现在提出这个问题似乎有点"马后炮"了，因为中央已采取的更加积极的财政政策就是针对出现了通货紧缩而提出来的。但是，如何从理论上正确地认识这一问题，以及对已经出现的通货紧缩达到了什么程度应给出一个怎样的判断，则关系到今后物价政策的正确选择问题。

那么，什么是通货紧缩呢？通货紧缩是与通货膨胀相对应的经济过程。如果说通货膨胀是普遍的、持续的物价上涨，而不是局部的、短暂时间的物价上涨，那么，通货紧缩则不应是短暂的、局部的物价下降，而应是普遍的、持续的物价下降。持续多久才能下结论呢？好像并没有严格的界定。我们以为，如果相当普遍的物价上涨或下降持续了半年以上，恐怕就不能不承认出现了通胀或通缩。一般来说，通货膨胀和通货紧缩都是一种货币现象，它们在实体经济中的根源都是总需求对总供给的偏离，或现实经济增长率对潜在经济增长率的偏离。当总需求持续大于总供给，或现实经济增长率持续高于潜在经济增长率时，则出现价格总水平不断上升和货币不断贬值的通货膨胀现象；反之，当总需求持续小于总供给，或现实经济增长率持续地低于潜在经济增长率时，则出现价格总水平不断下降和货币不断升值的通货紧缩现象。通货膨胀与通货紧缩都可以从长期和短期两个角度来考察。从经济短期波动的角度来考察时，通货紧缩的过程往往发生在经济向下波动的阶段，一般伴随着生产下降、市场萎缩、企业利润率降低、生产性投资减少，以及失业增加、收入下降等现象。就我国1997年10月以来物价下降的情况来说，涉及商品的面比较广，持续的时间将近一年，与通货紧缩相伴的某些经济不景气现象在我国也类似出现。但是，毕竟物价下降的幅度不大，商品生产和市场销售的绝对规模仍以不低的幅度继续增长。因此，从总体上来看，可以得出这样的判断，就是我国目前已经出现了轻度的通货紧缩。

当然，对于轻度的通货紧缩也不能等闲视之。因为它易于促使人们对经济前景的预期暗淡，信心降低，有可能推动经济进一步下滑，不利于启动回升。现在采取的扩大内需的政策措施，就是为了扭转这一局面。

有些同志鉴于通货紧缩和物价持续下降不利于景气预期和信心，提出实行"轻度通货膨胀"政策，让物价总水平持续小幅（比如5%以内）上涨，以刺激经济增长。这个主张类似前述克鲁格曼为日本提出的药方。不管对日本经济是否管用，我们以为，它对我国经济肯定是不适用的。

对物价总水平应该采取什么政策？"高通胀政策"后果恶劣，臭名昭著，现在世界上明目张胆的提倡者少见了。但是，"低通胀政策"的主张仍很流行。我们认为，作为物价政策目标来说，不宜正面提倡哪怕是"轻度"的通货膨胀，而应坚持物价总水平基本稳定的政策。"低"通胀政策，或"轻度"通胀政策，或"适度"通胀政策，无论就其高低标准，还是就其实施过程，以及就其出发点和落脚点来说，都是不妥当的。

首先，如果追问一下什么是"低"通胀？就很难找到大家统一认定的标准。前几年，有人曾拿苏东地区和拉美国家百分之几百到上千的通胀率作为参考系，说中国的通胀率只有百分之十几，顶多百分之二十几，这是"低通胀"，不要紧！现在，即使我们接受并认定5%为"低"通胀的标准，那么现在我们的通胀率约为−2%，从−2%到5%，物价上涨7%，幅度就不低。另外，在世界金融全球化的今天，一国汇率和市值的稳定，不仅要看本国的物价走势情况，而且还要看其他国家物价的大势情况，比如，泰国实行的是盯住美元的固定汇率制。1989年以来，至金融危机爆发前的1996年，八年中，泰国的消费价格上涨率为年均5.2%，仅从泰国本身来说，通胀率似乎不算太高。但是，同期，美国的消费价格上涨率则为年均3.6%。以1998年为100，八年累积下来，泰国的消费价格指数比美国高出17%，而泰铢对美元的汇率基本没动，这样，泰铢的市值实际被高估。泰铢市值的高估，加之巨额的对外贸易逆差，这就为国际金融投机商埋伏下了投机的缝隙。所以，究竟什么是"低"通胀，其标准是难以统一认定的。

其次，就经济短期波动与物价变动规律来考察，当经济波动处于回落期时，现实经济增长率低于潜在经济增长率，社会存有一定的闲置资源，这时，采用一定力度的扩大内需政策，有助于启动经济的回升，并不会引发严重的通货膨胀。而当经济已经回升之后，现实经济增长率逐步接近或超过潜在经济增长率，伴随着经济增长，物价就会逐步明显地攀升。这时，对物价总水平的上升应当采取什么样的政策呢？是采取支持物价上涨的通胀政策呢，还是采取抑制通胀、使物价总水平基本稳定的政策呢？这正是经济回升后所要密切监测和调控的问题。我们认为，这时，需要逐步采取抑制通货膨胀的政策，以防止物价过高攀升而给经济生活带来损害。如果所采取的"抑制"通胀政策是适时适度的，那就可能会得到温和的、轻度的物价上升的结果（零通货膨胀虽然很有吸引力，但在实践中难以做到），出现"高增长、低通胀"相组合的局面。但这种良好局面正是在经济波动的上升期抑制通胀的结果，而不是由通胀政策连续刺激的结果。如果这时仍采取通胀政策，哪怕是所谓"轻度"的通胀政策，也会起到"火上浇油"的后果，使本来已在攀升的物价更快地上升，使低通胀走向高通胀。本来，"通货膨胀"就像鸦片一样，容易使处于社会强者地位的利益集团上瘾。他们有力量把"低"通胀轻而易举地（如果没有宏观政策的抑制）推向"高"通胀，从而牺牲弱势阶层的利益。所以，从政策实施的过程来说，应随着经济波动态势的变化而作相应的调整，由先前的扩张性政策适时适度地转向防止或抑制通货膨胀政策，而不宜持续不断地用通货膨胀政策去刺激经济的增长。

最后，持续采取"低通胀政策"的主张，其出发点和落脚点在于持续刺激经济的增长。这涉及我们要追求什么样的经济增长的问题。经济增长有两大类型：一类是由需求面扩张而引起的经济增长；另一类是由供给面改善所推动的经济增长。由需求面扩张而引起的经济增长，往往伴随着通货膨胀，伴随着高投入、低效益。东亚金融危机的教训再一次告诉我们，高投入、低效益的经济增长是不可能持久的。由供给面改善所推动的经济增长，是与技术进步、产业结构升级、制度创新和效益提高相联系的，一般来说不会伴随通货膨胀，还有可能伴随物价水平的正常下降。我们不要认为只有价格总水平的不断上升才是刺激经济增长的不二法门。在一定条件下，价格水平的下降与技术进步、经济增长是可以相互促进的。19世纪70~90年代，美国就出现过"大经济增长"和"大通货紧缩"并存的过程。"1870—1896年，批发价格下降50%"，"1869—1898年，实际国内生产总值的年增长率为4.2%，大约相当于今天潜力的2倍"。这是不久前（1998年8月26日）美国《华尔街日报》一篇题为"通货紧缩没有什么可怕"的文章提供的材料。这篇文章说："今天，通货紧缩引起的期望也许会损害旧行业，诸如汽车业和航空业。但是，现在的这种期望不会影响到新的技术。在这些领域，随着价格下降将促进需求、技术的蓬勃发展。"现在，我国经济的发展正处于两个根本性转变（经济体制转变和经济增长方式转变）的过程中，我们在当前的启动和今后的发展过程中，都要注意不应单纯地追求速度的扩张，而要促进经济增长方式的转变，促进结构调整与升级，为改革创造良好的宏观经济环境，从而促进经济的长期可持续发展。

综上所述，我们不赞成为对付通货紧缩就要采取"轻度通货膨胀"的政策。我们认为，对物价总水平应当坚持基本稳定的政策。物价总水平基本稳定的政策，不是物价水平绝对不动或者所谓"零"通货膨胀政策，而是在经济周期的变动中正确控制物价变动，使之不向持续通胀或持续通缩方向滑行的政策。在经济波动的回落期，要防止和克服通货紧缩；在经济波动的上升期，要防止和抑制通货膨胀。这样的物价总水平基本稳定的政策，能够有助于稳定人们对经济前景的预期和信心，有利于激励技术进步，抑制过度投机，缓解分配扭曲，并为结构调整和升级、为经济体制改革的深化提供良好的外部条件。物价基本稳定的政策，应当成为今后我国调控物价总水平的基本政策。

在孙冶方诞辰90周年纪念大会上的讲话

（1998年10月24日）

同志们、朋友们：

今天是我们的老前辈孙冶方诞辰90周年的纪念日。

孙冶方是我们党老一辈的无产阶级革命家，是我们党卓越的马克思主义经济学家。孙冶方1908年10月24日出生在江苏省无锡县玉祁镇。20世纪20年代初就加入了中国共产党，积极参加"工运""学运"。1925年去莫斯科中山大学系统学习马克思主义，献身中国反帝反封建的革命事业。他长期担任党的实际经济工作和思想宣传部门的领导，为探索中国社会经济的发展规律，为在中国传播马克思主义经济学作了许多有益的工作。从新中国成立后的50年代中期起，孙冶方以自己浓厚的经济学理论功底和对实际经济工作的理解，联系社会主义经济建设中的弊病，大力倡导经济管理体制改革，深入批判苏联版的政治经济学，积极探索中国的经济学新体系，以自己创造性的经济学理论研究活动，为我们后来者开辟了一条经济学发展的道路，从而成为中国经济学界的一面旗帜。以孙冶方命名的"孙冶方经济科学基金会"在全国享有崇高威望，孙冶方是我们几代人都敬仰的一位颇具盛名的经济学家。

孙冶方最有学术价值的经济思想和观点是他反复论述过的"最小最大"，即用最小的劳动消耗取得最大的有用效果。他在多篇文章中都讲道：人类是靠劳动生存的，人类生活的好坏，从根本上说取决于劳动效率的高低，我们要以最少的劳动投入获得最多的有用效果。"最大最小"，这实际上是一个把个别劳动还原为社会劳动的复杂经济运行过程，经济学就是要以"最小最大"为红线，去研究解决这些矛盾所付出的"代价"，提高社会劳动效率。当然，我们也知道，"用最小的劳动消耗去取得最大的有用效果"，本来是一个古老而朴素的经济学常识，但孙冶方却创造性地把它运用到了社会主义经济建设中，用"最小最大"批评高消耗、低效益的弊端；判断公有制的合理性；批评"大锅饭"的管理体制；编写中国的理论经济学。因而使这个古老而朴素的经济学常识在新的历史条件下放射出了新的理论光彩。实践证明，孙冶方在"最小最大"中所包含的一切思想都是正确的。因此，中国经济学界公认："最小最大"是孙冶方公式。孙冶方的经济思想和改革主张，是在我们党的"左"的错误指导思想日益膨胀的20世纪50年代中期开始形成的，他的许多理论活动在当时的历史和社会背景下都具有开拓性，从而在中国社会主义政治经济学思想发展史上写下了光辉的一篇。

孙冶方有着浓厚的经济学理论功底，注意系统读书，但他反对教条主义；孙冶方有着丰富的实际经济工作经验，但他反对经验主义。孙冶方是我国经济学界对自然经济论和传统政治经济学的最早批判者；孙冶方是我国经济学界对传统经济体制进行改革的最早倡导者；孙冶方是我国经济学界创建社会主义政治经济学新体系的积极探索者。孙冶方是我国思想界坚持理论联系实际，为真理而勇于献身的光辉典范。在他从事经济学理论研究的道路上，尽管饱尝过无数艰辛和曲折，遭受过无数打击和磨难，但始终根据中国国情，在探索真理的崎岖小道上顽强不屈地勇敢登攀。

目前，我国正处在由传统计划经济向社会主义市场经济的过渡时期，也处在由农业国向现代工业国发展的时期，在新的历史条件下，我们对照当今实践中出现的新问题；对照当今的理论研究中不断提出的新概念；对照党的文件中的以"决议"形式出现的新观点……这些都远远超出了孙冶方经济理论的基本框架。孙冶方在他的遗言中曾说过：我不反对我的老同事，对大家认为正确的观点广为宣传，同时对于那些片面的，以至错误的观点，不客气地加以批判，以免贻误社会。我们从孙冶方的治学道路、从孙冶方的临终遗言，看出了他大义凛然、坚贞不屈的硬骨头气概；也看出了他磊落坦荡、虚怀若谷的宽阔胸怀。

今天，孙冶方经济科学基金会、中国社会科学院经济研究所、山西经济出版社以及社会各界同仁，还有冶方的亲属、朋友、学生聚集在一起，纪念孙冶方诞辰90周年，对他的经济学观点进行研讨，我们将永远不会忘记冶方同志为倡导中国经济体制改革，批判舶来的传统经济学，创建中国理论经济学而作出的重要历史贡献，我们将会从中获得奋进攻关攀登新高峰的新力量，我们也一定会为建设社会主义市场经济新体制，发展社会生产力，增强国家经济实力，改善人民物质文化生活而做出我们经济学工作者的努力。

谢谢大家！

《突破中的中国投资体制建设》序*

（1998年11月5日）

　　投资是经济增长和经济发展不能缺少的重要手段。在很大程度上，投资规模决定经济增长的速度，投资结构决定经济结构的变化，投资效率决定经济效益的高低。新中国成立以来，我国进行了大量投资，促进了整个经济的发展。"经济建设"一词的"建设"，落实在基本建设投资上，这样说也不是言过其实。但是，投资又是双面刃。过大的规模、劣化的结构、不高的效率，则会带来一系列的负面效应，从经济过热到结构失调等，在过去屡次发生。所以如此，原因主要在于投资体制。投资体制的改革，成为经济体制改革的关键环节之一。田江海教授曾任投资研究所所长，所写《突破中的中国投资体制建设》新著，以其深厚的理论功底和丰富的实践经验，回顾了我国投资体制的历史演进轨迹，对后续改革有一套设想，并立足于"突破"，有独到的见解，对党的十五大对改革的有关部署作出有益的诠释和发挥，在同类课题研究中居于前沿。

　　本书从判析我国经济发展的背景入手，根据我国经济增长中投资占有最大的贡献份额，认定为"投资主导型经济"，符合我国实际，也是发展中国家在发展阶段的一般共性。首章阐明投资活动的固有属性及对经济社会发展的影响和投资体制具有的特

---

* 原载田江海：《实破中的中国投资体制建设》，江苏人民出版社1998年版。

征，各列出若干条，概括了多年来投资理论的开发成果，并有充分数据，给人以深刻的印象。

联系我国实际，投资体制建设的原有基础是什么样子，这是投资体制改革和建设的出发点。次章举出投资主体单一化、决策高度集中、资金主要来源于财政预算拨款、依靠行政系统和行政主体，并集中表现为"投资饥渴症"，投资绩效很不理想，充分揭示了传统的计划经济体制在投资领域的众多弊端。所谓"行政经济"或"官办经济""命令经济""审批经济"，在此领域体现的烙印至深。投资体制不改革没有出路，同时改革难度极大。

改革开放以来，投资体制有所改革，除了配合其他改革外，主要是由财政拨款改为银行贷款、实行投资承包责任制、下放项目审批权限、建立投资公司以及改革投融资方式，并以产业政策为基础进行宏观调控等，取得一定进展，开始向市场化迈进。但是，在政企不分的前提下，投资的市场化程度是有限的，宏观调控的力度也不足，以致原来的弊端远远未能消除。直至近几年，"大而全""小而全"的重复建设仍然严重，宏观和微观的投资效益仍然低下，这在本书有很好反映。本书进一步告诉我们，投资体制建设迫在眉睫，并且任重道远。

全书的重点在第四章和后续八章。第四章提出投资体制改革目标，明确了方向：过去实际上是以国家为投资主体，今后应当转向企业，并实行多元化；过去投资冲动主要来自地方政府，是不规范的激励机制，今后应当矫正，并与约束机制相匹配；过去融资渠道从财政主导转向了银行主导，今后应当以资本市场为主导，逐步发展直接投资；过去缺乏中介服务机构，今后应当强化工程咨询和设计、审计、监理等服务体系和服务市场；过去宏观调控靠直接审批项目，今后应当综合运用多种经济杠杆、经济措施和经济组织；过去实际上是"人治"，制定政策也往往易变、难行，今后应当逐步纳入法制化轨道。显然，这些改革是实质性的，根本性的机制转换，不仅是枝节的改良。

最后八章占有全书三分之二以上的篇幅，依次讲了投资体制建设的各个主要方面。读了小样，感到其特色和优点是：

——理论与实践相结合，着重于实践。每章的论述都是理念先行，如实现企业投资主体归位要以政企分开为突破口，讲清了道理才认识其必要；更加紧密联系实际，讲的是中国国情，就在我们身边，给大家以即时即地的实感。

——批判与建设相结合，着重于建设。这就是正确处理"破"与"立"的关系。不破摸不到立的入口处，而破是为了立，如为了硬化投资风险责任，就要有一套对策，包括投资收益与承担风险的高度对称，以责任约束为基础、以利益约束为核心、以法制约束为保证，并推广项目法人责任制和资本金制度等，做到切实可行。

——投资体制与其他体制相结合，着重于前者。投资体制不是孤立的，而是整个经济体制系统的有机组成部分。所以改革和建设投资体制，一定要与其他体制改革和建设同步。如投资要素的自由流动、资本市场的发育成熟都不是投资体制范围内的事，但又要贯穿于投资领域。

——已有决策与继续探索相结合，着重于后者。对投资体制的改革和建设，十五大有原则规范，各有关部门有具体规定和实施，本书有关章节都引以为据，叙介较详；但又不以此为限，更有不少作者的心得和建议，表达了理论研究的应用价值。如对政府职能的转变和投资宏观间接调控体系的完善，作者考虑较全，有不少创新意见，可供决策借鉴。

在我国的社会主义现代化建设和改革开放工作中，固定资产投资始终占有举足轻重的位置。在此领域，传统观念、习惯势力和利益格局都比较强，本书标榜"突破"，有针对性。当前经济增长有新情况，强调扩大投资需求有现实性，但是必须注意适时适度，绝不是投资规模越大越好，并且要更加注意投资的方向、结构和质量、效益问题。建立市场化的投资体制，优化对投资的宏观调控，这是改革和发展的长远之计，有待于实际工作部门和理论界的共同努力！

怎样看待当前的宏观经济
形势和宏观经济政策

——《前线》杂志记者专访
（1998年11月）

记者（刘莹）： 1992年以来，我国的经济增长率出现了持续的回落。1992—1997年，GDP增长率从14.2%回落到8.8%，1998年上半年进一步回落到7%。对于中国经济的持续走低，引起了人们的普遍关注，理论界也进行了多方探讨。作为宏观经济问题专家，您认为经济增长持续下滑的原因是什么？对近期政府采取的扩大投资，增加内需，以达到全年8%的经济增长目标有何评价？

刘国光： 从去年（1997年）到今年（1998年）上半年，我国经济增长速度逐步放慢，我认为主要有五方面原因：首先，这是前几年我们实行宏观调控、实现"软着陆"过程中经济增长降速的惯性，往下走的势头从1993年就开始了。从1993年到1996、1997年，不能说是经济下滑，那时的"软着陆"是正常的，把经济过热调到正常水平，是一个很成功的"软着陆"，既高速增长，又物价平稳、下降。但是1997年以后经济增长速度继续下滑，特别是到今年上半年还在下滑。今年上半年已经下降到7%，第二季度实际上只有6.8%，这就需要引起我们的注意了。第二，我们国家的经济从资源约束、供给约束，转向需求约束，这是多年来，我们的改革发展所带来的成绩，从卖方市场转向买方市场，需求约束比过去大了。第三，我们的经济生活、经济改革和结构调整不断深化，出现了企业重组、关停并转、职工下岗等现象，这些现象是在结构调整和体制改革过程中必然带来的，从长期来讲，有利于经济增长，有利于提高效率；但从短期来讲，在企业重组和职工下岗过程中，会带来暂时的抑制增长的因素。第四，东南亚金融危机爆发后，包括对我国外贸出口和引进外资的负面影响逐渐显露。五是针对上述现象采取的对策措施，没有及时跟上、到位和发挥作用。此外，还包括其他一些原因，如今年发生的百年不遇的特大洪灾，也给我们的经济发展带来一定的影响。应该说中央是很及时地注意到了这些问题，从去年的中央经济工作会议开始，就针对这些经济问题，采取了一系列措施，如金融上放松银根、扩大内需，以及到今年7月实行更加积极的财政政策，发行国债，支持基础设施建设，来刺激增长、刺激需求，应该说取得了初步成效。这个成效主要并不是表现在速度上去了，而是表现在一些经济周期增长的先行指标，即预示经济向前发展的指标，如基本建设投资、银行贷款、企业在银行的存款以及一些投资性的产品，如水泥、钢材等生产资料都在增长，都在回升，再加上最近发行的1000亿元国债和银行的1000亿元配套资金，这都会刺激今年的经济增长。我想第四季度经济会回升，明年（1999年）经济也会回升，整个经济的前景是看好的。至于今年要达到8%的增长目标，我认为还是有一定的困难，还要做很多的工作。因为到现在为止，工业增长速度，8月份与去年8月份同比增长9%，今年1~8月累计增长只有7.8%。把它推算到GDP，一般工业增长速度要比GDP高两个百分点，但是今年的工业增长速度与GDP的差距缩小了，上半年缩小到0.9%，按照这0.9%的差额来计算，那么1~8月的GDP就是6.9%。当然这只是推算，不是很准确。从这里可以看出，前三季度我们要达到8%是很困难的，只有9月达到9%的GDP，前三季度才能满足8%。如果全年要达到8%，第四季度还要"翘尾巴"，要达到10%以上。困难比较大。

当然，这不是做不到，在中国这些事情是能够做到的，可以采取各种办法。但后面的尾巴翘得太高，一是助长大家搞突击，时间剩的不多了，第四季度大家拼命来投资，拼命赶，这种突击是不好的；二是有些地区就会出现弄虚作假现象；三是尾巴翘得太高了，明年怎么办？明年一开头，就是那么高的起点，这不是很正常的。所以，我个人的意见，到现在这个时候不要太强调8%了，在8%的问题上应该灵活一点，总书记也讲了，8%即使达不到也没有什么关系。今年有两个大原因，年初我们都没有预料到的：一个是水灾；一个是亚洲金融危机，如日本、俄罗斯等国经济进一步的恶化，最近这段时间对我们的经济影响很大。有这两个理由在这里，而我们在这种情况下能达到7%~8%的增长速度应该说是很漂亮的，是很体面的速度。中国经济当前更为主要的问题，我认为还是结构问题、效率问题、体制问题、环境问题，而不是速度问题，如果抓紧目前比较宽松的宏观经济环境，致力于结构调整和效率提高，那么增长速度即使暂时下来一点也没有什么可怕，因为从长期来看，中国经济的发展将置于更加坚实健康的基础之上。所以，认真实行经济体制和增长方式两个根本转变，仍然是当前中国经济的根本任务。

记者：对于中国今后的经济发展速度问题，理论界持两种不同的意见：一种意见认为，中国经济依然处于高速增长期；另一种意见认为，中国经济告别了两位数高速增长时代，进入了"大调整"时期。您认为今后中国经济应该保持怎样一种增长速度？

刘国光：对于今后的速度问题，从稍微长一点的时间看，我认为中国经济增长速度老保持10%以上的速度是不可能的。我们制定的"九五"计划就是8%的速度，现在看来可以保证"九五"计划期间比8%的速度略高。因为前两年速度都还是比较高的，1998年速度低一点，这样大体上在"九五"期间平均增长8%~9%的速度是可以达到的。我想在整个"九五"期间，从1996年到

2000年，平均达到9%的速度就很好了，也超过了我们原来的计划。从中国目前的情况看，多数人的意见认为经济增长速度大约保持在8%~10%是一个正常的、合理的区间，是潜在的增长速度区间。但是，由于我们的基数提高了，难度更大些，今后也不可能长期保持这样一个速度。原来预计21世纪的前10年，再翻一番，年增长速度是7.2%，这是一个不低的速度，这是因为，由于结构调整、体制改革释放出来的生产力，不像过去那么大了，对刺激经济增长的作用减弱，老想保持10%以上的速度不太现实；但同时，我们的发展机遇还是很好的，现在，我们正处在工业化、城市化、现代化、国际化阶段，发展潜力很大，所以我想，"九五"期间保持8%~9%的速度，21世纪前10年保持7%~8%的速度是合理的，也是可以达到的。

记者：当前我们实行的增加投资、扩大内需的宏观调控措施，只是为了适应目前经济增速降低而采取的暂时手段，还是一种相对长期的政策选择？它是否意味着放弃适度从紧的宏观调控政策？

刘国光：扩张性的财政政策只能是短期的。所谓扩张性的财政政策，就是我们为了刺激需求，扩大内需，而采取的减税（如出口退税、海关税）、增支、发债等措施，这些都会增加财政赤字。我们本来提出，到2000年要基本消除财政赤字，现在看基本消除不了，当然也不需要消除，因为我们现在实行的是扩张性的财政政策。目前实行扩张性的财政政策不危险，因为现在居民的储蓄很大，银行的存款很多，存大于贷，储蓄大于投资。造成这方面问题的原因，一是老百姓对收入、就业的前景预期下降；二是随着社会保障体制的改革对医疗、养老、住房、子女教育等需要个人支出的比例加大，居民储蓄倾向进一步强化；三是随着温饱问题的解决，人民生活向小康水平迈进，消费层次的拉开，使消费市场上过去那种排浪式的消费热点短期内难以形成。随着物价下降，大家的消费需求也在下降。因此，近期消费需求将保持平稳增长态势，储蓄大量增加，银行存款增多，国家正好可以拿这些钱用于经济建设。国家发行的国债，占国民收入的比例不大，没有什么危险。我们现在的财政主要是支持基础设施的建设，包括道路、交通、城市建设、农村的电网、水利以及生态工程等，而基础设施中有许多项目属于公共产品，具有明显的外部收益的特点，有经济效益，但投资者不能得到直接收益，或者要经过相当长的时间才能收到直接收益，所以这种投资主要由国家承担。现在除了基础设施必须要加快步伐外，还有企业的技术改造也必须加强，而最近发行的2000亿元的国债和银行配套资金只是用于搞基础设施，不准搞加工工业；但是我们要提高企业的国际竞争能力，不能仅靠基础设施，必须把企业的技术搞上去，这也需要增加投资；另外，就业的问题要解决，主要靠大量的小企业。因此，企业的技术改造也好、发展小企业也好，这种面很广的东西不能靠财政来投资，要靠财政以外的资金，如银行信贷等各方面的投资。所以，现在不仅要运用财政政策，还要运用货币信贷政策，使我们整个经济活跃起来，增强竞争力，缓解就业压力。基础设施建设问题、国际竞争问题和就业问题是目前的三个大问题，是需要我们集中资金加大投入的领域，而我们的资金，财政要用它，信贷也要用它，要支持各方面的发展，所以是有限度的，不是无限度的。扩张性的财政政策，一定要与信贷政策、货币政策配合进行，同时要很谨慎地进行，超过了能力，马上就会引发严重的通货膨胀。从长期来讲，党的十四届五中全会确定的方针、八届人大四次会议确定的方针，就是适度从紧的财政政策和货币政策，这一方针到十五大报告中又重新肯定了。这是我们的中长期政策，不能变，在实行中长期政策的基础上，短期地进行扩张和调整，来刺激、解决我们当前的需求不足的问题。在这个问题上一直存在有不同的看法，我是坚持这一观点的。不

刘国光

经济论著全集

第
14
卷

这样搞，没有一个中长期的观点，我们就会在应付当前通货紧缩出现的问题时大起，大起之后就会引起大落。根据我们过去的经验，每一次大起大落之间的间隔，经济增长速度上涨的年份，平均是2.9年，下降的年份平均不超过三年，我们现在拉长一点不好吗？那就需要坚持中长期适度从紧的政策，扩张性的财政政策只能进行短期的调节，同时和信贷政策配合，使得我们整个经济恢复、回升以及增长的过程拉长，从过去的两年、三年，拉长到五年、六年。整个经济发展周期是不可能变的，但可以使它更平稳一点，上升的时间更长一点，下降的时间更短一点，或者下降的幅度更缓一点，这就要靠宏观调控的科学和艺术。我们对付经济过热、高度通货膨胀已经取得了"软着陆"的成功经验，现在我们出现了轻度的通货紧缩，我们也要创造一个成功的经验，不能再重复过去大起大落的错误。

记者：理论界有一种意见认为，造成现在这种经济增长速度下滑、需求不足状况的原因，是由于前一段实行适度从紧的政策时间太长了，如果早一点放松银根，就可以避免出现目前这种通货紧缩的情况，您怎么看这一问题？

刘国光：当然过去对这一问题就有不同意见。今年7月，朱镕基总理在内蒙古、甘肃讲话时提出了通货紧缩的问题，我们应该积极地去认识这个问题。现在对这一问题的看法也不一致。通货紧缩应该怎么判断？什么叫通货紧缩？通货紧缩的一个最明显的特征，就是物价下降，物价出现负增长。所谓通货膨胀，是指持续的、全面的物价总水平的上涨；那么通货紧缩应该是持续的、全面的物价总水平的下降。什么叫持续？经过多长时间才叫持续？粮价涨了一两个月就叫通货膨胀？不能那么讲。或者因为粮价下降影响到物价水平，就叫通货紧缩？也不能那么讲。必须面很广，时间持续得比较长，它是一个货币现象，不断地累积，一种趋势往下走，一种趋势往上走。我国的物价出现负增长是从去年10月开始的，到现在才刚到一年，朱镕基讲话时还不到十个月，物价增长−2%，经济也并不是完全衰退的，经济增长速度还有6%~7%，市场也不是萎缩的，市场还有7%~8%的增长。这与经济萧条、经济衰退不是一回事。所以我说这是一种轻度的通货紧缩，不要使人们对经济前景的预期感到很暗淡，这样不利于经济的启动。我们还是要用扩张性的财政政策和货币政策，扩大内需，刺激经济增长，但我们对付轻度的通货紧缩所用的办法更要谨慎，现在有人提出要用重药，我反对用"重药"这两个字。总的说有时我们的投资力度大一些，有时力度小一些，还是要掌握微调，适度从紧，灵活微调，这是我们当前宏观政策的总的方针。现在灵活微调体现在什么地方呢？体现在我们要用扩张性的政策来纠正目前已经初步出现的轻度通货紧缩，使得我们的经济能够更快地回升，达到一个合理的物价上涨率和合理的速度。在物价问题上也有不同的看法，有人主张我们应该是一个长期的上升的物价，叫作适度通货膨胀或"通货膨胀有益论"、"财政赤字无害论"。我是不赞成这种观点的。我们的政策应当是基本稳定的物价政策。适度的财政赤字政策和缓和的通货膨胀政策，只有在经济中出现真正的有效需求不足、有效资源闲置过多的情况下，才能短期采用。从中长期来看，世界各国都在努力减少财政赤字，抑制通货膨胀，以此作为经济稳定发展的条件。美国经过多年的努力，最近也实现了财政预算的平衡和低物价上涨，并没有把赤字财政和通货膨胀奉为他们宏观调控的方针。鉴于我们自己过去的经验教训，在当前实施积极的财政货币的松动政策时，也必须注意适时适度，在坚持适度从紧的中长期宏观方针下进行，以防止一哄而起，搞盲目重复建设，生产积压产品，给后续经济发展重新带来过热膨胀的恶果。

记者：最近一段时间，国际金融市场动荡不安，东南亚金融危机进一步恶化，特别是日元贬值对我国的经济影响不容忽视。

人民币汇率是否能保持稳定，已成为公众注目的焦点。对此，您怎么看？

刘国光：世界上没有一个国家的币值是永远不动的。但是我们今年的人民币可以不动，人民币没有必要贬值，贬值对人民币没有好处。现在我们的外贸受到影响，并不是因为人民的汇率高了，其他国家的汇率低，它们的货物更有竞争力，我们竞争不过它们，不是这个问题。而是因为世界经济不景气，日本和东南亚的经济都不景气，它们没有钱来买我们的东西。日本与我们在进出口上并不是很有竞争性的，东南亚虽有些竞争性，但它们的货币贬值后，竞争性并没有提高，它们的汇率降低后，许多原材料进口的成本也提高了。我们出口的加工产品的原材料，50%靠进口，如果人民币贬值10%的话，那么我们进口的东西，价钱也得提高，这样就增加了出口的成本，没有多大用处。我们增加出口要靠别的办法，如出口退税、开拓更多的多元化的贸易对象，像拉美、俄罗斯、欧美等，危机区、受灾区东亚的贸易下降了，我们靠别处来补偿，不能靠降低汇率。汇率下降后，对我们自己的副作用太大，而正效益不是很多；另外我们整个经济还是比较平稳地增长，外汇底存很好，贸易虽然下降了，但仍然是顺差，我国对资本项目仍然实行较为严格的外汇管理，不会随便让外国短期资金来冲击我们，因此我们不怕。有了这些原因，第一，没有必要，第二，我们有能力，所以我们的外汇一下动不了。但是长远不动也很难说，因为国际形势在变化。我还是赞成现在的方针，人民币要稳住。

面对历史机遇　推进流通改革*

——在国家国内贸易局举办的流通体制改革开放20年座谈会上的讲话纪要

（1998年12月10日）

党的十一届三中全会以来，在邓小平理论指导下，我国各方面取得了巨大成就，在这个时候，我们回顾20年改革的历程和取得的成就，总结改革的经验，以指导未来的工作，有着特别重要的意义。下面，我讲三点看法。

一、经过20年改革，流通领域发生了十个方面的重大变化

我国经济体制改革从一开始就是市场取向的改革，改革的根本任务就是要实现从传统的计划经济体制向社会主义市场经济体制的转轨，改革始终是以建立市场机制为着力点。因此，流通体制的改革就自然而然成为体制改革一个非常重要的组成部分。经过20年的改革，商品流通体制同我国其他体制一样，都发生了翻天覆地的变化，主要有以下十个方面的重大变化。

一是所有制结构的变化。由改革前单一的公有制转变为多种所有制和混合所有制结构，实现了流通主体的多元化。1997年，在社会商品零售总额中，包括国有经济和集体经济在内的公有制

　*　原载《上海商业》1999年第2期。

经济成分只占40.8%，包括私营经济、个体经济等非公有制经济占59.2%，所以，商品流通领域已成为民营化比重最大的一个行业领域。

二是商品管理方式的变化。绝大部分商品流通由改革前受国家指令性计划控制变为在市场上自由流通。目前，除粮食、棉花、烟草、盐等少数消费品实行国家定购、国家委托收购、国有公司专营外，其余所有消费品已全部放开。国家计划控制的生产资料商品从1980年的800多种减少到1998年的5种，而且在这5种生产资料商品中，计划控制程度大大降低。

三是商品价格形成机制的变化。由过去实行的固定销区、固定作价，实行层层倒扣差价，全国统一价格的做法，转变为基本上由市场供求关系决定。在改革过程中，曾经实行双轨价格的商品，基本上都已实现并轨。除极少数关系国计民生的重要商品由国家定价或提供指导价如限定最高价、最低价外，90%~95%的商品价格已经放开。

四是经济渠道的变化。由改革前一、二、三级批发加零售的固定的纵向进销渠道，演化为多渠道、少环节、开放式的营销网络。销售渠道的多元化打破了国有批发行业的垄断局面，现在工业直销份额扩大到70%以上，一种以市场经济内在规律为基础的新型产销关系和购销渠道已经基本形成。

五是经营业态的变化。由过去封闭式、一对一的传统型柜台销售为主要特征的百货单一业态，转变为多种业态并存的新格局。1997年，全国连锁公司一千多个，连锁店铺一万五千多家，仓储式商场八百余家，各种形式超市、便民店、专卖店纷纷涌现，邮购、电视直销也开始有所发展。

六是投资体制的变化。由改革前财政统一拨款兴建商业设施，转变为多渠道融资投资，确立了多元化投资主体。1996年全国批发网点220万个，约20%的网点是国家投资形成的；约25%为集体经济、联营经济和股份制经济的网点，是由混合所有者投资形成的；其余50%以上的网点作为个体经济，外资、港、澳、台经济，以及其他经济，是由私有制经济投资形成的。全国零售贸易业网点共有1396万个。其中，个体经济投资的已占到92.25%，国有经济和集体经济加在一起尚未超过6.25%。

七是市场构成的变化。由改革前以商品市场为主，转变为以有形商品市场得到长足发展，要素市场和各种无形市场也应运而生，如资本市场、劳动力市场、广告市场、服务中介市场、拍卖市场、网络市场等。期货交易等新的交易形式也已出现，并在发现价格和形成价格中发挥了一定作用。

八是国家宏观调控方式的变化。以行政计划手段为主的直销调控逐步转变为以经济手段、法律手段为主的间接调控。同时也要保留必要的行政调控手段，如对特殊商品——粮食——建立中央储备制度、资金封闭运行，根据市场余缺进行吞吐调节、平抑市价，重要商品建立风险基金、价格调节制度等，保证国计民生的重要商品的市场平衡。当然，国家越来越多地运用税收、利率、货币、财政等经济手段、经济杠杆来调节市场供求关系。

九是企业产权制度的变化。一批企业由过去不可移动、不可分割、不可转让的静态实体转变为可分割的、可交易的、可转让的动态产权结构，走向了资本市场。在商品运营的同时也进行资本运营。这就成了商业企业建立现代企业制度进程的一个明显标志。目前，深沪两市上市公司中商业企业约占10%。

十是企业经营管理方式的变化。比如企业由坐等上门、坐等成交的传统营销方式转向现代的、动态的营销方式，各种适应顾客个性化需求的经营方式应运而生。经营的市场化，企业的信誉化、品牌化，服务的价值化，都成为企业追逐的目标。许多商业企业由传统的、企业内部静态管理转为动态管理，建立了动态营销业务流程，并且逐步把电子信息技术、物流配送技术等现代化技术手段引进企业经营过程，逐渐推动商业自动化和现代化。

二、社会主义市场经济下，流通业的地位和作用由末端行业升位为先导行业

20年来，我国流通改革有了重大突破，取得了历史性成就，但是在我们这样一个经济基础比较薄弱、市场发育又比较落后的国家，建立适应社会主义市场经济要求的流通体制任务还是十分艰巨的。目前，我国商业在国民经济产值中的份额还不到10%，不仅落后于当今世界上一些发达国家，也落后于一些发展中国家和新兴工业国家，商业劳动力份额在整个劳动力中只占7%左右，这个数值大体相当于美国19世纪70年代，日本、德国的19世纪末的水平，这也说明了我国国民经济商品化、货币化、市场化程度还很低，商业发展还缺乏比较坚实的经济基础和比较成熟的统一市场。面对这种情况，我们要进一步认识流通业的地位和作用，必须深刻认识到流通是反映一个国家经济发展和社会繁荣程度的一个窗口，是观察一个国家综合国力和人民生活水平的"晴雨表"，是不断启动市场、促进需求和消费不断升位的一个助推器。

改革开放以来，随着我国消费者主体整体向上位移，过去是生产者主体，现在是消费者权利向上位移，买方市场逐渐形成。消费者主权地位的确立，商业在作为启动市场经济运行的起点并将其转化为周而复始的新起点，也就是把不断的即期需求、潜在的需求转化为消费行为的过程中，从计划经济体制下的一个末端行业升位为社会主义市场经济体制下的一个先导行业。过去我们的经济叫资源约束型的经济，现在是市场约束型的经济；过去是

供给约束型的经济，现在变为需求约束型的经济，商业的地位就提高了，由末端地位升为先导地位。在社会化大生产、大流通中，商业发挥更加明显的作用。随着计划经济体制向市场经济体制的转轨和产业结构的调整，消费对经济增长贡献越来越大，1997年消费对于GDP增长贡献率是58%，承担了相当部分消费转化职能的商业同GDP增长的相关性就更加密切。我们还要看到，面对当前亚洲金融危机和世界经济不景气形势的蔓延和深化，我国政府采取了积极的、扩张性的财政政策和适当的货币政策，来扩大内需，加大投资拉动经济的力度，是必要的。但是，启动需求不能仅仅依靠投资需求，因为它还要依靠最终需求。没有最终的消费需求，投资需求也是不能实现的，最后会导致多余生产力和增加积压库存，为增加积压库存而生产是没有必要的。不能仅仅限于投资需求，也不能够坐等投资需求的乘数效应。鉴于当前机制转化和市场形势的特点，投资乘数效应不如过去那么显著，所以应着手多方面做好开拓消费需求，特别是潜力巨大的农村市场需求。因此，我国商业面临着把投资乘数效应所产生的有效需求要转化为消费的任务，还必须多方面开拓消费需求的机遇，总之，商业承担着启动国内市场的重大任务。

三、积极推进流通体制改革

面对历史机遇和重大任务，如何进一步推进我国流通体制改革？我认为，应着力解决以下几个问题。

第一，以马克思主义流通观和邓小平流通思想为指导，认真研究经济全球化条件下，中国转向市场经济体制后的流通理论。由于种种原因，对流通理论的研究是我国一直比较薄弱的环节，传统的政治经济学把社会再生产过程分为生产、分配、交换、消

刘国光

经济论著全集

第
14
卷

费四个阶段，流通被比较狭窄地看作是交换，把流通过程和生产过程看成是两个截然独立的过程，流通过程不创造价值、剩余价值，而且直到目前我们对流通问题的研究一直还没有完全冲破传统的"苏联范式"的政治经济学的思路。我们需要大胆地探索和创新，希望流通领域的同志们从事研究工作和实际工作的同时，都要重视理论研究，尤其要下功夫研究社会化、国际化、信息化的大流通理论，以便出现更多更好的研究成果，逐步形成一个完整的理论体系。

第二，努力研究具有前瞻性的适应社会主义市场体制的流通框架。主要包括流通组织体系、商品营销方式体系、商品市场体系、宏观调控体系、流通法律体系、流通行政管理体系等。按照大流通理论整体设计，分阶段组织实施，争取在10年之内形成基本框架；20年之内形成完整的成熟的流通体系，真正与世界经济全面接轨。

第三，加快流通体制改革的步伐，加快商业从末端行业向先导性行业转化的过程。要努力提高商业的地位，充分发挥商业的作用，积极推进流通企业改革，按照"三改一加强"的原则，以适应现代流通企业制度为目标，建立多元化的、产权明晰的流通主体。现代流通企业要学会资本运营，学会集约化经营，学会现代化管理，学会创造无形资产，增强市场竞争力，特别是国际市场竞争力。要加快市场建设，尽快形成统一的、开放的、竞争有序的市场体系，大力发展消费者有效需求，特别是与潜在需求相适应的新型业态和组织形式，以启动国内市场需求为着眼点，推动经济结构的调整，真正发挥内贸在经济体制转轨中不可替代的作用。要加快内贸部门的职能化。国家国内贸易局提出的转化思路，就是要坚持一个开拓（开拓市场特别是开拓农村市场）；突出两个服务（为生产者服务，为消费者服务）；抓好三大商品（肉、菜、糖，重要生产资料和重要生活资料）；发展四种营销方式和流通形式（连锁经营、代理制、物流配送、再生资源和旧货流通）。我认为这个转化思路很好，向转化职能迈出了第一步。当然，深化流通改革是一个非常复杂的系统工程，涉及范围很广，牵涉内容很多，既要积极又要稳妥地进行。

《劳动就业与劳动力市场建设》序*

（1998年12月）

人口，是一个世界性的老大难问题。我国人口居世界之最，此一问题显得更加突出。人口多，劳动力资源丰富，本来是有利因素之一；但在发展中阶段，人口素质跟不上，与其他资源不相配，带来许多的矛盾和困难。在计划经济体制下，采取由国家和集体包下来的办法，人口和就业问题似乎有所安排，而实际上严重地影响了整个经济的运行效率。随着市场改革的深入，问题逐步显露，劳动力的商品属性得到认知，劳动力市场在市场体系中有特殊位置。研究和处理好劳动力市场问题，成为我国经济发展和经济改革不能回避的一个难点。赵履宽同志是这方面的杰出专家，积多年的深厚学识和丰富经验，与其同人推出新著，无疑地有其前瞻性和独创性。在本书的《前言》中，指出体制与人口是中国的两大问题，本书正是这两大问题的结合点，并结合于劳动力市场，抓住了实质和要害。

从否定劳动力也是商品到正视劳动力市场，是对传统观念的大突破。我国的经济理论工作者为此付出了艰辛的思考和坚韧的努力，为改革史增添了光辉一页。本书首章，综合了大家的研究成果，对劳动力市场的基本概念和基本特征及其类型等作了精练的概括。从劳务市场到劳动力市场，反映了探索的轨迹。其中对劳动力市场的制度结构的阐述，如竞争与效率、收敛与发散等内

* 原载赵履宽：《劳动就业与劳动力市场建设》，江苏人民出版社1998年版。

容，颇见新意。在此基础上，提出完善劳动力市场的政策取向，可以认为是全书的总脉络。接着在次章，论及劳动力的供给与需求，落脚到中国劳动力供求的特点，揭示了数量、素质和利用程度，触到了国情的深处，又是全书的重点所在。

研究劳动力和劳动力市场问题，一度局限于城市和企业职工，这是避重就轻的。本书第三章以农村剩余劳动力转移为对象，视角清晰，视野广阔，切合我国当代的实际，符合发展经济学的逻辑。这是一篇大文章。本书参照一般规律，着重于我国的实践，以充分的数据描绘了转移任务依然艰巨，在理论反思上对长期以来的经济发展战略、土地经营制度、农村非农化道路和政府宏观调控都有检讨，不乏思想火花。然后提出转移的新思路，以建立城乡统一的劳动力大市场为目标，就顺理成章了。

研究劳动力和劳动力市场问题，一度讳言失业，这是计划经济遗留下来的观念，不适于市场经济条件。本书第四章单刀直入，畅谈失业，有鲜明的针对性和现实性。本章的不少内容涉及如失业的原因和种类有多样，评价失业有不利因素又有有利因素，乡村劳动力也有失业人员，以及怎样统计、怎样确定失业警戒线等内容，都发人深省，不落凡套。然后提出治理失业的"技术性措施"，是实事求是的。中国治理失业有难度，要有长远考虑，也急需近期对策，这就给人们以信心，不至于在治理失业问题上感到无能为力或手足无措。

本书的另一特色是以三章的篇幅分别论及职业培训、职工下岗与再就业、特殊群体就业的问题。我国劳动力存在数量与素质的矛盾，主要原因在于缺乏职业培训的健全体制和完善机制。改革开放以来，这方面有发展，但是与促进经济发展的要求相对照，存在相当大的差距。本书在提出职业培训的主要原则后，进一步提出市场经济条件下职业培训的目标任务，具有开拓性；与此同时，提出建立劳动预备制度，也是当务之急。职工下岗与再就业是热门话题，本书单独列章，表明了重视程度。在解决的思路中，强调与国有大中型企业改革结合起来，充分发挥各个方面的作用，并且要标本兼治、量力而行，都有其可行性。进而提出再就业的政策选择，比较具体、细微，基本上归纳了当前的各项设想。特殊群体就业，讲的是妇女就业、残疾人就业和退役军人就业，各有不同情况，值得格外关注。这些属于当前劳动力市场的个别问题同时又是重要问题，本书给予条分缕析，有的是言人之所未言，可称真知灼见。

建立和完善劳动力大市场，是为了在市场经济体制形成的进程中，运用市场机制，求得劳动力资源的优化配置，以促进和保证国民经济的高效运行和健康发展。为此，有赖于深化改革。本书的最后三章，以劳动合同制度、工资制度和社会保险制度为题，体现了改革的精神。劳动合同制度的建立，实际上是用人制度的改革；工资制度的改革，是劳动就业市场化的重要环节；健全社会保险制度，无论对劳动者或企业都不能缺少。虽然限于篇幅，这些论述不可能过于详尽，但是应当讲的都讲到了，并且有分析、有对策、有议论，常见新意。把这些问题组合起来，围绕劳动力市场，使人有立体感，感到这是一项系统工程，有血有肉，汇成一个理论体系和实用体系。本书在结构和内容上，不同于已有的某些同类问题专著，就在于各个环节丝丝入扣。

研究劳动力和劳动力市场问题，在我国的现代化建设事业中，将是任重道远，必须持之以恒，本书归纳了已有成果，又拓开了新境界，是承前启后之作。实践在前进，学术无止境。处于世纪之交，我国未来的劳动力及其市场问题将有什么发展和变化，目前还难以预料。这有待于创新实践并创新理论。我们期待着赵履宽同志和他的同行与弟子们，紧跟实践，开拓前进，过几年再拿出一本新著，为开创社会主义的劳动力经济学作出努力。这对政府、企业和广大劳动者，都是有益的奉献！

居安思危的中国宏观经济*

——《中华儿女》记者专访

（1998年12月10日）

记者（张保文、姜华峰）： 1998年初，中共中央和国务院确定了8%的本年度（1998年）国民经济增长目标，现已岁末，请问您对今年我国国民经济增长状况怎样看待，这一目标能否得以确实的实现？①

刘国光： 今年（1998年）是很特别的一年。年初新政府提出了3项目标，即一是经济增长速度达到8%，二是保持人民币汇率不变，三是物价上涨幅度在3%以下。应该说，到12月底，这3个目标差不多都实现了。

首先，当初提出8%的增长速度是很必要的，这也是出于解决就业问题、企业问题等的需要。今年上半年经济增长不高，只有7%，去年（1997年）同期经济增长为8.8%，这是由于我国自去年年底所实施的启动经济措施还没有发挥效力。在下半年，随着时滞因素以及政策力度的加强，如扩大内需、积极的财经政策、基本设施投资等，第三季度增长开始回升，前三季度增长率达到7.2%，第四季度现仍在继续回升。各方面预测，今年增长率有可能在7.5%以上，这就是说，接近8%。

这已经是很不容易了，因为今年发生了两件大事，都是我们预料不到的。一是东南亚经济危机的进一步深化和蔓延，日本、

　　* 原载《中华儿女》1999年第1期。

俄罗斯、拉丁美洲包括美国的经济速度都在下降，对我国的影响也越来越大，特别是外贸出口，去年我们外贸出口增长了21%，今年我们计划增长10%，但实际上今年5月、8月、9月、10月都在下降，全年可能有点增长，但增长不会很大。这就影响了我们的经济增长速度。另外一个是我们遇到了特大洪灾，工农业生产、人民生命财产、海运交通等都受到影响。所以，在这样两个特大的、未曾料到的突发事件背景下，我国取得接近于8%的速度是很不容易的，这个速度在世界上是最高速度，是一枝独秀的速度。

记者：请问我国政府今年内采取了哪些具体宏观调控措施，调控的方向是什么，效果如何？

刘国光：在去年10月，以后在中央工作会议和十五届一中全会上，针对东南亚金融危机以及我们自己的一些问题，我国政府提出了扩大内需的政策措施，在今年年初又进一步提出搞基础设施建设，同时在金融方面采取了一些松动政策，这些包括降低利率、取消贷款额度审批制度、降低存款准备金率等。

到今年下半年，中央又采取了更为积极的财政措施，也就是用从银行借款的办法扩大财政投资。因为现在居民储蓄较多，银行里有多余的钱，所以财政借款没有什么危险，虽然赤字暂时扩大一点，将来还是可以还掉的。

由于这些措施，我国整个局面自今年下半年开始回升，整个形势很不容易，也很不错。应该这么看。虽然不一定非要8%，但特别强调"保8"，有时候就容易在速度上弄虚作假。现在一些省市报上来的速度加起来超过了8%，所以国家统计局也在"挤水分"。

记者：近年来，我国国有企业下岗职工不断增加，业已成为一个引人注目的经济和社会问题，请问您对这一问题的变动前景怎么看待，会趋于缓和还是更为严峻？

刘国光：压力还在增加。但是我们政府采取积极的措施，如成立再就业中心。年初，据说是还只有一部分人拿到最低生活费，现在90%以上的人都可以拿到。一些企业实行的下岗分流、减员增效，也确是我们调整结构、改善经营管理、改善企业困境的一个很重要的做法。一些亏损严重的企业还在开着工，天天亏损很大，还不如把它关了，所省下的钱给职工发生活费，绰绰有余。

职工下岗问题需要政府大力解决，当然也要看到这个问题的长期性，而不仅仅是一个短期的不景气问题。这与结构的调整、改革的深化都有关系。

记者： 我国现今经济生活中存在的问题有哪些？

刘国光： 我们经济生活中还有很多问题，这也是我们明年（1999年）面临的问题，昨天刚刚结束的中央经济工作会议提出了这样几条，我觉得说得很好。一是国际经济的走势现在还说不定，但总而言之，明年对我国的负面影响还比较大，不管大家预测得如何。有的预测经济将缓和，但后劲还在增；有的预测还将进一步恶化；有的预测可能好转，但也只是局部性好转。因此，对我国明年经济形势的估计，还是往困难更多估计好。

二是我国内需不旺。投资需求要靠投资推动，消费需求主要靠居民，特别是城镇的低收入居民的收支预期。现在收入预期不好，支出预期也不好，再加上现在物价往下走，人们买高不买低，所以消费意愿不旺。东西多、便宜，这既是好现象，也不是好现象。

三是企业的困难。企业下岗职工的压力还在增加，企业经营困难，再就业压力也继续增加。

四是我国金融机构还有多年积累的一些问题，如不良资产、债务、相互拖欠、新的财政赤字等。

五是我们现在整个经济结构的调整、优化还比较慢，经济发展的质量还不高，这些问题的存在也需要有针对性地及时采取措施，加以解决。

记者： 为解决我国经济生活中存在的问题，促使国民经济向着更理想的方向发展，政府应进一步采取哪些措施？

刘国光： 进一步的措施也是今年中央经济工作会议上所讲的，还是要以扩大国内需求为主，把扩大内需作为促进经济增长的动力，同时，加强农业、深化国有企业改革、调整结构、扩大城乡市场等。

考虑到明年的复杂因素，对于明年的经济速度，还是要稳妥、积极。太低的速度不行，太高的速度恐怕要考虑到国际、国内的需求，国际需求没有那么大，国内需求一时上不去。我们的速度指标应该是预测性的，而不是指令性的，我们将它作为一个调控的目标，有了这样一个目标，各方面照着它办事，比如投资、金融等。既然不是必保的，就可以在年度当中随着经济情况进行调整。市场经济国家和地区都是这样做的，如中国香港、日本、美国。而且有些政府不发表这个东西，只是一些民间机构发表，而且也随时调整。

另外，现在我们不要着重总量上、速度上的增长，而是把我们的工作重点放在质量的提高、结构的优化、效益的改进上面。过去是要追求数量，东西少，现在情况变了，东西相对多了，过去是短缺经济，现在有人称为过剩经济。这是同过去最大的差别。

在速度问题上，还不能一刀切，不能攀比速度。能高则高，不能高则不要勉强。

第二方面是扩大内需问题。我们要用提高产品质量，通过非汇率、贸易多元化办法促进外需，今年我们亚洲市场减少了，但总体并没有减少，总体还有点增加，即使减少了，也不会减少多少，因为欧美市场扩大了，还有非洲、东欧。但我们的立足点应放在内需方面，这一方面是应付当前国际经济形势变化的需要，

居安思危的中国宏观经济

183

另一方面也是我们长远的立足点。我们是一个人口众多的大国，就不能像人口少的小国那样，以外需为主。比如，美国的国际贸易是世界第一位的，但美国的需求总量里，出口只占11%。印度等国都是这种情况。我们现在外需占了差不多21%。目前，我们通过基础设施投资来扩大内需，这也是对的。

扩大内需，还须启动社会、个人、集体、企业等非政府投资，如企业技术改造、中小型企业发展等，但千万要避免重复建设，生产能力过剩的项目不能再搞。

另外一点是消费需求。要千方百计地促进消费需求的提高，主要是居民，尤其低收入居民的收入，把农民收入下降趋势转过来，住房、医疗、教育这些改革措施的出台要错开时间，不要太集中；另外还有很多措施，如消费信贷、分期付款、信用消费（包括房屋、车子、旅游、家电）等。

第三方面，财政货币政策。我们仍采用积极的财政政策，今年（1998年）的一些工程还没有完工，水毁工程也需在明年（1999年）汛期之前建立起来，还包括现在军队、政法机关与经营机构脱钩，注入资金等。财政投资当然主要是基础设施投资，从而支持经济上去。光靠信贷不行，因为社会投资、消费需求不旺，企业没有利润。现在物价平稳，这种财政政策也不会引起猛烈的通货膨胀。总之，现在既有这个必要，又有这个可能。

当然，扩张性的、积极的财政政策要适时适度，这就需要中央及有关业务部门的把握。超过了度不行，会引起经济过热，引起通货膨胀、泡沫经济、大上大下。

适度扩大赤字，延长我们减少和消灭财政赤字的时间，这实际是短期的政策，是在特殊情况下应付我们的特殊困难。

从长期来看，我们的财政货币政策还是要实行适度从紧的政策，这能保证我们经济持续平稳地发展，既防止通货紧缩，又防止通货膨胀。但在客观的过程当中，避免不了有的时候紧些，有的时候松些，但长期政策的取向，仍是保持物价的基本稳定。

因为有人提出来（如美国的一位经济学家），日本经济摆脱长期低速、走出困境的办法是多发钞票，连续15年，每年有5%的物价增长率，那样大家就会都来投资。我说我国绝对不能这样做，这不但导致通货膨胀，而且一定会大上大下，重复过去我国经济生活中的重大失误。

记者：您作为我国著名的经济学家，著作、论文十分丰富，主要学术观点也早已为人们所熟知，您的思想始终面向丰富、生动的经济改革和发展实践，那么您走过了怎样的思想历程呢？

刘国光：我这个人不聪明，也就是靠勤奋吧，靠多思考问题。我有着年轻同志没有的一些经历，这些经历一些年老的同志也不完全有。在经济学方面，我既受到了市场经济的教育，也学习了计划经济。新中国成立以前，我在昆明国立西南联合大学经济系学习，西南联大的教育是美国式的，陈岱荪是我的老师，讲的课本都是美国的课本，这些都要老老实实地去学习的。当时也有马列主义，是作为一种新思潮来接触的。新中国成立以后，党又送我到苏联去学习计划经济，我属于第一批。所以，计划经济那一套东西，我脑子里也是有的。

我没有将计划经济和市场经济绝对化。计划经济就是一钱不值，不是那么回事的。苏联在20世纪20年代甚至以后，在那一样一个受包围、受威胁、战争的环境下，只能那么做，实行计划经济，集中力量，解决生存问题，保卫社会主义，也是取得了巨大成绩的。1929年大危机之后，全世界一片萧条，只有苏联是一枝独秀。但是，在和平时期，在共处和交往时期，就不能再搞那一套了。长期用指令、用政治调动人们的积极性，而没有物质的力量，没有物质的利益，也是不大容易的，这些列宁都讲了。市场的办法，长期看来还是很好的，当然，市场经济也有许多无能为力的事情，被称为市场缺陷。

我在这两方面的学术训练都有。计划经济和市场经济各有其优缺点，所以，综合起来，还是要走我们的道路——社会主义市场经济，这就是改革开放以来我们所要努力走的那条道路。历史上这是没有前例的，我们中国人有信心也有能力走出一条新的道路来，按照邓小平提出的三个阶段战略部署，一步步实现现代化。到2050年，中国就会达到中等发达国家的水平，而且可能还会提前。当然，中国的基本情况就是人口多，中国赶上发达国家的水平，恐怕2100年也不行。所以，还有很艰巨的任务在我们前面。

为此，我们既要从经济体制上来进行根本性的改造，还要有一个明智的发展战略。在20世纪80年代中期，我提出双重模式转化，从计划经济高度集中的管理体制转变为市场取向的体制，后来称为市场经济体制，而另一方面，我是从发展战略上讲的，不仅涉及外延、内涵、粗放、集约的问题，而且包括生产目的的转变、结构的转变、发展策略的转变、增长方式的转变等。党的十四届五中全会，党中央在"九五"计划和2010年远景发展目标中正式提出两个根本性转变。这么多年来，我也无非在这两个方面做努力。我的研究主要在宏观方面，在微观方面比较少，两个方面也都有。

记者：中国社会科学院自1991年首版经济与社会蓝皮书以来，引起了各方面的关注，产生了较大的影响。您至今一直担任课题总负责，可否请您谈一下经济蓝皮书的有关情况？

刘国光：《经济形势分析与预测》是在计划经济向市场经济转轨的进程中产生的。以前是计划经济，经济生产都是指令性的，很死，根本不需要预测，实际上也是办不到的，向市场经济过渡以后，我们的计划变成指导性的了。指导性计划就是说要有一个伸缩的弹性，要考虑多种市场因素。在市场经济条件下，需求不是规定的，供给也不是完全能决定的，国有经济供给如果说可以控制，现在是多种经济成分，供给也就不能完全控制了。所以只能预测，而且也需要预测，有了预测，政府的、企业的、部门以及地区的行为，才能有一个参考，有一个依据。国家宏观经济调控从紧，还是从松，与经济预测很有关系，各国也都是这么做的。

这项工作是李京文（数量经济与技术经济研究所前所长）、刘树成（现为经济研究所所长）、汪同三（现为数量经济与技术经济研究所所长）等集体搞起来的。每年秋天、春天各举办一次座谈会，把中央各有关部委、学术部门、学校部门、经济界人士都请过来。我们每次都有一个中心预测，做中心发言。过去我们一直和国家统计局国民经济平衡司合作，他们提供数据，我们提供报告，数量经济所的一些同志专门从事经济模型研究。每次的讨论，我们都一再强调以个人身份而不代表单位参加，从而给大家一个充分的环境。实际上各单位来的同志还是会主要考虑本单位的情况，角度也不一样，从多方面提供看法和预测，大大丰富了我们的内容。在这项工作中，我们还与国外的一些机构联系，如与克莱因（Klein）国际预测网联网，而且也参加一些国际上的活动，国际上一些机构也要求我们在这个基础上，帮他们做一些预测。秋季报告每年都要出一本书，春季的只发布一下。

经济蓝皮书是各方面共同努力和支持的结晶，总理基金也给了我们很大的支持。现在，经济白皮书、金皮书多起来了，做预测的单位多些也没有害处，大家相互比较、竞争，积极性会更大。我们这个预测多半还是比较准确的。

记者：您一直在中国社会科学院工作，至今还担任特邀顾问，可以说，您的一生与中国社会科学院紧紧地联系在一起。您对中国社会科学院一定有着不同寻常的深刻感受，那么，能否请您谈谈您的感受呢？

刘国光：中国社会科学院是多学科的人文社会科学研究机

构，我研究的是经济学领域。我在经济研究所这么多年，孙冶方对我的影响很大，他是老一辈的经济学家，是我的老所长。孙冶方将自己的一生都献给了经济学，鞠躬尽瘁，不考虑个人的得失，不怕压力，坚持实践，坚持真理，这种精神能够代表中国社会科学院的一种精神。

中国社会科学院是一个学术研究机构，但与政府机构及高等院校的研究机构又有不同。政府机构的研究机构，政策性研究比较强，侧重于政策制定和操作；高等院校的研究所，由于条件限制，还要从事教学工作，研究主要的是基础理论。中国社会科学院兼具两方面的优势，既有理论的探索，又有政策性研究，因此可以更好地把理论和实践结合起来，为我们党和政府的政策方针提供理论依据和理论支持。

中国社会科学院研究力量很强，可以说是人才济济，经济研究就有6个所。但是现在，由于物质条件不好，人才留不住。在20世纪80年代初期，外国讲，邓小平的脑库就是中国社会科学院，当时也只有这一个，现在可就多了。随着时间的推移，各方面的研究机构都发展起来了，而且许多方面的人力资源都是从中国社会科学院转过去的，像国务院发展研究中心的孙尚清、马洪、吴敬琏。当然，人大、北大也都输送了一批，而他们也有来到中国社会科学院的，这也是双方的交流。

现在有一个好的情况，党中央加强了中国社会科学院的领导，铁映同志担任了院长。铁映同志是政治局委员，他来了就同以前大不一样了，不仅业务上加强了指导，而且物质条件也大大改善了，现在办公大楼正在装修。所以，中国社会科学院面临着一个新的生机，可以为我们的党、我们的国家在经济与社会发展方面作出更大的贡献！

记者：您作为我国老一代卓有成就、德高望重的经济学家，对现今在校学习经济学各专业的莘莘学子，以及在工作岗位进行经济学研究的广大中青年经济学者们，能否有所寄语？

刘国光：经济学是致用之学，学习经济学是为了我们祖国的繁荣富强和人民生活的提高，所以，研究经济学一定要站在大多数人的立场上，而不能替少数人讲话。这是第一点。

第二，一定要理论联系实际，不能是空中楼阁和虚无缥缈的，应当从中国的实际出发，来解决中国的问题，解决中国在实际中产生的问题，不能为理论而理论。

第三，应当学习、吸收国外经济学说的知识和精华，特别是市场经济国家的先进经验，但是这些只能作为我们的参考。现在有一个现象，即只有符合外国经济学的标准才算是真正的经济学，这包括论文中有多少数学公式，在国外什么杂志上发表等。我们不能太迷信外国的东西，诺贝尔和平奖给了达赖喇嘛，给了戈尔巴乔夫，上次送给了今年在国际金融市场摔了大跟头的美国经济学家，这不是很能说明问题吗？经济学不是纯数学，搞纯理论化是不行的，必须要结合中国的实际，解决中国的问题。

居安思危的中国宏观经济

在欧元问题国际研讨会上介绍
我国经济形势的讲话提纲

（1998年12月15日）

欧元问题是当前国际国内经济金融界最热门的话题之一。国际上各国政府和许多大银行为应对欧元的出现而成立了专门的研究机构。国内同样高度重视欧元问题。从1996年起，已有较多研究欧元的文章见诸报端，今年（1998年）这方面研究更为热烈。国际国内如此重视欧元问题并非偶然。欧元的出现确实是一件有着广泛而深远影响的重大事件，对中国也将产生影响，需要认真研究和对待。中国工商银行举办这次欧元国际研讨会，是很有意义的。

我对欧元问题没有深入研究。研讨会主持人要我谈谈当前和明年的中国经济形势，这也是一个大题目，因时间关系，只能讲一点个人粗浅的认识。

一、对1998年经济形势的看法

1998年就要过去了，这一年，我国经济发展遇到了两件特殊的大事。一是1997年开始的东南亚金融危机蔓延并继续加深，国际金融市场持续动荡，世界经济受到严重影响，其对我国经济冲击的影响在1998年才开始真正显现出来。二是国内发生了百年不遇的严重洪涝灾害，给灾区群众生命财产造成重大损失，对国民经济发展带来重大影响，再加上社会经济生活中长期积累的种种矛盾，使今年的经济工作面临严峻复杂的局面。在这样的困难条件下，我们仍然保持了国民经济持续增长，人民币汇率稳定，各项改革稳步推进，社会保持安定，城乡居民生活水平继续提高。当前国内经济形势总体上来说是好的。

就经济增长速度来说，去年（1997年）GDP增长速度由前年（1996年）的9.7%降为8.8%，今年原定增长目标为8%。上半年逐季下滑，第一季度同比增长7.2%，第二季度同比增长6.8%，上半年累计比去年同期只增长7%。面对亚洲金融危机的冲击和国际经济环境的恶化，中国政府果断采取扩大国内需求的措施，综合运用财税、货币和投资等宏观调控手段，促进经济增长。随着各项政策措施的逐步落实，经济增长速度下滑势头得到遏制，从下半年开始，逐月回升，GDP第三季度同比增长7.6%，1~9月累计同比增长7.2%。预计今年国内生产总值增长7.5%以上，虽然不一定达到原定8%的目标，但在当前国内外严峻形势下，这是得来不易的，同周边一些国家经济负增长，货币大幅度贬值，甚至社会政治动荡的局面相比，形成了鲜明的对照。

为什么中国经济1998年在巨大困难面前经受住考验，并取得仍然令人瞩目的进展呢？一是20年来的改革开放的积极成果，推进了国民经济快速发展。在经济体制由传统计划经济向社会主义市场经济逐步转换的基础上，我国的综合国力显著增强，为承受和抵御风险奠定了比较雄厚的物质技术基础和比较灵活的经济机制基础。二是1993年以来，采取了一系列宏观调控措施，及时地治理经济过热，消解泡沫经济，既抑制了通货膨胀，又保持了经济快速增长，成功地实现了经济软着陆，为抵御亚洲金融危机的冲击创造了有利条件。三是面对亚洲金融危机的影响，及时果断地作出了扩大内需、实行积极的扩张性财政政策和适当松动的货币政策、加强基础设施建设、推动经济发展和保持人民币汇率稳定等重大决策。1998年对经济工作的整个决策措施的制定和实施，大体上符合客观矛盾发展暴露的过程和主观认识逐步加深的过程，对全国经济的稳定和发展发挥了极其重要的作用。

二、对1999年经济增长的预期

今年一年中国经济的走势，出现了止降回升的过程，乐观的看法是已经越过此次经济周期的谷底，经济增长率今后将一路顺势上升；按照回升的趋势，明年（1999年）有可能达到8%~9%。上次经济周期的谷底1990年GDP增长3.8%，1991年启动，增长率达9.1%，一年上升了5个百分点；1992年又大上，达到14.2%，一年又上升了5个百分点。两年升幅这样大，结果出现了1992年、1993年的经济过热和膨胀气泡。但这次情况与上次不同。首先，当前面临全球性紧缩前景，1999年世界景气变化如何，有各种预测，人言人殊，但看淡者多。受国际市场需求萎缩等因素的影响，今年出口大幅度下降，由去年的上升21%，到今年原计划上升10%，实际今年全年出口预计降为零增长，明年难望好转，这将继续影响明年的经济增长率（今年受外贸影响减少的增长率有两个百分点）。从国内形势看，城镇居民收支预期尚未出现明显好转，农民收入增长放慢，最终消费需求不旺；相当一部分企业经营困难，国有企业职工下岗和再就业压力继续增加；金融机构多年积累的不良资产和监管不力等问题日益显露，财政收支矛盾突出；经济结构调整进展迟慢，经济增长质量不高。这些问题如果处理不好，将严重影响明年我国经济社会的发展。如果说过去经济回升时，对于松动的金融政策和扩张性财政政策，企业和消费品的反应都是很快跟进，这次由于机制性原因和国内外市场原因，企业投资需求和消费者购买需求的跟进，都不如过去那样迅猛反应（经济学意义上的乘数效应变小），所以比较稳健的看法是GDP的增长速度在今年预计略高于7.5%的基础上，明年能达到8%左右就很不错。

对明年增长的估计有三种。上面讲了两种，第一种比较乐观的看法即8%～9%，是以国际经济形势趋稳和扩大内需力度足够为前提条件。第二种即刚才讲的8%左右的估计。第三种估计则是认为明年国际经济紧缩的前景进一步恶化，对我国经济的影响更加严峻，这样明年经济增长速度达到7%也很困难，这是一种比较悲观的看法。目前一般的看法是在7%～8%，有的人叫做保7争8。这个速度范围，比我国前几年的超高速是低了一些，但在世界上仍是一个不低的速度。

对于速度问题，最近经济界、经济学界讨论的意见，都集中到这样几点：一是今后不要再搞计划经济那一套"必争必保"的指令性速度指标，而把增长速度当做预测性、指导性指标。必保必争的计划指标的弊病很多，容易助长虚报浮夸，片面追求数量扩张，气泡膨胀。今后对增长率预测应照市场经济国家通常做法，可以随经济形势变化逐季逐月作出必要的修正和调整。二是我国经济发展目前已达到一个阶段，主要问题不再是速度问题，而是结构、质量和效益问题。今后要在保持适度快速增长的同时，把工作的着力点放到优化结构、提高经济增长的质量和效益上来。我们要的速度是实实在在没有水分的速度，是协调发展讲求质量和效益的速度。三是在速度问题上各地要从实际出发，实事求是，不搞一刀切，也不要横向攀比速度，这很容易带来许多消极后果。这几点意见，在最近公布的中央经济工作会议的公报上也得到反映。

三、关于扩大内需

为了保持国民经济持续适度快速健康发展，中央经济工作会议对明年经济工作的总体要求中，确定把扩大国内需求作为促进经济增长的主要措施。这首先是因为明年世界经济形势对我国出口需求继续不利所决定的，但同时扩大国内需求开拓国内市场也是我国经济发展的基本立足点和长期战略方针。这是一个新的论点。与人少地狭的小国经济发展主要依靠外需不同，从世界经济发展的实际情况看，不少大国的经济发展也是以内需为主，如美国是国际贸易量最大的国家，但其出口额占GDP的比重只有11%左右，国内市场仍是主要的。我国是一个人口大国，又是一个发展中国家。在由温饱向小康进而实现现代化的历史进程中，各方面的需求增长，潜力十分巨大，这是我们的优势所在，所以我们有必要也有条件把经济发展建立在主要依靠国内市场基础上，这应当是我国经济发展根本性的战略方针。当然坚持这个方针也是主动适应当前国际经济形势发展变化的需要，亚洲金融危机的影响还在加深，世界经济正处在调整时期，立足国内，实行扩大内需的政策，努力开拓国内市场，有利于拓展我们在国际经济合作与竞争中的回旋余地。

国内需求中的消费需求部分随着温饱问题的解决，人民生活向小康水平迈进，消费层次的拉开，国内原有的一些消费热点出现平淡，新的消费热点尚未形成。由于收入差距拉大，由于对就业和收入增长不确定的预期，以及对福利保障、子女教育等方面费用个人支出将要增长的预期，居民储蓄倾向进一步强化。再加上拓展消费需求的一些基础设施条件（如道路、电网）和制度条件（如消费信贷、住房商品化）的整备迟缓，也影响了广大城乡市场的开拓。所以扩大内需1998年首先从扩大固定资产投资规模着手，也是顺理成章的。

在扩大投资需求方面，我们已经采取了一系列积极的措施，明年要继续加大这方面的力度，在增加国家投入的基础上更加重视和鼓励企业集体和个人等社会民间投资。在继续加大投资需求力度的同时，还必须积极促进消费需求的增长，目前我国经济的发展越来越受到市场的约束，消费需要是最终需求，消费需求上不去投资也难以发挥效益。明年要把促进消费需求的增长作为拉动经济增长的一项重大措施，使投资和消费双向启动。要着手采取发展消费信贷，建立覆盖全国的容量较大的供电网络等措施，千方百计地开拓城乡市场，特别是农村市场。努力增加农民收入，提高城市低收入阶层的收入水平，以增加市场购买力。与增加个人支出预期有关的改革措施（医疗、住房、教育等），要错开出台时间，不要集中在一起，以鼓励和引导城乡居民消费支出。

强调扩大内需为主当然并不意味对外贸易不重要，实行对外开放是我们的一项基本国策，也是20年来我国经济快速发展的一条成功经验，必须长期坚持。明年我们还要继续稳定人民币汇率，所以扩大外需出口要用非汇率手段。明年要继续贯彻"以质取胜"和"市场多元化战略"，优化出口商品结构，提高营销和售后服务水平。努力巩固传统市场，积极开拓新市场，特别是拉美、非洲、西亚、东欧市场（只要有外汇都去）。1998年的实践证明，实行多元化战略努力扩大对北美欧洲等地区出口，对弥补受东亚金融危机严重冲击国家的出口下降是起了积极的作用的。总之，要继续贯彻对外开放的基本国策，充分利用两个市场，努力扩大对外贸易，积极引进外资以保持国际收支的基本平衡和人民币汇率的稳定。

在欧元问题国际研讨会上介绍我国经济形势的讲话提纲

四、关于积极的财政政策

这次扩大内需采取的宏观调控手段，起初（1998年上半年）主要是在货币金融政策方面。但近年来的实践表明，在目前情况下，单靠货币政策和银行贷款来刺激经济增长的做法，已不如过去那样有效。原因何在呢？一是银行商业化改革中更加重视贷款质量，出现某些"惜贷"现象。二是企业改革中自我约束有所增强，投资决策趋于谨慎。三是利率下调的幅度低于物价下降的幅度，致使真实利率提高，企业赢利前景不佳，暴利机会大减，总觉得找不到好项目。四是这次扩大内需主要靠基础设施投资，而基础设施中有许多项目属于公益性的公共产品或准公共产品，具有明显的"外部性"特点（即有社会效益，但投资者不能直接得到回报或不能很快得到直接回报），这部分投资很难通过降低利率扩大信贷的方式来刺激，而宜于由政府提供资金或由政府贴息的贷款来进行。为了进一步扩大投资启动内需，今年夏季政府提出实行"积极的财政政策"（即扩张性财政政策）。主要是采取适当增发国债的办法来支持基础设施的投资。财政手段启动内需更直接、快捷、有效。这一政策的实施对刺激经济增长的作用已逐步显现出来，在相当程度上弥补了外贸出口下降对经济增长的负面影响，使经济增长率回升。

明年还要继续实行积极的财政政策，这样做的原因，一来是预计明年我国发展经济的困难比今年更大一些，特别是外贸出口形势更加严峻，利用外资也会遇到新的困难，转变国内市场需求不足和社会投资不旺的状况，还要有一个过程。二来是今年特大洪涝灾害后的重建工作十分迫切，水利工程的复修和水利建设刻不容缓，而且工程量浩大。三来是这样做有利于缓解还在发展的就业压力。四来是加强基础设施建设不仅可以拉动明年的经济增长，而且可以增强我国经济发展的后劲，从长远看也有利于财政增收，缓解财政困难。

当然，继续实行扩张性的财政政策，明年的财政赤字将不可避免地扩大一些。我国财政赤字占GDP的比重，1997年为1.5%，1998年预计为2.1%，低于3%的国际警戒线。我国中央政府债务余额占GDP的比重，1997年为8.1%，1998年预计为9.6%，也大大低于60%的国际警戒线。目前国民储蓄和银行存大于贷的余额较大，在此情况下，财政通过国家信用适当利用居民储蓄来搞建设，没有多大危险。但是，与主要依靠内需是我国经济发展长期战略立足点不同，实行扩张性财政政策只能是在特殊时期采取的一项特殊政策。考虑到国民经济中存在的闲置资金和其他闲置资源（生产能力、库存物资等）是有限度的，而且有不少经济活动的刺激不能单靠财政手段而应运用货币信贷手段，所以实行扩张性财政政策也要适时适度，不然国家经济和财政难以承受不断扩大的赤字。所以从中长期来看，在向市场经济体制转轨尚未完成以前，在适应市场经济要求的有效约束机制还没有建立之前，我们仍是要坚持适度从紧的财政、货币政策，逐步实现财政收支的基本平衡，并防止出现严重的通货膨胀和泡沫经济，防止经济的暴起暴落。

五、产业结构调整问题

今年为扩大内需开始注入经济的新增财政资金1000亿元和新增配套银行信贷资金1000亿元，国家限定用于基础设施建设投资，不搞加工工业。这对加强基础设施的许多薄弱环节，增强经济发展后劲，防止加工工业中多见的重复建设，防止增大过剩生产能力和积压库存，都是必要的。但在这2000亿元以外，加工、制造业还是要搞的。这是因为：第一，提高我国国际竞争能力，不能光靠基础设施，更要依靠技术进步，加强对国民经济各部门的技术改造，尤其是对机电设备等装备工业进行技术改造，并发展高新技术产业，这些都与加工、制造业的发展分不开。第二，解决就业问题，需要发展占企业总数95%以上、对经济增长贡献率占80%以上的中小企业，这也与加工、制造业的发展分不开。如何优化我国产业结构，使之既能适应世界科技发展的要求，又能缓解城乡就业人口的压力，是当前经济启动和今后经济发展的一个重大问题。与公共工程等基础重点建设需要更多政府财政投资不同，解决量大面广的企业技术改造和发展中小企业，更需要社会、民间的资金投入，以及信贷资金的支持。在这方面银行可以也应当发挥积极作用。对于推进技术改造和扶持中小企业的发展，现在中央政府很重视，但政策力度和落实还不够，今后还要继续强调和加强力度。

略论中国服务贸易自由化的基本原则*

（1998年12月15日）

自从服务贸易被纳入多边贸易谈判以来，世界服务贸易自由化的进程日益加快。特别是世界贸易组织成立之后，电信服务、金融服务等服务贸易的多边谈判相继达成协议，展示了世界服务贸易自由化的光明前景。中国正在申请加入世界贸易组织，服务贸易的市场准入问题已经成为中国"入世"谈判的焦点之一。中国如何进行服务贸易自由化，便成为一个很重要的现实问题。

首先应该肯定，自从实行改革开放政策以来，中国的服务贸易自由化的程度是不断提高的。中国尽管不是关贸总协定的成员国，但自始至终参加了"乌拉圭回合"的服务贸易谈判。1991年和1992年，中国先后两次提交了承诺开价单，涉及专业服务、计算机及有关服务、广告、近海石油服务、陆上石油服务、建筑工程、房地产、城市规划、银行、保险、旅游、远洋运输、航运和陆地运输14个服务领域。近年来，中国逐步有限度地开放了大部分服务贸易领域，在服务贸易自由化方面付出了巨大努力，取得了显著的成绩。但是，由于基础设施落后、市场发育度低和国际竞争优势缺乏等方面的原因，中国服务贸易自由化的程度还是很低的。从国际比较来看，中国服务贸易自由化的程度不仅大大低于发达国家，而且低于发展中国家的平均水平。

目前，中国服务贸易的自由化面临两难选择：一方面，在

---

* 原载《经济参考报》。

加入世界贸易组织的谈判中面临其他国家要求尽快大幅度开放服务贸易的强大压力；另一方面，由于服务业发展程度低，难以承受贸易骤然自由化所带来的巨大冲击。如何在这种两难选择中实现代价最低的贸易自由化呢？我认为应该坚持下列基本原则。

积极稳妥的原则

首先，中国对服务贸易自由化应该持积极态度。应当明确，服务贸易自由化对中国来说不仅仅意味着挑战和冲击，从总体上讲带来的好处很多，这不仅表现在可以促进中国具有比较优势的服务贸易和货物贸易的出口上，而且更重要的是可以促进中国整个经济和社会的发展。在全球经济社会日益信息化的时代，服务贸易的进口可以弥补本国经济社会发展，尤其是技术进步、环境保护、文化教育等所需服务的不足，谋求经济和社会的快速发展。显然，如果高筑贸易壁垒，本国经济和社会发展就无法获得充足的国外服务，尤其是国内短缺的服务。因此，中国必须积极主动地实行服务贸易的自由化。这不仅是迫于来自国外开放服务市场的压力，而且是出于本国经济和社会发展的需要。当然，中国的服务贸易自由化既要积极，又要稳妥，不能急躁冒进。中国必须汲取墨西哥和东南亚金融危机的教训，推行服务贸易的自由化必须充分考虑国内服务领域发展落后的实际，以国内经济的承受力为前提，分阶段、有步骤地稳步推进。

非歧视而又优惠的原则

按照《服务贸易总协定》（GATS）的规定，各国的服务贸易政策必须遵循非歧视原则。非歧视原则具体包括两个方面：

最惠国待遇原则和国民待遇原则。该原则要求《服务贸易总协定》所有缔约方在实行所有贸易政策的过程中，给予本国服务提供者的待遇，也必须同时给予其他所有缔约方的服务提供者。中国为了加入世界贸易组织，在实行服务贸易自由化时，也必须遵守非歧视原则。但是，非歧视原则并不排斥所有给予特定对象的优惠待遇，例如，区域性经济集团成员国之间的优惠安排。目前，中国还不是世界贸易组织的成员国，但正在参与亚太经合组织（APEC）的贸易自由化进程。尽管亚太经合组织奉行"开放的多边主义"，实行世界贸易组织的通行规则，但是，由于中国身份的特殊性，只有在他国给予中国与世界贸易组织成员国相同的待遇的条件下，中国才可以对之实行非歧视原则。

内外并重的原则

完整意义上的服务贸易自由化应该包括两个方面：对外开放和对内开放。在中国，许多服务部门原来由国家垄断，外国服务提供者和国内非国有服务提供者均不得涉入。在随后的贸易自由化过程中，却出现了这样有悖情理的现象：许多服务领域（如金融、保险），国家准许外国服务提供者进入，但禁止本国服务提供者尤其是非国有提供者进入，或者给后者的进入设置种种障碍。今后，在中国服务贸易自由化的过程中，政府应该重视对本国服务提供者尤其是非国有服务提供者的开放，做到一视同仁，平等竞争。在一些目前仍然禁止外国服务提供者进入的服务领域（如电信），应该尽快准许国内新服务提供者的进入，以打破严重低效率的国家垄断，通过激烈的国内竞争来提高国际竞争力，为以后的对外开放创造条件。

部门不平衡的原则

由于社会属性、自身特点、发展程度等方面的差异，服务贸易自由化在部门间的分布不可能完全一致，应该根据具体条件和可能，分批逐步进行。在考虑自由化的顺序时，应该考虑以下几点因素：（1）在国内经济和社会发展中的作用大小；（2）国内供应的稀缺程度；（3）国内提供者竞争力的高低；（4）与国家安全的关联是否直接等。一般来说，某服务领域在国内经济和社会发展中的作用越大，国内供应越稀缺，国内提供者的竞争力越高，与国家安全的关联越间接，该领域就应该越早实行贸易自由化；反之，就应该暂缓实施自由化。

地区均衡发展的原则

在中国以往的服务贸易自由化的过程中，一个明显的现象是地区不均衡发展，即推行服务贸易自由化的地区往往集中在沿海发达地区，而经济和社会发展相对落后的内陆地区却很少涉及，这是欠公允，也是没有道理的。既然服务贸易自由化总体上是有利于中国的经济和社会发展的，内陆地区更需要实行服务贸易自由化，以加快本地区经济和社会发展的步伐，缩小同沿海发达地区的差距。今后，中国在实行贸易自由化措施时，应该本着地区公平和均衡的原则，给予内陆地区同等的机会。

政府适度保护的原则

实行服务贸易自由化，并不完全排斥政府的保护，相反，政府的合理保护还是允许的。按照《服务贸易总协定》的规定，缔约国在遇到维护国家安全、公共道德、生物安全和国际收支平衡等情况时，可以实行适当的政府干预和保护措施。同时，《服务贸易总协定》还给予发展中国家若干特殊的优惠待遇。中国在服务贸易自由化过程中，应该充分利用这些一般和特殊例外条款，对本国的服务贸易实行适度的政府保护。另外，《服务贸易总协定》明确规定："贸易自由化进程应适当尊重每一成员国内的政策目标与发展水平"，实行逐步的自由化。因此，在中国推行贸易自由化时，应该充分利用宽限期的缓冲作用，实行一些适当的政府保护措施，避免国内服务提供者遭受过大的外部冲击。

中国生态经济协调可持续发展的
理论、对策的思考*

—— 在南京召开的中国生态经济学会四届二次
暨全国可持续发展讨论会上的书面报告
（1998年12月23日）

今天中国改革开放经过20年，正处于世纪之交，中国生态经济学会召开全国可持续发展研讨会来总结过去，探讨未来，有着重要意义。我就可持续发展战略的形成、理论和实施对策提出一些看法，供同志们研讨。

一、可持续发展战略在中国的形成

由于"文化大革命"，林彪、"四人帮"长期干扰破坏，不仅国民经济濒于崩溃，而且生态环境也严重恶化。所以改革开放一开始，党中央就非常重视生态环境问题。1978年党召开了十一届三中全会，把工作重点转移到社会主义现代化建设上来，进行拨乱反正，也就包含了从破坏生态环境改变为保护与改善生态环境。在这次会议就提出并发全国试行，于十一届四中全会通过的《中共中央关于加快农业发展若干问题的决定》，明确提出抓农业生产要注意保持生态平衡。提出："过去我们狠抓粮食生

204　*　何延维教授协助起草。原载《生态经济通讯》1999年第1期。

产是对的，但是忽视和损害了经济作物、林业、畜牧业、渔业，没有注意保持生态平衡，这是一个很大的教训。"决定提出要因地制宜地搞好农、林、牧、副、渔各业生产。要求保护森林，限期绿化一切可能绿化的荒山荒地；要加强草原和农区草山草坡建设；对水产资源繁殖保护要按规章办事。要求通过治水、改良土壤，大力植树种草，实行山、水、田、林、路综合治理。积极地逐步地改变生产条件，提高抗御自然灾害的能力，要求垦荒不准破坏森林、草原和水利设施，不准妨碍蓄洪泄洪。提出研究防治化肥、农药对作物、水面、环境造成污染的有效办法，并且积极推广生物防治，不仅对农业的生态环境问题全面地提出了措施，同时对工矿企业也提出了要求，"要认真解决污染问题，防止对水源、大气等自然资源和农业的损害"。1980年9月党中央致全体共产党员、共青团的公开信中指出："人口增长过快，不但为就学就业增加困难，还会使能源、水源、森林等自然资源消耗过大，加重环境污染，使生产条件和人民生活环境变得很坏，很难改善。"

生态经济协调发展，加强生态环境建设是邓小平建设具有中国特色的社会主义理论的组成部分，1981年四川、陕西发生特大洪灾，经济损失严重，邓小平同志十分关心，洪灾之后立即召集国务院和四川省委的领导同志座谈，意识到灾害严重原因之一是森林砍多了，水土流失加重了，从而提出建议开展全民义务植树运动。1982年写了"植树造林，绿化祖国，造福后代"的题词。小平同志每年在植树日都亲自参加植树活动。1990年12月在善于利用时机解决发展问题的讲话中，提出解决发展问题，自然环境保护也很重要。

1983年1月党中央在《当前农村经济政策的若干问题》中指出："实现农业发展目标，必须注意严格控制人口增长，合理利用自然资源，保持良好的生态环境。"要在这三大前提下，走出一条具有中国特色的社会主义的农业发展道路。

1983年中央在第二次全国环境保护会议上，宣布了环境保护是我国的一项基本国策，并提出了经济建设、城乡建设和环境建设同步规划、同步实施、同步发展，实现经济效益、社会效益和环境效益统一的战略方针。

1983年12月，联合国授命挪威首相布伦特兰组织世界环境与发展委员会，我们学会的副理事长马世骏教授也是该委员会的委员，介绍了中国的经验教训，参加了讨论。于1987年形成《我们共同的未来》的报告，提出了可持续发展的全球的变革日程。核心是在决策中将经济和生态结合起来。可以说，全球可持续发展战略的形成有着我们中国的贡献。1992年6月联合国环境与发展大会在巴西里约热内卢召开，会议通过了《里约环境与发展宣言》《21世纪议程》《关于森林问题的原则声明》，李鹏同志率团出席会议，承诺履行会议的决定。1994年中国率先提出了《中国21世纪议程》，确立可持续发展之路，是中国在未来和21世纪发展的自身需要和必然选择。

1995年9月，江泽民同志在党的十四届五中全会上做了《正确处理社会主义现代化建设中的若干重大关系》讲话，指出："在现代化建设中，必须把实现可持续发展作为一个重大战略。要把控制人口、节约资源、保护环境放到重要位置，使人口增长与社会生产力的发展相适应，使经济建设与资源、环境相协调，实现良性循环。"1997年9月，在党的十五大上再次明确了实施科教兴国战略和可持续发展战略。1998年10月，党的十五届三中全会，通过了《关于农业和农村工作若干重大问题的决定》，决定指出："改善生态环境是关系中华民族生存和发展的长远大计，也是防御旱涝等自然灾害的根本措施"，将改善生态环境的重要性提高到前所未有的高度，并提出了实现农业可持续发展的系统的具体措施。同时在实施可持续发展战略的行动上决定禁止对天然林进行采伐，对小煤矿进行关停，对生态工程建设作为基础设施加大政府投入，对水利进行综合治理，加强对环境治理力度，对造成污染严重损失者纳入刑法加以惩办等举措，可以说进入了全面实施可持续发展战略的新阶段。

我们又看到中国由于历史和自然的原因，生态恶化状况很多方面达到空前尖锐的程度。

比如，中华民族的两大母亲河黄河断流和长江洪灾都是历史空前的；今年（1998年）春天西北发生的黄尘暴，进北京，过黄河，直达南京，影响面广也是空前的；渤海和南海赤潮发生的次数和面积也是空前的；酸雨不仅南方日渐严重，而且北方城市如青岛、图们也发生了酸雨；世界污染严重城市前十名，中国就占五个，这两方面的情势都要求我们生态经济研究者要加倍努力，进行科研与工作，为中国改善生态环境，生态与经济协调，实现可持续发展而奋斗，多出成果，多作贡献。

二、关于生态经济协调可持续发展的理论探讨

改革开放以来，党中央对合理利用自然资源，保持良好的生态环境一贯很重视，为什么生态恶化问题仍然没有得到扭转呢？主要是传统的观念和经济增长方式尚没有更新改变。为了落实可持续发展战略，首先要提高各级干部和广大群众的认识，完善可持续发展的经济理论以更新观念。为此，我提出以下几个问题供大家讨论。

（一）社会生产力理论需要完善

传统的生产力理论常解释生产力是人们控制与征服自然的能力，将人与自然处于对立斗争的状态。另一种解释是人类利用自然、改造自然、创造财富的能力。我认为后一种的解释较

好，因为对自然的改造、利用首先要认识自然规律，不认识自然，甚至违背自然规律去征服自然就必然会造成严重后果。也不能认为凡是自然的都要保护不动，对中国这样人口多、自然资源相对少的国家来说也是不可能的。总是要不断地改造、利用自然，以供中华民族的生存与发展。生产力也是人们对自然的物质变换的过程，是劳动者利用劳动资料作用于劳动对象上（起始为自然物），形成人们有使用价值的物质资料。问题是在这个过程中不仅形成有使用价值的物质资料，这可以说是正值量，同时也产生一些废弃物（污染物）或负面影响，这个负值量也会抵消社会生产力的提高，这个问题在传统经济学中没有研究。

江泽民同志进一步发展了邓小平同志的思想，1996年在第四次全国环保会议上提出了保护生态环境就是保护生产力，改善生态环境就是发展生产力的观点。这是有中国特色社会主义建设和发展理论在当代的重大发展。保护和改善生态环境在发展社会生产力上所起的作用很多很多，主要有：

1. 可减少人类在生产过程中所抛弃的污染物质的负面影响，化负为正，而发展生产力。

2. 可增加生态与环境资源的资本存量。

3. 能增加环境容量，促进工业发展。

4. 可以保护劳动者的身体健康。

5. 可延长劳动资料的利用寿命。

6. 能发展新兴的绿色产业。

环境与发展用传统的经济学观念来看是一对对立物，而用可持续发展的生态经济学新观念来看，两者是协调统一的整体。由于社会中传统的观念很强，经济增长方式又多是单一的经济增长，由此而产生的生态环境问题日趋尖锐，所以邓小平同志指出保护环境是解决发展的很重要问题之一。

刘国光

经济论著全集

第
14
卷

（二）社会主义市场经济体制的进一步完善为解决生态环境问题带来了良机

前一时期关于市场经济体制下环境问题的议论常从生态环境不具有商品可分割性，是一种公共品，因而存在着市场失灵或称市场缺陷出发，而主张生态环境问题应当主要由政府调控，政府应进行强干预。但是对利用市场经济体制来解决生态环境问题的重要性认识不足。

第一，只有强化市场经济体制才有能力开展广泛而艰巨的生态环境建设任务。在计划经济体制下，国家的基本建设投资主要用于发展工业，而对农业、公共事业投资比重很少，生态环境的投资微乎其微。现在工业企业的发展主要由市场调节，多元立体投资，建设项目多由企业利润和银行贷款自行安排。国家在工业企业投资方面的负担相对减少，就能有较多力量投资于生态工程建设。

第二，很多生态环境问题发生的重要原因之一，是传统经济学认为自然资源和环境是没有价值的，造成生产可不计资源与环境的成本，市场价格被扭曲，不能反映目前资源与环境已经是稀缺的资源和稀缺的程度，从而形成滥用、浪费资源的破坏环境的后果。直到现在，水价、电价均很低。所以解决环境问题完全依赖市场是不行的，但是背离市场也是万万不能的。必须发育健全市场体系，使商品的价格能反映资源的稀缺程度，以诱导企业节约资源，提高资源利用效率，减少污染物的排放。现在环境政策施行了排污量的总量控制，可以发育排污权交易市场，使治理污染的企业可以出售排污权而得到利益，从而促进提高环境治理的积极性。

（三）现代社会的市场经济，商品与服务同等重要

传统经济学的影响下往往只重视物质生产部门，认为物质生

产才创造财富，而不重视"服务"。现代社会人们的需求已经有了很大变化，从解决温饱问题的生存需求，发展到物资享受需求到今天的生态需求，人人都希望生活在良好的生态环境之中。生产也不仅只是生产物资商品，而对生产生活所需要的服务也需要得到满足，也要生产"服务"。国民生产总值（GNP）就包括商品和服务两部分。服务也是GNP的重要组成成分，服务也创造财富。不用说发达国家，就是同发展中的国家相比，我国在服务方面也很落后，影响了我们的社会经济发展。保护生态环境方面大部分属于服务。例如，中央决定禁止对天然林进行采伐，要求将砍树变成植树造林，我们就将原来的森林工业企业改成林业事业单位，事业单位就不进行经济核算，实际往往成为养人头，很难产生效益，这样路子会愈走愈窄，很值得推敲。实际上森林生态工程建设如同公路建设一样，是基础建设部门，同样是企业，对国家来说是建设生态防护林，对企业来说是向政府售出劳务。林业局的企业性质应当不必改变，不变还可以利用林区广大地域的资源开展不影响保护森林的多种经营，生产多种多样的林业商品。如果是事业单位就不必也不应当进行生产开发了，实属不利。

三、实施可持续发展战略的对策建议

中国人口多，自然资源和环境容量相对紧缺，经济又较落后，目前尚有5000万人口温饱问题尚未解决，虽然总体上2000年可以达到小康水平，21世纪将向中等发达国家迈进，必须有较高的发展速度，由于历史和自然的原因，造成有些地方生态环境尚在恶化的局面，又进一步增加压力，实现生态经济协调发展，达到可持续发展，任务十分艰巨。为了避免再走弯路，减少损失，更稳定地达到三步发展目标，我提出如下一些对策建议。

（一）提高觉悟、更新观念，普及对可持续发展战略的认识

今年（1998年）在战胜长江、嫩江和松花江所遭受的特大洪灾之后，朱镕基同志说："今年我国南北部都发生了特大洪水。造成这一灾害的主要原因是气候异常，普降暴雨。但是，洪水长期居高不下，造成严重损失，也与森林过度采伐、植被破坏、水土流失、泥沙淤积、行洪不畅有关。我们党和政府历来十分重视植树造林、水土保持工作，但是这些政策落实得还不够好。"讲得很全面，很深刻。为什么中央的政策落实不了呢，问题在于我们的各个经济管理部门和地方各级政府的各级干部多数还是旧观念，单一地抓经济发展，不重视保护和改善生态环境，没有将生态与经济协调发展落在实处。1984年，我们中国生态经济学会成立时，万里同志代表党中央、国务院在学会成立大会上讲话指出：总的来讲，我们国家对生态经济问题的认识是不够的。新中国成立以来，社会主义建设取得了很大成就，这是毋庸置疑的。但是，也有不少失误。失误之一，就是对生态平衡和改善我国的生态环境注意得不够，缺乏相应的措施，自然资源破坏、生态环境恶化的情况一直没有得到有效的制止。有些地方的生态条件不是好了，而是差了。近几年，我们国家已经加强了这方面的工作。从行政机构和学术团体两个方面来加强领导。这些都是我们国家在这个方面开始觉醒的表现。我们的干部也要早觉醒一点。过去存在这样那样的问题，一个重要的原因，就是我们干部对这个问题认识迟了一步，往往既不按经济规律办事，又不按自然规律办事，办了一些生态环境遭到破坏、经济又受到损失的蠢事。这种蠢事今后千万不要再干了。万里同志的讲话在今天仍然有现实意义。最近江泽民同志又提示大家要学习恩格斯在《自然辩证法》著作中《劳动在从猿到人转变过程中的作用》一文，告诫大家，如果违背自然规律，就要加倍地受到大自然

中国生态经济协调可持续发展的理论、对策的思考

的惩罚。这次会议同江苏省委党校联合举办很好。我建议党校对各级领导干部进行培训，一定要将恩格斯的《自然辩证法》和《中国21世纪议程》及党中央所确立的可持续发展战略，作为必修的一课向干部教授，使我们的干部能更新观念、提高认识、及早觉醒。

（二）加强生态经济综合决策

可持续发展是生态经济协调发展，从广义来说是人口、社会、经济同资源、环境协调发展，所以综合决策是个关键。无论是区域开发、土地开发，还是城乡建设、工程项目，都不能仅仅只求单一的经济目标，必须兼顾资源与环境，进行综合决策。实践已经证明，凡是经济开发同生态环境治理综合实施者，其经济效益、社会效益和生态效益都得到同步发挥，效果最好。例如，生态农林业、农业的综合开发治理，小流域综合治理开发，生态经济兼顾的城市规划与实施等。珠海市由于以生态经济协调发展的原则进行城市规划实施，经济不仅发展快，而且生态环境也十分良好。"苏南模式"的昆山市在20世纪80年代乡镇企业遍地开花，由于分散、粗放型的经济增长方式，使经济快速发展与资源环境的矛盾日益突出，90年代在"二次创业"中，以可持续发展为指导思想，坚持环境与经济协调发展，不仅使社会经济发展提高了一个档次，而且使环境不断改善，达到优化、美化，实现了社会经济发展与环境保护良性循环。良好的生态环境又能够进一步促进经济的发展。我国行政管理体制由部门分散管理，部门之间往往矛盾很多。一个部门的效益，可能造成另一个部门的损害，或者一个生态经济目标任务，由于权与利之事，往往不能发挥所长、互补协同，而是互相争夺抵消，结果不利于生态经济的发展。因此，必须加强各级政府综合决策，统一规划、统一指挥，部门之间协作才能取得成效。

（三）大力推广生态农林业

我们学会的老领导马世骏教授、石山同志和叶谦吉教授一贯倡导生态农业。经过十余年各种规模的生态农业试点证明，在国家投入很少的情况下，实施生态农业无不粮食产量增加，农业经济发展，农民收入提高，生态环境改善，农业发展后劲增强。生态农业可以说是具有中国特色的农业可持续发展的模式。

从目前我国农业来看，生态环境日趋恶化；土壤的有机质含量降低，土壤肥力下降；耕地面积不断减少；污染问题日趋严重；农产品的质量下降；农业投入的效益降低。广大农村可以说处于《寂寞的春天》状况之下，看不见益禽飞鸟，农林草虫、鼠害猖獗。农产品的质量如水果、蔬菜、鸡肉等，人人感到没有过去好吃多了。不仅农药污染，有些农产品是靠污水灌溉生产的，我国受污染的农田约占1/5，农产品污染超标者占20%，严重影响人们的健康。这样的状况不能再发展下去了。应该认识只有生态农业才能摆脱这种污染的危害，才能保证农业高产优质高效。

去年（1997年）江泽民同志关于治理水土流失建设生态农业做了批示。最近李鹏同志视察三峡工程库区讲话中指出，三峡工程库区应发展高效生态农业。现在到了生态农业从试点到大力推广的时候了。

（四）控制工业环境污染要抓“源头”、抓方向

中央已经下决心加大力量治理环境污染，治理三江、三湖已经初见成效，对污染严重、浪费资源的小工厂、小煤矿进行关闭，所费的资金不少。陈云同志在1979年3月就说：“防止污染，必须先搞，后搞要多花钱。”现在下决心搞，也就避免再往后搞费更多的资金。从现在起，凡是新进行的区域开发和新建的工业项目都必须进行生态与环境影响评价。国家要对产业政策进

行更广泛的教育宣传，对哪些企业鼓励发展，有什么样的优惠政策，对污染严重、破坏资源、破坏生态环境的企业禁止发展，发展了会对社会有什么伤害，对企业本身会有哪些经济损失，要使乡镇干部和群众人所共知。因环境污染、破坏资源关停合法的企业，是地方政府执行中央的产业政策不利所造成的，地方政府应当给予企业一定的补偿。

工业企业应当积极推广清洁的工艺流程，在生产过程之中控制污染。要积极开发生产具有绿色环境标志的工业新产品，推进ISO 14000环境管理系列标准。

（五）争取在21世纪国际贸易中的主动地位

可以预见，在21世纪的国际贸易中对绿色环境标准的要求会越来越严格。我国只有大力推广生态农业，生产没有污染的绿色食品，农产品出口才有利。例如，茶叶本是中国占世界出口量最多的农产品，由于质量下降，或污染物超标达不到出口标准，出口量日益下降。最近北京市场上检查的结果，茶叶大多数不合质量要求或污染物超标。农产品生产如果再不推广生态农业，再不将质量放在第一位，只抓数量增长，农民所生产的农产品就卖不上高价，甚至卖不出去；如果污染物超标，会严重影响人民的身体健康，更难以出口换汇。

工业产品现在就积极推进ISO 14000环境管理系列标准，所生产的产品能取得绿色环境标志，就可以在21世纪的国际贸易中占主动地位，就可以争取在国际贸易中占较大的份额。

（六）要积极稳健地加强生态工程建设

我们都高兴地看到国务院加大了对生态工程的投入。但是我担心国家投入的资金有的地方用不到实处，取不到应有的生态经济效益。我们发现当前存在如下一些问题：有的生态示范县一下拨下生态工程建设资金上千万元，但是钱用不完，又不知再搞什么项目好。有的生态工程项目如森林生态工程，至今还没有一个建设的国家技术标准，造林还是用过去造用材林的技术标准。造林要求发挥功能不同，技术要求有很大的差别。不符合要求造了林也难于发挥最佳的生态效益。我建议生态工程建设必须有规划、有设计，按设计投资。要有经过专家论证、经国家标准局审定的国家技术标准，按设计按国家技术标准进行检查验收，以保证发挥实效。

（七）要落实实现山川秀美的具体要求

江泽民同志去年提出了要实现山川秀美的理想，我们大家深受鼓舞。但是怎样才算实现山川秀美呢？希望我们学会理事进行讨论，提出建议。

山川秀美，我考虑了四句话，就是山清水秀、鸟语花香、空气新鲜、美不胜收。请各理事修正补充。

山清水秀，要求将荒山全部绿化起来，不能长树的地方要种上草。对西北极干旱的地区也要保护好地表不破坏，特别是稀疏的灌木。对河流湖泊要减少泥沙和消除水质污染。

鸟语花香，要求发展生物多样性，现在许多地方连麻雀、乌鸦、野鸭子都看不到了。将百鸟恢复起来是生态环境优化的标志之一。四季有花才能美观。

空气新鲜，是对人民健康至关重要的。

美不胜收，祖国大地处处成园林。我们的祖辈为我们留下很多"天人合一"的园林，今天都成为旅游的胜地。我们下决心，经过一代一代人的努力建设，就可能将中华大地建成山川秀美的大园林。上述各项是否还需要定量的指标要求？怎样定指标，如绿化造林对森林覆盖率、水质、大气等的具体要求。请理事们提出建议。

（八）实施可持续发展战略贵在行动

中央已确立可持续发展战略同科教兴国为两大发展战略。可持续发展战略无异需要生态经济协调发展的理论来指导实施，但更重要的是行动。可持续发展不是口号，而是更复杂而艰巨的任务。现在党中央、国务院从行政体制改革、市场经济体制的深化、国家资金投入的取向、经济建设的方针、发展模式等方面加大了实施可持续发展战略的力度。对我们生态经济研究者是最好的机遇，我们必须紧紧跟上中央的脚步，用我们最大的努力，行动起来，来实现中华民族的振兴，在世界之林树立起中国可持续发展的典范，为人类的生存与发展作出应有的贡献。

实现由计划经济向社会主义市场经济的历史性转轨*

——纪念党的十一届三中全会召开20周年笔谈（1998年12月）

从市场取向改革到市场经济体制确立

从1978年开始，众所周知进行的真理标准的大讨论，以及由此重新确立的实事求是的思想路线，使经济理论工作者开始摆脱种种教条主义观点的束缚，如何总结历史的经验教训，如何在社会主义条件下按照客观经济规律办事，用经济的办法管理经济，也就是如何正确认识和掌握价值规律的问题，成为经济理论界探讨的焦点。尤其是随着党的十一届三中全会确定全党工作的重点转移到社会主义现代化建设上来，并要求改革我国经济管理体制和经济管理方法，更极大地推动了经济学界关于价值规律和经济改革关系问题的讨论。但是，20年来，市场调节、商品经济乃至市场经济等一系列观念的树立，绝不是一蹴而就的。思想上、认识上的争论是很激烈的。

党的十一届三中全会以后，可以提计划调节与市场调节相结合了。在1979年的无锡会议上，就政策层面而言，商品经济、市场经济等概念都还是禁区，但大家的讨论却非常热烈，甚至有

---

* 摘要发表于《财贸经济》1998年第12期、《瞭望》1998年第48期。

人提出计划经济与市场经济相结合的问题。当时普遍能够接受的一种提法还是计划调节与市场调节相结合。毕竟,在很多人心目中,市场经济还是和资本主义联系在一起的。其实,正如我们现在所知道的,邓小平同志在1979年11月会见美国不列颠百科全书出版公司编委会副主席吉布尼等人时,就明确地指出:"说市场经济只存在于资本主义社会,只有资本主义的市场经济,这肯定是不正确的。社会主义为什么不可以搞市场经济?这个不能说是资本主义。我们是计划经济为主,也结合市场经济,但这是社会主义的市场经济。"但这番谈话一直没有公布,因而"市场经济"也就一直是个"禁区"。

至于"商品经济"的确立,也是几经周折。1981年党的十一届六中全会通过的《关于建国以来若干历史问题的决议》,确认了社会主义社会存在着商品生产和商品交换,因而要考虑价值规律,但没有提"商品经济"。那时还是认为,商品经济作为整体来说,只能存在于以私有制为基础的资本主义社会。1982年党的十二大决议提出了"计划经济为主,市场调节为辅",虽说是前进了一大步,但"商品经济"仍然没有合法化。直到1984年党的十二届三中全会,才在我们党的正式文件《关于经济体制改革的决定》中,第一次提出"社会主义经济是在公有制基础上的有计划的商品经济"。这是社会主义经济理论的一个重大突破,邓小平同志对此评价极高,认为这个决定是马克思主义新的政治经济学。的确,这一突破来之不易,考虑到马恩等经典作家过去曾设想未来的社会主义社会不再有商品经济,以及几十年社会主义实践中长期排斥市场调节这样一个历史背景,这一新论断可以说具有划时代的意义,对我们以市场为取向的改革,也无疑起了重大的作用。

在此之前,只能认为社会主义经济是计划经济,在实践上则是从苏联过来的那一套指令性计划的管理方式。1982年9月我在《人民日报》发表了"坚持经济体制改革的基本方向"一文提出，在处理社会主义经济中计划与市场的关系时，应根据不同情况，对国民经济采取三种不同的管理形式，即对关系国民经济全局的重要产品的生产和分配实行指令性计划；对一般产品的生产和销售实行指导性计划；对品种繁多的日用百货、小商品和其他农副产品实行市场调节下的自由生产和销售。而且第一次提出，随着经济调整工作的进展，随着买方市场的逐步形成，随着价格的合理化，要逐步缩小指令性计划的范围，扩大指导性计划的范围。指导性计划的实质就是运用市场调节来进行的计划调节。为此，我还遭到批判，不得不做了检讨——检讨自己没有和中央的提法保持一致，而不是承认自己的观点错误。两年后，党的十二届三中全会的决定证明我的观点是正确的。当初批判我的人也承认了这一点。这也说明观点的前进要有一个过程，差不多每个人都是这么走过来的，"一贯正确"的人是没有的。过去我也是主张计划经济为主的，在十二届三中全会明确"有计划的商品经济"之前，我对商品经济的提法也是有保留的，当时我还提出是不是用"有商品经济属性的计划经济"概念更合适。

十二大提出"计划经济为主，市场调节为辅"；十二届三中全会提出"有计划的商品经济"。但究竟是"有计划"为主，还是"商品经济"为主，人们的理解又有不同，争论也很多。强调重点不同，对社会主义经济本质的理解就不一样，把握改革的方向就会有出入。历来讲社会主义的经济特征，综合起来主要是两大特征："公有制"和"按劳分配"。此外，有没有第三个特征？如果有，那么这第三个特征到底是"计划经济"还是"商品经济"，理论界的争论一直在进行，两种意见都有。

邓小平于1987年2月6日同几位中央领导人谈话时，又一次谈到了计划和市场的问题。他不无针对性地指出："为什么一谈市场就说是资本主义，只有计划才是社会主义呢？计划和市场都是方法嘛。只要对发展生产力有好处，就可以利用。"他还说："我们以前是学苏联的，搞计划经济。后来又讲计划经济为主，现在不要再讲这个了。"根据邓小平的这一谈话，1987年召开的十三大在报告中没有再提计划经济，也完全突破了改革初期计划与市场各分一块的老框架，提出"有计划的商品经济的体制是计划与市场内在统一的体制"。虽然没有讲哪个为主哪个为辅，但同时提出"国家调控市场，市场引导企业"的间接调控的公式，实际上重点放在市场方面。

在1989年"政治风波"之前，在计划经济与商品经济、计划与市场的关系上，理论界的风尚总体是逐渐向商品经济、向市场方面倾斜，实践上包括宏观调控方面都倾向于"放"，从而导致1988年经济过热。为此，1988年9月，中央提出了"治理经济环境、整顿经济秩序、全面深化改革"的方针，开始治理整顿，适应加强政府宏观调控的力量。这样，在计划与市场的关系上，计划的分量就加重了，集中的分量就加重了。本来，计划与市场、"收"与"放"都是管理经济需要的，在探索改革的过程中出现一些失误也属正常，而这时候，一些反对市场取向改革的理论家、政治家以此为由，又重新挑起了计划与市场的争论，声言这几年国民经济中的问题，都是由于选择了市场取向，削弱了计划经济，出现了方向错误造成的；出路自然是回到计划经济的老体制上去。特别是1989年那场"政治风波"发生后，"市场化"被一些人说成是"资本主义和平演变"的一项主要内容，计划与市场的问题也同社会主义基础制度的存废联系起来，并"上纲上线"到是姓"社"还是姓"资"的问题。在政策层面，则重提"计划经济与市场调节相结合"的口号，这虽然与当时的一些背景有关，但与十二届三中全会和十三大的提法相比，显然是一个倒退。

使我国的经济体制改革回到市场取向上来的关键因素，是

1992年小平同志的南巡讲话。那也就是现在大家都再熟悉不过的一段话了："计划多一点还是市场多一点，不是社会主义与资本主义的本质区别。计划经济不等于社会主义，资本主义也有计划；市场经济不等于资本主义，社会主义也有市场。"谈话启发了大家的思考，也以一种特殊的方式回答了计划与市场这个长期争论不休、困扰人们的难题。紧接着江泽民总书记在中央党校讲话时，进一步明确了这个观点。但是，认识的提高也是有一个过程的。直到党的十四大确定了"我国经济体制改革的目标是建立社会主义市场经济体制"。这一提法比十二届三中全会的提法更准确。如今，在协调计划与市场的关系上，我们已经找到了一个正确的、完整的提法，那就是"在宏观调控下让市场在资源配置中起基础性作用"。我们的认识在向这个方向靠拢，我们的实践也在朝这个方向前进。1993年起，我们治理了通货膨胀的问题，成功地实现了"软着陆"；现在我们遇到轻度通货紧缩的问题，又开始采取比较积极的扩张性财政政策、货币政策，来刺激需求、扩大内需，试图实现经济的"软启动"。可以说，我们党驾驭经济的能力有了很大的提高，而这与正确理论的确立无疑有极大的关系。

社会主义市场经济体制的建设解放了生产力

十一届三中全会恢复了党的实事求是的思想路线，把人们从"左"的束缚中解放出来。20年的改革实践表明，从市场取向的改革到建立社会主义市场经济体制的过程，在资源配置、所有制和分配制度以及政府职能等方面一系列的改革，极大地解放和发展了生产力，这是贯穿20年经济改革的一条主线。其间虽有争论、有曲折、有困惑，但因改革而解放出来的生产力早已体现在中国经济实力的不断壮大和人民实际生活水平的提高之中。

　　合理配置资源，调动人们的积极性，是解放和发展生产力的一个关键，也是20年来在经济理论和实践上都解决得比较好的一个问题。在计划与市场的关系上，长期以来人们把计划经济当成社会主义的一个本质特征，认为计划与商品经济、市场经济是对立的。在"左"的思想禁锢下，经济理论界虽然不少人对计划经济模式存有疑问，但并不敢公开发表。在20世纪50年代就主张把计划放在价值规律基础上的孙冶方在"文化大革命"之初就被投进秦城监狱，坐了7年牢，到1975年才放出来。1978年以后真理标准的讨论和十一届三中全会的召开，才打破这方面的禁锢。1979年4月经济学界在无锡举行了一次全国性的关于社会主义经济中价值规律作用问题的讨论会，大家讨论很热烈，但商品经济、市场经济等仍然是禁区。

　　这种禁区随着改革实践的不断深入和思想解放程度的提高而日益减少，人们对计划与市场关系的认识也逐渐进步。1981年十一届六中全会确认了社会主义社会存在商品生产和商品交换，1982年十二大决议提出了"计划经济为主，市场调节为辅"，1984年十二届三中全会提出"社会主义经济是在公有制基础上的有计划的商品经济"，1987年十三大提出"有计划商品经济的体制是计划与市场内在统一的体制"和"国家调控市场，市场引导企业"。但在这一过程中争论仍然是很激烈的，1989年以后的一段时间里，计划与市场的关系问题又被同社会主义基本制度的存废联系起来。

　　这个问题在1992年的十四届三中全会上最后得到了解决，中央明确提出建立社会主义市场经济体制，使市场在国家宏观调控下对资源配置起基础作用。这以后中国的经济发展和改革实践正是沿这个方向进行。中央根据经济形势的变化采用不同的手段来进行宏观调控，1993年经济过热，中央政府通过治理通货膨胀成功地实现了经济的"软着陆"。最近以来经济偏冷，出现轻度通货紧缩，中央政府采取财政和货币手段加以调控，力图使经济"软启动"。在经济运行过程中，波动不可避免，有时热点，有时凉点，这是规律。经济波动大起大落，或造成高通货膨胀，或带来失业增多，过去总用计划、行政手段加以调控，屡屡造成经济大幅波动，实践证明是不利于生产力解放和发展的。

在20年来的经济体制改革中，对解放和发展生产力起推动作用的不仅仅是资源配置方式上的改革，所有制和分配制度以及政府职能转变等方面的改革同样起到巨大的作用。比如，在所有制方面，如果仅仅把计划改成市场，市场主体仍然是国有经济一统天下，中国经济不可能发展到今天的水平。十一届三中全会以来我们认真总结了以往在所有制问题上的经验教训，在坚持公有制为主体的前提下，大力发展了非国有制经济；集体、个体、私营企业、外商企业和各种混合所有制企业数量迅速增长，活跃了国民经济，发展了社会生产力。但是，所有制问题在城市改革中却仍然没得到很好解决，国有企业改革仍然是大问题。如何做到政企分开，真正让国有企业成为自负盈亏、自主经营、自我约束、自我积累的市场主体，到现在也没能很好解决。一方面还存在一些政府机构对国有企业仍然管理得很死、不肯放手的现象；另一方面把权放给了国有企业，但国有资产管理体制没搞好，对经营者的监督和约束机制没有建立起来，诸如"内部人控制"、"国有资产流失"等问题比较突出，现在虽然有了稽查特派员制度，但它只能对少数大型国企起作用，大量国企仍然存在"富了和尚穷了庙"现象。十五大对公有制问题作了更明确的表述。在实践中如何体现"坚持和完善社会主义公有制为主体、多种所有制经济共同发展""公有制实现形式可以而且应当多样化"，仍有待于进一步摸索。

又比如，在分配制度的改革方面，过去的平均主义"大锅饭"对生产积极性的束缚是显而易见的。20年来在这方面有过不少改革措施，比过去大有进步。让一部分人和一部分地区先富起来带动共同富裕的政策，大大调动了人民群众的积极性。但现在仍然存在分配制度上的不规范、不公平现象。一部分"先富起来"的人并不是靠诚实劳动、合理经营、对社会作出贡献的结果，而是靠关系、靠权力和地位、靠邪门歪道、靠不合理不合法的手段富起来，致使社会贫富差距扩大。分配上有差距并不等于就是不公平，如果坚持了按劳分配的原则，或者按经营本领，按有其他生产要素的贡献，或有机遇（机遇也可以是公平的），这样的致富都是允许的。问题在于很多事情不是这样，这很容易造成社会心理不平衡，对解放和发展生产力是很不利的。

"治缩" 要把握好力度

——《中国经济导报》记者专访
（1999年3月3日）

最近两年多来，我国出现了通货紧缩的趋势，经济学界对此十分关注，经济管理部门也研究并出台了有关对策。在"两会"召开前夕，本报记者（胡跃龙）对我国著名经济学家刘国光进行了专访。

一、物价持续下降说明出现了通货紧缩趋势

刘国光开门见山地指出，我国目前的确存在通货紧缩的趋势。从1997年开始到现在，物价已（出现）连续两年多、28个月的下降，从时间上看通货紧缩是出现了。当然，有些同志认为，我们并没有通货紧缩，货币政策并没有什么问题，经济也没有衰退，目前只是有一点困难。

通货紧缩与通货膨胀是一个相对应的概念。通货膨胀是指物价的持续上升，早在1947年，吴大业先生在其《物价继涨的经济学》一书中就把inflation换译成"物价继涨"。与此相对应的就是deflation，即物价继落或物价的持续走低。

需要指出的是，1993—1997年，经济增长速度的下降和物价下降没有联系。那时是"软着陆"：速度下降，但物价还是上升的，只不过上升的幅度减缓了。

因此，不能把这种情况说成是通货紧缩。但是，最近两年多的物价下降和经济增长率下降是联系在一个起的。物价二十七八个月持续下降，这本身就是一种趋势，也可以叫物价下降的趋势。

这里要搞清楚，是不是由于货币紧缩引起了物价下降，而且还带动了经济的衰退。实际情况并不一定是这样，因为历史上的通货紧缩并不一定跟经济衰退联系在一起。

二、不要回避货币方面的原因，但要分析货币后面的背景

通货膨胀也好，通货紧缩也好，都是一种货币现象。人们首先想从货币上找原因，这是很自然的。货币过多了就引起物价上涨；货币供应不足，商品和劳务很多，物价就下降。这是很自然的逻辑推理。

有一些同志认为通货紧缩的主要原因就在这里。对此，刘国光表示：我不赞成这一说法。当然我们不能说通货紧缩不是货币现象，物价是商品价值的货币表现，说跟货币没有关系，这个话也不能这么说。从货币政策上看，这两三年我们的货币政策的确是放松的。

从"软着陆"成功前后开始就逐步放松，总是想多投放一点货币，多放一点贷款。实际情况是，货币供应量（M_1、M_2、M_3）现在年增长在15%左右，比经济增长率与物价变动率之和要高，因此票子没有少发、信贷没有少供应。但是，这么多票子并没有能够支撑我们潜在的增长力量（这包括我们的人力、物力、财力，包括储蓄、资金的力量，包括生产开工能力、物资库存的力量，等等），也就是说没有能够支撑我们的经济资源所能允许的增长。增长没有到达潜在的速度，物价又还在走

低，客观地说货币供应量还是不够，当然这不一定是政策上要这么做的。因此，不要回避货币方面的原因，但要分析货币后面的背景。

大的背景是这几年货币流通速度减缓。货币流通速度是个很复杂的问题，需要研究。在经济景气下降时期，交易不活跃，加上长期改革后经济的货币化程度加深，这些都使流通速度下降。这是货币因素，可货币因素背后实体经济的力量更强大。货币当局即使想松动一点银根、多投放一点信贷，但是大家不想要，不愿意借钱，投资的欲望不大，这就是实体经济的原因。

总之，通货紧缩有货币的原因，投放得够不够，还可以继续研究，从政策上看没有收缩而是放松。但更重要的是，要分析实体经济的因素。

三、通货紧缩的深层原因在实体经济，其表现是总量上供给大于需求，目前需求不足与供给过剩两者都有问题

关于实体经济的原因，刘国光认为，简单地说就是总量上的供给大于需求。这有三个方面，要么是需求不足，要么是供给过剩，要么是两者兼而有之。需求、供给都有其相对独立性。把现在的市场供求关系简单地说成是需求不足是不对的，还有供给方面的问题，如重复建设、盲目投资等。我们现在的原因是两者兼而有之，两个方面都需要分析。

需求不足，有外需、内需两个方面。外需现在好了一点，但不能说很稳定。世界经济在转暖，去年（1998年）出口增加超出我们的预料，今年（1999年）都说不错，我也说不错。但是也还有一些不可预知的因素，比如，美国经济是不是过热，是不是要崩盘，对此有各种各样的说法。如果崩盘，那就麻烦。

内需很重要，主要遇到了改革深化、结构调整的情况。改革方面，企业改革与金融体系改革是关键。虽然国有企业改革有各种各样的问题，但市场约束增强了；银行也是这样，不能随便贷款了。财政或者银行的"大锅饭"不那么好吃了，企业投资决策谨慎了，银行贷款也谨慎了，投资饥饿症的确有所收敛。经济体制的这些重要转变，加上买方市场的出现，对投资需求有影响。

另一方面，消费需求也不足，这方面的分析很多，简单地说有三个原因。一是收入虽然有增加，但收入率与消费率在下降。与国民收入相比，居民消费不过占50%多一点，低于同等人均收入水平的国家，收入水平赶不上整个生产水平，同时消费率又太低。二是收支预期的问题，一部分人由于下岗等不确定性因素，收入减少了，但各种社会保险还要自己掏口袋，这种收支预期不利于人们增加消费。三是分配不均，差距拉大，一部分人消费饱和，一部分人想买东西却买不起。

需求不足是体制改革和经济发展中出现的现象，其中有些是很大的进步，同时也带来一些市场问题。预算约束硬化是好事，是我们想见到的情况。买方市场也是好事，一天到晚去排队，那不是我们的社会主义，更不是应该有的事。

供给方面，我们多年积累下来一些问题。"大锅饭"问题并没有完全解决；重复建设、盲目投资造成阶段性、结构性的供给过剩。还有一点很重要，就是供给结构的刚性。造成这一情况有两个原因，一是市场的淘汰机制缺乏，多余的生产能力淘汰不了；另一个是企业本身的创新机制缺乏，没有新的东西适应市场需求的变化。

需求引导供给，供给创造需求。供给与需求之间的良性循环与互动，是经济学的基本原理。我们现在的问题是，由于淘汰机制和创新机制的缺陷造成的供给刚性，阻碍了供需互动和良性循环。

工业品是低加工度的过剩、高加工度的不足：钢材有那么多的剩余，每年还要进口许多；纺织品也有那么多的剩余，但高档面料要靠进口；农产品也是阶段性过剩，粮食多了，棉花也多了，品种不对路，卖不掉。实体经济的原因就在这里，不解决这些，光靠货币是不够的。

四、扩张性政策要有一定时间的持续，还要有一定的强度

从世界上看，货币政策对通货膨胀时的刹车比较灵，对通货紧缩时的启动却不太灵。凯恩斯主义首先是财政政策，实行赤字财政，创造需求，其道理是很深刻的。社会投资或居民投资低迷的时候，政府就要出来。我们这两年积极的财政政策的路子走得是对的。扩大内需是一个长期的方针，尤其像我们这样的大国，经济发展要靠内需。积极的财政政策作为扩大内需的手段，不是长期的政策，而是短期的应对经济周期的政策。但是，即使这样，也并不是说这种政策用一下就得马上丢掉，而是要持续地搞一段时间，并且要有一定的力度。没有时间，没有力度，政策效应就上不去，就得重来，来一次，再来一次。日本就是这么搞的，我们要吸取日本的教训。去年我们就遇到这种事，投资出现断层。1998年积极财政的1000亿元投资，到1999年实际上用完了，去年投资一路下滑，下半年再追加有些来不及了。今年有的同志提出应该再多一点，我看也应该。我们现在并没有到达有些人担心的警戒线，还有相当的空间。

今年积极的财政政策要继续，并且年初就开始了，不像去年、前年到下半年才行动。还要进一步发挥货币政策的作用，多增加货币的供应。所以，总体来说，就是要实行扩张性的宏观调控政策。当然，力度怎么样，持续到什么程度，这还要看其他的

因素。比如，国际经济情况现在好转得较快，再加上WTO，我们进来的钱可能多些，出去的货物也多些，我们的经济可能恢复得就快，经济增长速度就会上升，那么扩张性的政策就可以慢慢地缓下来。

五、今年的形势可望看好

对今年的物价形势有不同的预测，有人说下半年物价会回升。如果这样，通货紧缩的问题就没有了或消减了，这不是不可能的。刘国光说，对此我是比较乐观的，一是速度肯定比去年要高，从1993—1999年，速度一直是下降的，平均每年0.7%，今年可以止住了，至少比去年的7.1%要好一些；二是物价由于宏观调控政策、世界经济转好、经济周期本身规律等种种因素，有望出现回升。

要深化改革、调整结构，要把一些妨碍扩大需求、完善供给的一些体制性障碍清理掉，这具有更长远的意义。但是有一些改革的措施并不是立竿见影的，甚至暂时还有可能出现一些负面影响，如金融加强监管就不能随便放款了，这是好事情；社会保障如果搞得好可以，如果搞得不好就会影响人们的预期。因此，改革要选好出台时机，把握好节奏，不能一窝蜂。有些改革对居民的收支可能有暂时不好的影响，对此应有货币性的补偿。这些问题都得考虑。宏观调控的力度和改革出台的时机、节奏要协调好，使改革深化，使长期的供求关系得到改善，并使当前的供求关系的困难得到缓解，以解决我们当前的通货紧缩的问题。

最后，刘国光同志一再表示，对于目前通货紧缩的趋势，我们不能够把形势看得太严重，不能下猛药、发大票子、开大口子。那样，严重通货膨胀的问题又会出来。这根弦我们一定要有，当然现在还不是这个问题。

东亚金融危机与中国对策*

（1999年3月）

在东亚一些国家和地区先后爆发金融危机的时候，中国经济成功地治理了经济增长过热和通货膨胀，实现了"软着陆"。在一年多的时间里，经济继续平衡滑行。然而，首先爆发于东南亚的金融和经济危机，虽然没有对中国经济产生重大的直接冲击，但危机的滞后影响却已开始逐渐显露。目前，日本经济和日元的疲软走势更为东亚国家经济走出低谷带来了更大的消极面的变数，东亚国家经济不景气很可能要持续一段较长的时间，在中国经济和国际经济联系不断加深的经济背景下，周边国家的货币贬值和经济不景气，对中国经济的消极影响是不容忽视的。本文旨在探讨东亚金融危机对中国经济所产生的影响，分析东亚危机对中国的教训与启示，探讨中国经济现状和问题，并在此基础上对采取的政策进行分析。

东亚金融危机对中国经济的影响

东亚金融和经济危机爆发已有一年多的时间。从一年多的经济形势来看，东亚国家要走出危机的阴影还尚待时日。这场危机已经并将继续给中国的外部经济环境带来消极的影响。这些影响

* 本文系《大思路——专家论述：东亚危机和中国的改革与发展》一书第一章，中国发展出版社1999年版。

主要表现在以下几个方面：对中国的出口贸易产生消极的影响；对外资的流入产生消极的影响；对经济增长速度产生影响；对人民币汇率稳定产生压力。

（一）对中国出口的影响

东亚金融危机特别是韩国和日本的危机对中国外贸出口的影响已日益显现，一方面，中国产品对这些国家出口数量已受到很大影响；另一方面，中国在第三方市场的出口数和份额也将受到影响。

1. 中国对东南亚的出口。1996年年底，中国对东南亚和韩国的出口额为125.6亿美元，占总出口额的比例为8.3%，贸易逆差为67亿美元。1998年上半年中国对上述国家的出口比1997年同期下降17亿美元，下降幅度约为25%。东南亚国家的经济增长率和中国对这些国家的出口增长率有一定的相关性，这些国家的经济衰退和货币贬值自然给中国对其出口带来负面影响。目前东南亚国家的经济衰退还没有看到止跌回升的迹象，货币金融体制依然脆弱，日本经济和日元走势仍是可能使地区经济恶化的一个重要因素。因此，中国对东亚诸国的出口前景在近期内仍难以止住下跌的趋势。

2. 第三方市场上的竞争。1997年下半年东南亚金融危机爆发后，东南亚诸国的汇率均大幅下跌。到1998年5月底，泰国、菲律宾、马来西亚、印度尼西亚、韩国和新加坡的汇率与1997年5月时的汇率相比，贬值幅度分别达48.1%、47.4%、53.6%、329%、58%和10.1%。[①]虽然这些国家在货币贬值后，各国国内物价指数均有不同程度的上涨，但其实际贬值幅度仍分别高达

---

① 资料来源：国际货币基金组织（IMF）1998年6月统计资料。

40.2%、42.7%、49.3%、235%、42.9%和8.9%。[1]如此之高的贬值程度自然提高了这些国家的出口商品的竞争力，同时也给中国对美国和欧洲市场的出口增长带来了压力。1998年上半年，中国国内物价指数水平呈轻微下降趋势。与此同时，人民币对美元汇率基本稳定甚至还略有升值，这使得人民币兑东南亚几国的实际汇率已升值约40%以上。

根据短期的J曲线理论，东南亚国家的货币贬值在短期内将使其进出口差额进一步扩大，在1~2年内由于出口的快速增长而使逆差减少并形成顺差的状态。从危机爆发至今，东南亚诸国的货币已基本稳定下来，出口已开始有一定的增长，预计在今后的1~2年内，东南亚四国与中国有较强竞争性的制造业在第三方市场上（主要是美国和EU市场）将由于贬值大大增强其竞争力，其市场份额将逐渐扩大；而中国由于人民币相对升值而缩小其市场份额，在第三方市场上的出口增长率也将大大放缓，甚至有可能出现负增长。从目前趋势看，东亚诸国以美元计价的市场份额基本没有什么变化，但以东南亚四国本币计算来看，东南亚四国在欧美市场上将对中国的出口产生强大的竞争压力。1997年6月至1998年2月的9个月间，泰国、菲律宾、马来西亚、印度尼西亚以本币计算的对欧洲的出口比危机发生前的9个月分别增长了19%、88%、91%和70%。[2]而这四个国家出口产品的物价指数并没有因货币贬值而大幅上升，上升的幅度都较为温和。这种情况说明，已有大量廉价的商品随着货币贬值涌入欧洲市场。在美国市场上情况也是一样，四国的本币计算出口增长了24.8%、75%、

---

① 根据各国名义汇率和各国1998年1~3月物价指数（CPI）计算。物价指数资料由各国驻华使馆和各国政府公布数据计算。

② 资料来源：欧洲统计（Eurostat）。按美元和欧洲货币单位（ECU）的比例套算各国货币对ECU的贬值程度，并以此计算各国本币各月的出口值。

83%和76%，扣除通胀因素实际增长率在25%~50%。[①]以此速度增长下去，在未来的1~2年中，对欧美出口增长率将大大下降，有可能使中国对欧美出口增长的数额接近甚至不足以弥补在东南亚出口的下降幅度，并由此导致出口贸易的低增长或负增长。

3. 日元贬值的影响。日本是中国最重要的贸易伙伴之一，日本一直是中国产品的第一大出口市场（中国香港除外），中国在亚洲的出口中有近30%~33%是出口到日本。中国对日本出口与日本经济及日元汇率有着密切的关系。1990—1996年中国对日出口虽从90.11亿美元增长到308.74亿美元，年均增长率为22.8%。但20世纪90年代中期以来，增长率连年下降，而同期中国对欧美出口的增长均保持了较高速度的增长，年均增长分别达到19%和32.7%。从1995年下半年日元开始持续下跌以来，中国对日本出口的增长就大为下降。到1998年5月随着日元贬值和东南亚四国及韩国发生货币贬值，中国对日本出口已呈下降趋势。1998年第一季度，以美元计算的中国向日本的出口下降了7.4%。如果日本经济仍处于低谷，日元跌破1美元兑150日元，中国对日本出口将有更大的下降幅度。如果下降幅度达10%，中国对外贸易约相应减少35亿美元的出口，相当于中国对外出口总额的2%左右，分别相当于中国对欧洲和美国出口的11.6%和10%。要抵消这部分出口减少的影响，中国对欧洲市场的出口至少应该比1997年增长11.6%，或者，对美出口应在1997年的基础上增长10%。[②]在1998年要实现这样的目标并不困难，但在未来1~2年中，在东南亚诸国竞相利用廉价货币扩大出口的情况下，是面临着巨大困难的。

日元疲软对中国经济的最大影响除对中国对日本出口产生重大影响外，最大的影响还可能来自韩国及其他东南亚国家在贸易和资本流动方面的变化。日元疲软可能引起韩元的再次贬值。目

① 资料来源：美国和上述各国贸易统计资料。

② 以上数据根据中国海关1998年统计资料和欧洲统计（Eurostat）计算。

前，中国是韩国最大的出口市场，危机以来，韩国对中国出口以30%的速度增长。韩国企业在中国猛烈降低出口价格，这将迫使中国企业的利润进一步受到挤压，会带来引发通货紧缩的消极因素。

东南亚货币危机不仅仅是货币币值的危机，其危机的深层原因是多方面的。东南亚诸国走出危机恢复经济增长有待时日，各国货币兑美元的汇率在近年内不可能较快升值。以这种判断为基础可以估计，在1998年下半年，中国对日本、韩国、东南亚四国的贸易仍将基本保持较大幅度下降的趋势。同时，中国对第三方市场的出口在今后较长的时间内面临着强大的竞争压力。在人民币汇率相对稳定的情况下，中国的进出口在今后将实现基本平衡，在个别月份中出口可能会出现温和的下降。

1998年上半年，中国进出口继续保持顺差态势，出口增长7.6%，进口增长2.2%，这一情况比普遍预期的要强些。旺盛的美国和欧洲的进口需求在上半年抵消了亚洲需求的下降。上半年中国对美国出口增长了近20%。[①]但是，随着东南亚国家的经济从最初的混乱状况下安定下来，这些国家的货币贬值所带来的促进出口的作用将越来越大，从而影响中国对亚洲以外国家的出口。

（二）对吸引外资的影响

改革开放以来，中国实际利用外资中直接投资占有绝大部分比重。而在直接投资中约有70%来自中国香港、中国台湾、新加坡、日本、韩国等亚洲地区和国家。占吸引外资总额10%左右的间接融资的资金亦有80%左右来自上述地区和国家。这次东亚金融危机使这些地区和国家遭受了不同程度的损失，这将使

---

① 中国统计对美国出口在头两个月增长24%，在3~4月增长18%，美国报告说从中国进口头两个月增加12.3%。这种差别是由于中美对中国为香港公司加工而出口到美国市场的统计采用不同的标准产生的。

它们在1998年减少对投资和融资规模。同时，由于周边国家或地区货币大幅贬值，使外资产生了人民币贬值预期，甚至产生了信心动摇或等待观望的心态，这也将影响外资流入我国的积极性。

1. 对国外直接投资的影响。1997年，东南亚国家在中国的直接投资近32亿美元，与1996年基本持平。金融危机之后，泰国、马来西亚、菲律宾和印度尼西亚等国受损失很大，其对中国直接投资将大大减少。但是上述四国以往各年对中国投资数量较少，不到中国吸引的直接投资总额的2%（约有5亿美元），即使没有新的投资也不会对吸引外资产生重要影响。东南亚国家中，对中国直接投资规模最大的是新加坡，其直接投资占该地区对华投资的80%。在危机中新加坡受影响相对较小，1997年其对中国投资仅略有下降。有关部门估计，1998年来自东南亚五国的直接投资还将继续下降，但即使下降30%，也只减少不到10亿美元。

在金融危机中，中国香港也受到较大的冲击，香港股市与1997年的最高点相比损失了近40%，房地产价值损失了近30%。同时香港利率水平已高于内地（银行最优利率已为10%），将使一些资本追求短期套利而滞留香港。因此估计香港对内地投资将继续略有减少。1997年香港对内地直接投资为200亿美元，比上年略有减少。据有关部门估计，1998年减少率会有所提高，直接投资约为170亿美元，下降约17.5%。

韩国金融危机爆发相对较晚，1997年其对中国直接投资比1996年还有近58%的增长，达到了21亿美元。东南亚危机发生后，韩国的直接投资合同金额下降幅度近50%。这已预示着1998年韩国在中国投资将大幅下降。亚洲危机中，韩国金融体制和众多企业面临着巨大的困难，据有关方面估计，其直接投资将减少到4.5亿美元，下降80%左右。

日本在泡沫经济破灭后，一直受银行呆滞账的困扰，经济也开始出现战后最严重的负增长。1997年日本在我国的直接投资为43亿美元，比1996年增长了近18%，占其对外投资的10%左右。东南亚金融危机中，日本在东南亚的直接投资和短期信贷损失较重（东南亚国家和短期信贷中30%左右是由日本金融机构提供的），这部分海外不良债权据估计已超过日本外汇储备的规模①，这势必会影响日本新的对外直接投资。在目前日本经济衰退和日元疲软的情况下，以美元计的日本对中国投资将会有所下降。保守的估计，日本对中国的直接投资可能下降25%左右，减少到32亿美元。

中国台湾在东南亚的直接投资在危机中受到了较大的损失，也导致了其"南进战略"的失败。1998年中国台湾对外直接投资会有所减少。但随着海峡两岸经贸关系不断发展，台湾企业界可能再次强调"西进"的投资战略。有关方面估计，1998年台湾对大陆的投资会下降10%左右，基本保持在30亿美元左右的水平。

从总体上看，估计东亚金融危机使这一地区1998年对我国的直接投资将比1997年减少75亿美元左右，达到237亿美元的水平，比1997年减少近22.4%。

东南亚经济危机对欧美国家在中国直接投资可能会产生消极的影响。欧美国家受东亚金融危机的影响不大，从危机中还获得一定的减轻通货膨胀以及资本流入的好处。但是欧美投资者受东亚危机的影响，可能产生人民币贬值和中国经济增长放慢的预期而放缓对中国的直接投资。但即使如此，由于欧美国家对中国直接投资带有较强的开拓市场和利用廉价劳动力的特点，因此其对中国投资估计不会有较大幅度的下降。1997年美国在中国直接投资为32亿美元，比1996年略有下降，而同年欧盟在中国的直接投资比1996年有大幅增长。从1997年美国和欧盟对中国投资合同额

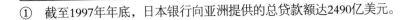

① 截至1997年年底，日本银行向亚洲提供的总贷款额达2490亿美元。

来看，1998年美国的直接投资将达到35亿美元，欧盟则可能会达到45亿美元。

综合上述情况分析，1998年中国吸引的国外直接投资较保守的估计将达到350亿美元左右，比1997年下降近100亿美元，下降约22%。1998年的外商直接投资与GDP之比为3.5%左右，低于1997年5%的水平。如果以直接投资当年将有30%形成实际投资和支出计算，直接投资的减少将会引起总体需求增长速度的下降，产生使中国GDP缩减0.45%的影响。

2. 对利用间接外资的影响。利用间接外资主要包括借用国外贷款（包括政府信用、国际组织贷款和商业贷款）和国际证券融资。

从借用国外贷款来看，东亚金融危机对于我国在国际金融市场上借用商用贷款影响不大。由于我国没有受亚洲金融危机的直接冲击，而且我国外债规模及结构均处于安全和合理的水平，因此，在借用外债特别是商业贷款方面，我国有较大的主动性。1998年我国的政府外债和国际组织外债将保持基本的稳定，或有小幅的增长，外商投资企业的外债余额在保持了几年的高速增长之后，仍可能会保持较低的增长水平。

从利用国际证券市场融资来看，1998年融资的规模会有所减少。香港股市对中国企业在国际市场融资有着重要的作用，从1993年到1997年9月香港股市大幅下跌以前，中国内地通过发行H股和红筹股共在香港股市上筹资200亿美元左右，占同期中国企业境外集资总额的77%。亚洲金融危机使香港股市遭受了重大的损失，同时也给中国企业利用H股和红筹股上市筹资带来了巨大的困难。据中国证券管理机构估计，1998年在香港股市上的筹资额将大大低于1997年600多亿港元的水平。从国际证券市场筹资来看，1998年的筹资规模将低于1997年的水平，减少数额大约在10亿~20亿美元。

（三）对中国经济增长和人民币汇率的影响

1997年中国GDP增长率为8.8%，通胀率低于3%，应该说这是一个比较好的宏观经济情况。东亚金融危机发生适逢中国经济运行处于景气循环的"低谷"阶段。这两种基本因素的作用将使中国经济的增长速度下降。造成经济增长减慢的因素主要有以下几点。

第一，是消费不振。中国的国有工业企业调整和改革进入了最艰难的阶段，城市登记失业率已达4%的水平，将近1000多万以上的工人下岗，这使得人们消费更加谨慎。工业生产减速以及在出口增长减速下产生的贸易顺差表明消费增长乏力。1998年上半年零售额增长率为6.8%，低于1997年全年的9.9%的增长率。由于工资增长停滞、工作稳定性下降，居民的预防性储蓄正在逐步提高和积累，这将使消费在近1~2年中不会有快速的增长。

第二，企业库存积压较严重。由于近年来每月的企业产销率一直保持在95%~96%的低水平上，工业部门的产品库存保守的估计已达1.2兆亿元人民币。由于银行已开始启动商业化改革，银行已不愿为存货增加提供信贷，企业将被迫减少生产而压缩库存。这将是使投资和消费需求均可能产生缩减的因素。

第三，出口增长率将下降。如前所述，中国出口中有40%销往亚洲（包括日本），这一地区正在大幅削减进口。日本的总进口下降了14.2%，中国对日本出口在第一季度下降了7.1%，而且从1997年第四季度起下降幅度还在增大。对韩国出口下降了30.2%，而对欧洲和美国的出口将受到来自东南亚国家的激烈竞争，增长速度也将放慢。1998年上半年中国出口增长率为7.6%，下半年预期能保持7.0%的水平。由于出口增长大幅下降，由出口带动的经济增长将适当减弱。据统计资料分析，1997年出口增长带动GDP增长近2个百分点，1998年出口增长的下降将使GDP增长有所放慢。

第四，外国直接投资减少。如前所述，中国直接外来投资的3/4来自海外华侨。亚洲金融危机的冲击使他们的资产大幅缩水。他们不可能有更多的资金来源向中国投资。同时欧美的投资者的直接投资也不可能弥补上述投资的减少。

第五，工业企业的利润将受到进一步挤压。在人民币不贬值的情况下，要保持出口企业的竞争力主要依靠降低出口定价，同时国外产品的低价竞争也将迫使企业降价销售。解决库存积压的手段也依靠降价销售。这将使企业原本不高的利润进一步下降。从上半年的状况分析，企业利润状况一时不可能根本改善。虽然企业有可能通过信贷融资而不是依靠留存利润增加投资，但利润下降的企业增加新的投资的动力和投资机会仍然不多。

关于东亚金融危机对人民币汇率稳定的压力是显而易见的。值得特别关注的是，在目前东南亚经济还处于混乱或低迷状况时，日元兑美元的汇率几乎毫无阻力地从125日元兑1美元跌落至140日元兑1美元。骤然跌落的日元给东亚经济带来了新的不稳定因素，也增加了对人民币的压力。如果日元继续疲软，东亚要走出经济困境将更加困难，东南亚国家和韩国的货币还可能有新的贬值，这无疑将是对中国经济增长的进一步冲击。如果日元继续崩溃，中国所面临的压力将是巨大的，中国可能不得不重新考虑其努力维持当前汇率水平的得失。

值得总结的经验教训

从中国的角度看，以下几点经验教训是值得总结与吸取的。

（一）保持稳定发展，切忌泡沫经济

一个国家要保持经济稳定发展，必须重视供求总量的动态均衡，切忌泡沫经济。受这次金融危机沉重打击的东亚经济体，大

多是房地产市场和证券市场连年出现泡沫经济，最终酿成了以大量房地产闲置、呆坏账连锁冲击为主要特征的金融危机。有些经济体用牺牲供求总量均衡和国际收支平衡的办法来满足少数大企业过度扩张的要求，从而为本国经济的长期增长埋下了危机的根子。中国前些年也曾出现了泡沫现象，但自1993年年中起通过加强宏观调控，控制了房地产和开发区的过热发展态势，在东亚金融危机爆发之前已经成功地实现了"软着陆"，为抵御国际金融风波创造了条件。我们要认真总结这方面的经验教训，防止泡沫经济以其他形式再次出现。

（二）健全金融体系，防范金融风险

健全金融体系，加强金融系统的风险管理与监督，是防范和化解金融风险的必要条件。这次受金融危机沉重打击的经济体，大都重视运用金融手段推动经济发展，但在金融自由化的过程中，由于放松了必要的监督与管理，大量银行信贷资金直接、间接流向高风险部门，导致过度贷款、巨额呆坏账和金融机构破产倒闭。中国金融领域也存在不稳定因素，国有商业银行不良贷款达1/4，其中逾期两年以上的呆滞贷款和无法收回的呆坏账达10%以上，各类金融违法、违规活动比较严重。为防范和化解金融风险，中国政府不久前决定采取措施，深化金融改革，强化金融监管，包括加快国有商业银行的商业化改革步伐，逐步实行资产负债管理和风险管理，加强金融机构内控制度的建设，等等。这些措施的逐步落实，将更有利于防范和防止可能出现的内外金融风险的袭击。

（三）积极谨慎地对外开放金融业

对金融业的对外开放，要保持积极和谨慎态度。在金融体系尚不健全、政府调控能力较弱的情况下，过早过快地全面放开本

国资本市场，取消外汇管理，大量引进境外金融机构，助长了国际游资的进入和冲击，造成了投机资本排挤产业资本、短期投资和短期债务规模过大的不稳定局面，这是东亚一些经济体发生金融危机的一个重要原因。中国对金融业的对外开放一直持既积极又谨慎的态度，到目前为止，资本市场的放开尚处于初始阶段，资本账户的人民币自由兑换尚未启动，对资本流动的管制还较严，引进外资的规模和结构比较合理，外国在中国直接投资占外资规模的60%以上，中长期贷款占外债规模的80%以上，等等。

这些均对国际投机资本在中国汇市和股市兴风作浪的能力施加了必要限制，这是中国能够抵挡东亚金融危机冲击的一堵厚墙。当然，今后中国仍要坚定地实施既积极又谨慎的金融对外开放方针，其时间顺序和实施步骤要与金融体系的健全和金融监管能力的加强相适应。

（四）产业政策要符合国情，发挥本国资源比较优势

东亚国家的经济增长主要靠增加劳动和资本的投入，这一点在经济发展水平较低的阶段是客观的和必要的。但经济发展达到一定水平以后，如不重视技术创新和高新技术的推动，就会使国民经济的发展失去后劲。东南亚国家在经济增长方式由粗放向集约的转变上，确实存在步履迟滞的问题，但这次金融危机还不能说直接导因于此，其直接导因是这些国家的产业政策好高骛远，不顾国内经济发展水平、资源优势和国内外市场容量，盲目追求资本密集、技术密集的产业发展，投资过度集中于某些支柱工业，如汽车、电子、化工等，过度发展出口产业，造成严重的产业结构失调和大规模的供给过剩。中国经济发展中长期存在的一个问题是粗放增长，这不仅与中国的经济发展水平有关，而且也与条块分割、市场割据的体制以及地区之间与部门之间追求"大而全""小而全"的低水平重复建设，甚至成为一种痼疾，导致

生产能力过剩和开工不足等问题有关。中国这几年强调由粗放增长转向集约增长，但考虑到中国劳动力富余、资金不足和科技落后的资源结构现状，这一转变也只能是以既要积极又要稳妥的方式进行为宜。

（五）政府要注意角色转变

"东亚模式"的一个突出特征是政府主动参与和推动经济增长。经验表现，这种参与和推动是必不可少的，但随着市场经济的成熟和企业的成长，要减少政府对经济的干预，否则易于形成政企不分、官商勾结。在这方面，韩国的教训尤其深刻。韩国注重通过发展大企业集团来推动本国经济发展，但政策过度倾斜。由于过度强调企业资本"低成本扩大"，容忍企业在政府的保护下盲目举债，负债率高达500%，甚至3000%到4000%的畸形水平，结果给韩国带来灾难。从中国的情况来看，市场取向改革的一项重要内容，是实现政企分开和转变政府职能，这项改革的阻力和难度较大，1998年新组建的政府开始有所突破。当然，我们决不能因此而否定东亚政府主导型市场经济模式的历史功绩，更不能否定政府在经济发展中的必要作用，尤其是处在较低发展阶段和经济转轨时期的中国政府的作用还要比发达市场经济国家更大一些。

对策与评价

1997年以来中国经济在"高增长、低通胀"总形势下出现了逐季缓缓下滑的趋势。东亚金融危机进一步强化了这种趋势。1998年第一季度中国GDP增长率降至7.2%，上半年的增长率约为7%，分别比上年同期下降了2.2个和2.4个百分点。为了扭转速度下滑趋势，把危机的影响降到最低限度，同时对东亚和世界经济摆脱金融危机尽我国的国际义务，中国政府已明确提出要努力使1998年中国的经济增长速度达到8%，人民币汇率保持稳定的目标。切实扭转经济增长速度下滑，也有利于缓解国内就业压力等问题。鉴于1998年中国出口受较大影响的现实，中国采取的政策主要是扩大内需，来保证上述目标的实现。主要政策应有以下几个方面。

（一）扩大对公共设施和基础部门的投资力度，以此来带动全社会固定资产投资

在消费、投资、政府支出、进出口差额四个国民收入构成部分中，有较大增长潜力的部分是公共设施和基础设施的投资。从总体消费状况来看，由于工资增长缓慢，工作稳定性减弱，居民的预防储蓄动机加强，在1998年消费总量的增长水平有限。同时，由于企业的利润受到挤压，企业纯粹的商业性投资增长也将放缓。在这种情况下，有效益的投资项目应该是中国以往投资的薄弱环节：公共设施和基础设施的投资。中国政府将鼓励或直接从事在农田水利、公路、铁路、通信、环保等公共设施和基础部门的投资力度，并力求以此带动全社会固定资产投资的规模。

值得指出的是，上述公共设施和基础设施中有许多投资项目属于公共产品或准公共产品，具有明显的外部收益的特征。在标准的西方经济学理论中，这部分投资应由政府提供投资资金。在中国虽然1998年上半年政府税收收入比上年同期增长了8.8%，而且从6月卅始有明显加快增长的迹象，但是，政府仅依靠新增长的税收仍然缺乏财力使上述投资快速增长。假设政府将全年增加的税收（约700亿元）全部追加投资到上述投资中，也仅占确保8%GDP增长的新增GDP的12%。加强基础设施的建设和投资对于改善中国的投资环境、保持经济稳定增长无疑是有益的。在财力有限的情况下，政府可考虑的资金来源有三个：一是发行更多的

国债用于上述项目的投资；二是予以民间部门利息补贴，吸引民间部门投资；三是实行适度赤字的财政政策。中国每年发行的国债及各年国债未偿金额与GDP之比均处于较低的水平（见表1和表2）。从这两项指标来看，通过发行国债筹集基础设施投资资金似乎是一个可行的方案，但是由于中国中央政府的财政收入占GDP水平较低，近年来债务收入占财政收入和财政支出的比例已占很高的比例，所以通过发行新债的方式筹集资金受到一定的制约。

中国政府的财政赤字近年来保持在550亿元到450亿元人民币之间，赤字占GDP比重约为1%~0.8%，如果政府将赤字提高到占GDP 2%的水平，赤字规模将达到1500亿元，新增赤字将约为1100亿元，占完成8%GDP增长所需新增GDP的18%。但是，中国立法机构为政府财政政策制定的目标是在2000年左右逐步消除财政赤字，适度提高赤字水平需要经过立法机构确认。由政府财政给予投资于基础设施的民间企业以利息优惠，可能是一种既避免财政支出的过度扩张，又能吸引民间投资的政策。许多基础设施如公路、机场、环保设施，虽然具有明显的外部收益的特征，但仍然可通过使用收费的形式逐渐收回投资，对于这些收益外在的投资项目，政府给予财政贴息后，将降低民间资本投资的风险和投资成本，这将吸引民间资本的投资积极性。

表1 中国财政收支主要指标

年份	总收入（亿元）	总支出（亿元）	收支差额（亿元）	收支差额/国内生产总值（%）
1991	3610.9	3813.6	−202 7	—
1992	4153.1	4389.7	−236.6	—
1993	5088.2	5287.4	−199.2	0.58
1994	5218.1	5792.6	−574.5	−1.30
1995	6242.2	6823.7	−581.5	−0.99
1996	7407.0	7937.5	−529.5	0.77

总之，为确保国有企业改革和结构调整，中国需要在扩大内需上作更多的投资。投资于基础设施和公共设施无疑是正确的，但在遇到政府财政财力约束时，政府应对财政政策作适度的调整，综合运用发债筹资、适度赤字和投资贴息等政策手段，是有效推动经济增长的工具。利用税收增长的大部分和新增债务收入，再加上适度的财政赤字（将赤字控制在占GDP的1.5%以内），辅以基础设施投资方面的制度变革配合，政府应有能力直接增加或吸引1400亿元人民币左右的基础投资。这部分投资相当于GDP增长8%所需新增GDP的22%以上。如果考虑投资的"乘数效应"，这些投资的落实是确保1998年乃至今后中国经济持续增长的至关重要的内容。

表2　中国国债主要指标一览表　　单位：%

年份	当年负债率	累计负担率	中央财政依存度	累计偿债率
1991	1.38	5.88	17.80	34.58
1992	1.70	5.28	25.35	36.46
1993	1.15	4.67	19.48	38.50
1994	2.35	5.25	64.84	44.07
1995	2.98	6.35	74.55	57.99
1996	3.02	6.83	40.70	62.86

（二）引导和扩大居民消费

从按支出法计算的国内生产总值及其结构中可以看出，居民和政府的最终消费构成了中国GDP的56%~58%。居民消费则构成了GDP的47%左右。因此居民消费的稳定增长自然构成了中国经济增长的主要成分（见表3）。

如前所述，1998年居民消费的增长受到工资增长停滞、职工下岗增加、居民预防性储蓄动机加强等不利因素的影响，在传统的消费项目上增长将相对缓慢。但是中国居民消费结构上存在一定的畸形，政府仍可以通过一些改革措施减少扭曲，从而引导和

表3　中国的消费和GDP　　　　　单位：亿元

年份	GDP	居民消费			政府消费	最终消费
		总计	农业居民消费	非农居民消费		
1991	21 280.4	10 315.9	5639.8	4676.1	2830	13 145.9
1992	25 863.6	12 459.8	6571.6	5888.2	3492.3	15 952.1
1993	34 500.6	15 682.4	7867.2	7815.2	4499.7	20 182.1
1994	47 110.9	21 230.0	10 491.3	10 738.7	5986.2	27 216.2
1995	59 404.9	27 838.9	13 663.6	14 175.3	6690.5	34 529.4
1996	69 764.0	32 572.0	15 932.0	16 640.0	7583.0	40 155.0
1997	75 903.2	35 894.3	17 624.3	18 270.0	8129.6	—
1998	81 975.5	—	—	—	—	—

资料来源：《中国统计年鉴》（1997）。1997年和1998年的数据为估算和预计的数据。

扩大居民消费。

中国居民消费支出中用于住宅消费的支出仅占很小比重，这与中国长期实行福利化住宅分配的体制有着很大的联系。当前中国正在推进实行公有住宅商品化的过程，并以此启动城市居民住宅市场。这种改革方向无疑是正确的。住宅商品化将会推动居民对新建住宅的购买，这不仅有利于消化现时积压的一部分住宅存货，同时也有利于带动对其他消费品的需求。但是，中国居民住宅市场面临着的最大问题是居高不下的房价和有购买能力的有效需求相差较大[1]，这与前几年经济过热造成房地产市场发展畸形有较大的关系[2]。中国居民住宅消费成为带动居民消费增长的热点，恐怕还要经过银行强制收回占压的贷款迫使房地产价格下跌

[1] 根据国外经验，在住宅价格与家庭年收入大约为6：1时，住宅市场才能正常运转，房地产金融体制（住宅按揭制度）才能发挥作用。而中国目前城市商品住宅价格与家庭收入之比约18：1。居民有效需求严重不足。

[2] 1991—1994年中国房地产业投资，年平均增长率高达95%。后两年虽有所放慢，但投资额仍逐年增加。由于投资增长速度过快，商品房大量积压。

后，才可能真正形成。虽然1998年居民住宅市场消费还不太可能带动居民消费有明显的增长，但对住宅制度的改革和住宅金融制度的建立，将在未来几年中使居民住宅消费支出有较快的增长。

另外，中国居民消费的一大特征即是城镇居民（非农业居民）和农村居民（农业居民）在消费水平上存在着巨大的差异。从总量上看，农业居民和非农业居民总消费基本相当，近年来非农业居民的消费略高于农业居民的消费。但农业居民的人均消费水平很低。在中国城市，家用电器的拥有率已达较高的水平，而农业居民的拥有量则处于很低的水平。面对这一事实，人们提出大力开拓农村市场，努力提高农村居民的消费水平，这种政策取向无疑也是正确的。但是应该看到目前农民收入水平较低，居民储蓄存款中农村居民的人均储蓄不及城市居民储蓄水平的13.6%。[①]在近1~2年，虽然农业居民的收入增长略高于非农业居民的收入增长，但农业居民的消费增长还不可能对带动经济增长起关键作用。1997年农村居民人均收入增长4.3%，农村居民可支配收入相当于增加了720亿元，以以往农业居民边际消费倾向估计，1998年农业居民消费增长将增长540亿元。[②]对中国GDP增长的推动力大约为1个百分点。

（三）扩大内需与结构调整和体制改革结合起来

目前中国产业结构升级严重滞后。多年来陈旧落后、过多剩余的生产设备得不到压缩，许多行业重复投资带来了生产能力过剩和开工不足，而市场潜在需求较大的高技术含量、高加工度和高附加值产业的投资则相对较小。与此同时，我国劳动力丰富的资源优势尚未得到充分发挥。因此这次扩大投资，需要在加大基

---

① 资料来源：《中国金融年鉴》（1997）中表1、表3、表5。
② 以上数据根据《中国统计年鉴》（1997）中，农村居民收入、消费、人口的数据以及中国农村居民边际消费倾向的数据推算。

础产业投资的同时，逐步加大对高新技术产业的投资，逐步加大机电工业的技术改造投资，以推动产业升级。在向高技术含量、高加工度和高附加值产业倾斜的同时，加大对可采用大量新技术的劳动密集型产业（主要是中小企业）的投资。

扩大内需的政策还要与体制改革结合起来。目前中国的供需矛盾主要是结构性的，同时又是制度性的。例如，条（部门）、块（地方）分割，造成了重复投资，带来生产能力过剩；福利分房制度造成住宅市场畸形和销售不旺；国有企业长期实行"大锅饭"式的用人制度，使企业效益低下、冗员过多；等等。解决上述长期结构性问题和制度性问题，仅仅依靠扩张性的财政政策和经济政策是不能从根本上解决问题的。不在结构变革和制度变革上下工夫，单纯以扩张性的货币和财政政策解决增长问题，将很有可能走上国民经济"松—紧"循环的老路。

因此，要使中国经济健康发展，除了要保持适度稳定的增长率外，还必须在经济结构和经济体制以及经济增长机制方面深化改革，转换机制。

1998年中国经济增长速度将低于1997年的增长速度，但是在今后中国追求的经济增长和20世纪90年代中期以前所出现的经济增长，在增长的质量方面应有重大的差异。1998年的经济增长应是在大力实施经济结构调整，对纺织、煤炭等行业进行限产，对落后的设备和过剩的生产能力进行淘汰，发展新兴高科技产业的基础上实现的带有结构调整性的增长；也应是大力发展第三产业，加快国有企业改革和政府机构调整，逐步消化金融行业潜在风险，减轻某些体制性因素带来资源配置扭曲（如房地产市场），使市场机制对资源配置的作用不断加强的基础上实现的具有深化体制改革性质的经济增长。东亚金融危机和周边国家经济环境的不利影响，是中国经济发展和改革过程中遇到的始料不及因素，但是化解这方面的因素，不应放弃对经济结构进行调整并进一步深化体制改革的努力。

加快结构调整和体制改革是中国多年来追求的理想目标，1996年和1997年中国经济的"软着陆"，为实现这一目标创造了较为理想的宏观经济环境。

当前经济中出现的增长速度下降是经济转轨过程中难以避免的现象，在关注1998年中国经济的表现时，除了确保经济适度增长外，某种意义上讲，深化结构调整和体制改革具有同样甚至更加重要的意义。

从1998年中国上半年经济增长和改革进程上看，应该讲中国的经济发展和改革正向积极的方向前进。

（四）防止恐慌和急躁，防止陷入新的"松—紧"循环

改革以来，中国经济经历了数次"高涨"和"滑坡"，货币政策和财政政策也相应经历了数次"松—紧"循环。虽然历经深化改革和宏观调控后，中国经济增长机制已发生变化，但是，1998年在努力确保争取适度增长的同时，还应注意防止产生新的过热。中国经济增长方式仍然没有完成实质性的变化，传统的粗放式规模扩张的增长方式仍然起一定的作用。这表现在许多地区纷纷调高经济增长目标，急于扩大投资规模。[①] 在这种情况下，应该明确扩大内需、松动货币和财政的政策，必须在继续坚持中共十五大原定的谨慎的中长期宏观调控方针的前提下进行。目前中国经济虽然遇到了不利的周边经济环境及结构调整以及体制变革中出现的职工下岗增加和经济增长率下降等问题，但是，这并不意味着中国经济运行已处于类似典型经济周期的停滞衰退阶段。实际上中国经济增长率还处于相当高的位置，防止货币和财政政策过于松动、导致新的通货膨胀仍然是不应轻视的问题。如

---

① 在中央政府确定争取实现8%的适度增长的政策后，许多地方政府纷纷将地方经济的增长计划调高到10%以上。

果出现通货膨胀反弹，将使出口企业的换汇成本提高，削弱抵御东亚金融危机的能力。这显然不利于保持人民币币值的稳定，并可能给经济健康增长带来意想不到的困难。

目前在具体考虑货币和财政政策的松动力度时，应认真研究的是货币政策和财政政策不同的时效作用，避免在松动政策产生作用之前，因为恐慌和急躁进一步实行新的全面扩张。此外，还应注意中国经济结构发生的变化，以确定宏观调控的力度。1997年中国各月的工业产出增长基本保持在11%~12%的水平上，在此基础上中国三次产业构成了18.7∶49.2∶32.1的产业结构，并实现了8.8%的GDP增长。1998年上半年中国各月的工业增长平均保持在7.5%~7.9%的水平。依据1997年产业构成的比例关系，许多观点认为，须使中国工业增长保持在二位数（10%~11%）以上才能实现GDP增长8%的目标。依据这种观点，中国还需要全国地放松货币和财政政策。但是，上述看法，没有注意到1997—1998年中国的三次产业的结构和不同产业的增长速度正在发生较大的变化。目前，各级政府已采取各种措施推动第三产业的快速增长。①从制造业下岗的许多产业工人已开始大量地转向第三产业，并已开始创造价值。在这种情况下，两位数以上的工业增长已不再是GDP增长8%的充要条件。按以往的经验，采取全面放松的货币政策和财政政策刺激工业增长，就有可能导致经济过热或不稳定发展。

总之，在面临东亚金融危机的背景和困难下，中国不能放弃适度从紧的中长期宏观调控方针而转向采取全面扩张性政策。正确的选择是，在继续坚持适度从紧的中长期宏观调控方针下，对财政、货币政策进行适时、适度的松动和调整，以促进国民经济

---

① 1998年1~5月，第三产业投资占全部投资比重达56.6%，比上年同期上升了2.4个百分点，而第二产业投资比重为40.7%，比上年下降了2.3个百分点（资料来源：国家发展计划委员会宏观经济研究院）。

的持续稳定健康发展。

（五）运用非汇率措施扩大外需

东亚金融危机发生后，中国政府对国际社会作出了稳定人民币汇率的承诺。中国的这一政策旨在避免因东亚产生新的经济动荡而危害国际经济环境，同时这一政策符合中国的基本利益。在人民币不贬值的背景下，中国在政策上主要通过运用非汇率措施来扩大外需。

这些措施主要包括：一是进一步降低关税和实行出口退税；二是对外商对华投资进口设备恢复免征关税；三是进一步扩大外贸企业进出口自主经营决策权；四是继续巩固与传统贸易伙伴的关系的同时，大力开拓新的国际市场；五是优化出口产业和产品结构，努力提高出口产品质量和档次，降低成本，提高非价格竞争能力；六是进一步加大外贸体制改革力度，理顺关系，推动出口增长。

以上仅就东亚金融危机对中国经济的影响、中国可以从中吸取的经验教训以及中国的对策措施等，做了几点简要阐述。笔者相信，只要我们能够认真实施上述对策措施，顺利克服危机带来的影响，继续实现我国国民经济的持续稳定健康发展，将是有把握的。

积极促进中国经济的持续发展

——在经济发展与企业管理高级研讨会上的发言*
（1999年3月22日）

经过20年的改革，中国经济取得了长足的进步。1998年，世界经济在金融危机的冲击下受到极大影响，中国同时又遇到了特大水灾，但中国仍保持了金融的稳定，人民币不贬值，经济增长达到了7.8%，为稳定亚洲经济乃至世界经济作出了自己的贡献。尽管中国经济发展取得了历史性的进步，但仍是一个发展中国家。按人均国内生产总值计算，中国仍属于低收入国家。中国进一步的发展，还将面临严峻的生态环境、就业、人口等方面的挑战。要实现中国经济的持续、快速、健康发展，在21世纪初的经济发展中，中国应重点完成下列战略任务。

——大力加强农业，以市场为导向，调整和优化农业结构，积极稳妥地发展农业产业化经营，发展高产、优质、高效和节水的农业，积极帮助和引导乡镇企业提高管理、经营水平。

——继续大力进行基础设施建设，尤其是在经济欠发达的中西部地区、农村地区。通过发展基础设施改善中国不发达地区的投资环境和社会发展环境，促进不发达地区的经济增长，逐渐缩小中国各地区之间的发展差距。

——进一步调整产业结构，促进产业结构的升级。要改造

---

* 研讨会由中国社会科学院和戴姆勒–克莱斯勒股份公司召开。发言有删节，原载《光明日报》1999年4月1日。

和提高传统加工工业，重点发展支柱产业，大力扶植高新技术产业。争取使中国高新技术产业增加值在制造业中的比重由目前的12%，到2010年上升到25%，到2020年再上升到35%。

——通过建立和完善现代企业制度，继续对国有企业进行战略性改组和调整，加强管理，建立健全职工养老保险、医疗保险、失业保险等制度，进一步提高国有大中型企业的经营效率和竞争能力。

——实施科教兴国战略，大力发展科学、教育，增加对人力资本的投入，适应知识经济时代来临的要求，提高国民经济整体素质。实施可持续发展战略，使经济、社会和环境协调发展。争取到2010年基本改变生态环境恶化的状况，到2020年实现经济发展与生态环境协调发展，进入良性循环。

中国实现经济高速增长，将给世界经济增长带来新的机会，注入新的推动力。中国将继续扩大开放，利用外资，改善投资环境，进一步与世界经济接轨。中国实现经济持续快速健康发展的有利条件。

第一，消费市场需求巨大。除了人口众多这一独具的条件外，一方面，城镇居民和农村比较富裕的居民在不断提高消费档次，实现高档消费品的更新换代，推动消费工业品的升级和产业结构的调整；另一方面，中国二元化的经济结构导致的城乡之间、区域之间的不平衡发展和不平衡消费，又为各类工业消费品提供了广阔的市场。通过启动城镇居民住、行需求和进一步开拓农村市场，完全能够保证经济的迅速增长。

第二，中国较高的积累率，足以支持经济以较高的速度增长。中国在1978—1997年，积累率始终保持在37%的水平上。按照哈罗德—多马模型，稳定增长率应等于积累率与资本产出率之乘积。中国目前的经济效益尽管还不理想，但是即使按照4：1的资本产出率，在37%的积累率下，也可以支持经济以一定的速度增长。

第三，中国目前处于基本完成工业化的初级阶段，正在向工业化的中级阶段迈进，基础设施还很不完善。随着居民收入水平的提高和需求结构层次的升级，企业技术改造大规模展开以及基础设施的大规模建设，中国产业结构将进一步向重化工业方向倾斜。因此，在相当长的时间内，中国有着旺盛的投资需求。这也将带动中国经济以较快速度发展。

第四，中国的钢铁、水泥、煤炭等主要生产资料供给充裕，而且节能、节材、降耗的潜力很大。中国经济发展中长期存在的能源、原材料、基础设施等"瓶颈"已大大缓解，能够支持中国经济高速持续发展。

第五，中国第三产业与发达国家相比差距很大。今后随着产业结构的调整和升级，第三产业有着较大的发展潜力和发展空间，将会以快于第一、第二产业的速度发展，从而推动中国经济的发展。

第六，随着中国经济体制改革的进展，中国企业的效率会有较大提高，中国宏观经济运行效率会有较大改善。这将改变中国经济的增长方式，有利于中国经济的发展。当然，中国经济在21世纪初能否实现顺利的发展，取决于能否成功地迎接下面的严峻挑战。

首先，中国经济发展的某些基本资源进一步紧张。如石油供应，在21世纪，中国经济发展所需的相当一部分石油需要通过国际市场来予以解决。又如中国还面临着水资源短缺的问题，在一些大中城市，由于缺水影响企业生产，甚至影响到人民生活。由于某些资源的短缺和价格提高，使中国有关工业品面临成本上升的压力，影响到中国工业品的国际竞争力。

其次，中国面临的生态环境压力越来越大。1998年中国遇到了特大洪灾，但洪灾引起了我们对中国生态环境的深刻反思。由于生态环境受到破坏的速度在加快，因而出现自然灾害的频率在提高。生态环境的破坏，给中国经济发展和人民生活带来重大负面影响。自20世纪80年代以来，中国政府已陆续采取了一些措施，对环境污染进行治理。这次大洪灾后，已在全国范围内禁止砍伐森林。尽管如此，由于中国的工业化进程尤其是农村工业化进程仍在迅速推进，人口在增加，而可用于治理生态环境的资源又有限，因此在21世纪中国面临的生态环境方面的挑战会越来越严重。

再次，中国面临着沉重的就业压力。根据统计分析，到21世纪前10年仍是劳动力年龄人口增长的高峰。这会使就业的压力更加沉重。

最后，中国工业尤其是制造业，装备和技术水平落后，与国际先进水平存在着较大的差距。这严重影响着中国工业水平的提高、产业结构升级和国际竞争力。中国国内市场上的相当一部分高附加值的消费品市场已被外国公司所占领。中国并不是一概反对外国企业和产品进入中国市场，但中国政府和其他国家政府一样，要适度地保护中国的幼稚工业，考虑自己企业的生存与发展。既要加入国际经济体系，继续扩大开发的程度；又要适度地保护民族工业。这就使中国面临着复杂的政策选择。为实现中国经济的持续、快速、健康发展，必须着力解决好如下几方面的问题。

一、正确处理稳定、改革与发展的关系

中国改革开放以来的经验表明，要使中国经济得到迅速发展就要正确处理稳定、改革与发展的关系。处理好这三者的关系，是中国制定和推进其他政策的基本前提。

发展经济是中国的根本目标。但是，没有稳定的政治局面，

就没有发展经济的基本条件；不进行改革也不能使经济得到迅速发展。经济的迅速发展又会促进政治的稳定和改革的顺利推进。三者是相互促进的。把握好这三者的关系，就能使中国在21世纪顺利实现经济发展的战略目标。

正确处理稳定、改革和发展三者的关系，具体地体现在政策上，就是要根据中国的具体情况，适时适当地出台有关政策，使稳定、改革与发展的政策相互配合、相互支持，推进中国经济的持续发展。如在大批国有企业工人下岗的情况下，就要着力于社会保障体系的建立，加大再就业工程的实施力度。在经济发展处于低谷时，要由国家通过财政手段刺激经济增长，从而减少因经济增长速度放慢带来的社会问题。

二、调整和优化产业结构

自20世纪90年代中期以来，中国逐渐出现了大多数商品供大于求的情况。导致供大于求的原因，主要是供给结构扭曲，产业发展、产品结构、产业结构不适应需求结构的变化；多年来重复建设，追求粗放扩张，超过了正常需求；没有建立优胜劣汰机制，不符合市场需求的企业不能及时淘汰，不符合市场需要的生产能力不能及时调整所致。因此，优化产业结构，对中国经济增长，具有重要意义。

优化产业结构，首先要深化投融资体制改革。通过改革建立和完善符合社会主义市场经济体制的投融资体制，从根本上杜绝盲目重复建设的发生。这一体制应当由企业自主决策，自担风险；银行独立审贷；政府宏观调控；有明确的投资主体和投资责任；中央和地方政府对投资活动实行分级管理和监督，政府的投资通过授权由投资机构进行。

产业结构调整要由过去重点解决消除短缺，转向解决相对过剩的问题。对生产能力过剩的产业进行现有资产存量的重组，淘汰、兼并一批效益差、缺乏市场竞争力的企业和落后的生产能力。对一些传统产业要有步骤地调整，如纺织工业、煤炭工业。在进行调整时首先要重点解决好工人下岗后的出路问题。要通过调整，使产业内的优势企业得到发展，形成一批具有较高科研开发能力、经营管理水平较高、达到经济规模的企业。

在产业结构调整中，要抓好传统产业的技术改造。从中国工业化的阶段和人民的生活需求来说，中国的传统产业还有广阔的发展空间和时间。问题在于中国传统产业的发展，走了一条以数量扩展为主的道路。中国传统工业必须加快技术改造，推进技术升级和产品更新换代。对传统产业进行技术改造，也是解决中国资源短缺、环境污染等问题的重要途径。

振兴支柱产业，使其对中国经济起到带动作用。中国已确定的支柱产业是电子信息产业、机械汽车产业、建筑业、石油化学产业等。这些产业通过国家的进一步扶植，将会对中国21世纪初的经济增长起到重要带动作用。

注意培育新的经济增长点。随着经济的发展，中国人民生活水平的提高，一些新的产业开始显示出良好的发展前景。如旅游业、环保产业等。这些新经济增长点将有利于保持中国经济以较快速度发展。

大力发展中国的高新技术产业。要建立高新技术发展风险投资基金，解决技术创新资金缺乏问题。这方面尤其要欢迎外国资本的进入；鼓励科研单位与大中型企业联合，进行科研开发，进一步办好已有的科技开发区；深化科研体制改革，支持民办科研机构和企业的发展，加速高新技术成果产业化。

刘国光

经济论著全集

第
14
卷

三、实施可持续发展战略措施

在中国21世纪的经济发展中，必须认真执行和落实各项有利于经济可持续发展的政策和战略措施。同时根据需要及时制定有关生态环境保护的法律、法规。

必须坚持经济建设与环境建设同步规划、同步实施、同步发展。所有建设项目都要有环境保护要求。尤其要严格对工业污染的治理，加强对乡镇企业的污染管理。

要大力发展生态农业，保护农业生态环境。加快水土流失地区的综合治理，认真搞好防护林体系和其他国家生态环境保护工程的建设，提高森林覆盖率，增加城市绿地面积。依法保护并合理开发土地、水、森林、草原、矿产和其他自然资源。完善自然资源有偿使用制度和价格体系，逐步建立起资源更新的经济补偿机制。

四、进一步搞好国有企业的改革

搞好国有企业改革，主要是要继续抓好国有企业的战略性重组。在收缩国有经济战线的同时，集中力量加强国家必须确保的重点产业和企业。国有资本应主要集中于影响国民经济全局、只能由国家来兴办的领域，包括关系国家安全的产业、大型基础设施、特大型不可再生资源的开发、对国家具有战略意义的高新技术产业等领域。在一般竞争性领域要使国有资本从中小企业向大企业集中；从低劣企业向高效企业集中。在竞争性行业国有企业可以采取三种方式进行改革：少数大型企业可以改造成国家控股、投资主体多元化的股份制企业；非大型企业，国有资本不一定控股，可以改为让非国有投资主体控股的企业；大多数小企业可以通过多种形式主要是股份合作制改造为民营企业。

在对国有大企业进行改造的同时，要通过各种方式帮助、扶植中小企业（这里指的是不分所有制的全体中小企业）。因为中小企业是解决中国庞大的就业需求的主要途径，是活跃市场的基本力量；是解决县级财政和支援农业的主要力量；是技术创新的一个重要来源。我们要通过解决中小企业融资渠道，帮助它们加强管理，为中小企业提供技术、信息等方面的咨询服务，使中小企业的整体水平有较大的提高。

关于继续实行积极的财政政策的几点思考*

——在中国社会科学院经济形势分析与预测春季讨论会上的讲话

（1999年4月8日）

一、为何政府投资的"乘数"效应减弱

去年（1998年），我国为应对国际金融动荡、国内经济走势变化和体制转换所引起的需求不足，采取了扩大内需的方针，特别是在适当的货币政策配合下，着力推出了积极的财政政策。这对去年下半年经济增长速度扭降转升和推动今年（1999年）上半年继续快速稳定增长，起到了积极作用。同时应当看到，迄今扩张性的财政政策所启动的主要是政府的公共投资，一些相关的投资品产业的市场情况也有所改善。但对于非政府的社会民间投资和居民消费需求的拉动则不很明显，内需不足对经济增长的制约作用仍然存在。主要表现在商品零售价格和居民消费价格指数负增长的趋势尚未根本扭转，失业和下岗情况仍在发展。

过去我国中央政府在经济低谷时采取财政投资启动经济，往往很快就把地方和部门的投资以及居民消费需求带动起来。为什

么这次增加政府投资对启动社会总需求的效应不如过去那样全面而迅猛呢?

从投资需求方面看,经过20年的体制改革,我国投资主体趋于多元化,投资行为趋于市场化,投资风险机制逐渐强化,企业、银行的财务约束逐渐硬化。所有这一切使中央政府的投资决策,不能像过去计划经济时代那样容易启动地方、部门和企业的投资行为,再加上当前供大于求、最终需求拉动不足,以及物价持续走低的市场情势,影响了投资收入预期和投资者的投资意愿,导致了社会投资启动过程缓慢。

从消费需求看,经过20年的改革,我国居民从过去被动的配给对象转变为自主的消费者,居民消费行为逐渐理性化,预期因素在消费行为中起着越来越重要的作用。在传统的"低收入,低消费"观念仍然主导着经济决策的条件下,随着住房、医疗、教育、养老等社会保障制度的改革,原有实物性、集团性、福利性的消费逐渐减少,原有体制内居民市场性支出逐渐增加,而货币性收入却没有随着经济发展相应同步提高。减收增支的预期、下岗失业的阴影、收入差距的拉大,都导致了居民可支配收入的边际消费倾向下降,边际储蓄倾向上升。由于现行积极的财政政策不触及收入分配关系的调整,消费需求也不可能对扩大内需的宏观调控作出迅速反应。

总之,由于投资需求和消费需求机制上的上述变化,政府财政公共投资的"乘数"效应有所减弱。再加上供给方面的激励机制(特别是企业家的激励机制)迟迟未能形成,国有企业一般缺乏必要的创新动力,供给结构不能迅速调整以适应新的需求格局,更加限制了现行积极财政政策拉动社会投资和消费需求的实际效果。

二、要不要继续实行扩张性财政政策

正是基于财政投资"乘数"效应减弱的判断，理论界一些人士认为，依靠政府投资拉动经济的作用，只能持续到今年上半年。今年下半年和明年（2000年）再用这个办法将要失灵，主张要出"新招"，寻找新的启动手段。主要是更多依靠增加货币和信贷的供应，着力于直接启动民间投资和消费，这样来弥补和接替积极的财政政策效应减弱后的经济增长动力。

我以为，在目前社会投资和居民消费相对于政府投资来说启动比较缓慢的情况下，强调直接鼓励民间投资和消费，并增加金融支持的力度，这是正确的和必要的。事实上，今年的经济工作在这些方面已安排了不少积极措施。第一季度以来，货币供应量增幅比上年同期明显上升。当然这些都是在突出积极的财政政策作用的同时进行的。去年预计用于基础设施建设投资的国债拨款（1000亿元）和银行贷款（1000亿元）的未用完部分，今年上半年仍在支用，并增发国债用于增加今年赤字预算投资。那么，从今年下半年起，积极的财政政策是不是将不再作为启动经济的主要支撑了呢？我以为，这样的判断恐怕还嫌早了一点。

首先，启动社会投资和居民消费也需要有一个过程，而不是一蹴而就的。社会投资主要制约因素，一是资金，二是市场。从资金方面看，在目前社会储蓄大于投资、金融系统存大于贷差额颇大的情况下，宏观上来说资金问题不大，微观上主要是储蓄转化为投资的机制障碍有待消除，建立通畅的金融通道。目前问题更大的是市场不振，归根结底要害仍在于居民的最终消费需求不足。目前，各方面提出来的启动居民消费的招数颇多，但大多不易立竿见影。就拿当前人们议论最多的"消费信贷"来说，这的确是促进消费的一个好办法，从长期来看是个发展方向；然而

关于继续实行积极的财政政策的几点思考

从近期看，遇到居民消费观念、收入水平、信用担保等障碍甚多，推展的步伐并不尽如人意。在居民最终需求和社会投资尚未有效启动成功以前，以政府投资为主导的积极财政政策看来还不能放弃。

其次，去年以来由积极的财政政策开启的基础设施建设项目，工期长规模大的，需要继续投资才能建成。近期项目建成以后，还要有后续项目来接替，才能保持增长势头。否则，会发生建设投资的断层现象，造成损失，影响增长波动幅度。这就要求继续注入必要的政府投资，继续实施积极的财政政策。

最后，政府投资"乘数"效应的减弱，并不意味政策失效，这里有一个时滞问题。去年2000亿元的国债和银行贷款，实际上10月才开始到位，相当大部分今年续用，其带动经济增幅回升的效应已经显现。只要实施政策力度和时间足够，行程中不发生断层现象，其推动经济增长后续作用的增强，是不容忽视的。

所以，我认为，在直接启动民间投资和消费的措施尚未发挥足够有效作用以前，以及在出口需求不振的局面尚未扭转的情况下，为了支撑必要的经济增长幅度，今年下半年以至明年上半年，继续坚持积极的财政政策还是有必要的。

积极的扩张性财政政策是一项特殊情况下实行的特殊政策，不宜长期实行。我们曾经较早地指出了这一点，现在看来这个特殊的短期政策延续的时间可能比人们的设想要长一点。问题在于今后一段时间我国经济有没有支撑财政赤字继续扩大的能力空间。这个支撑能力空间可以从三个层次来分析。第一个层次是国债余额占财政支出的比率和财政赤字占财政支出的比率。我国财政支出对国债和赤字的依存度相当高，据测算1998年国债余额占当年财政支出的比率为76.7%，大大高于国际公认的警戒线（25%~30%）；赤字占当年财政支出的比率达15%，相当于1990—1995年美、加、英等国的平均水平。这表明，如果单纯从财政能力的角度来把握扩张性财政政策的空间，那么，由于目前我国财政收入占GDP的比重较低，因此除非提高这一比重，扩大政府的财政能力，否则，以国债或赤字方式支持的政府投资进一步扩张的空间有限。第二个层次，国债余额占GDP的比重和赤字占GDP的比重。这是更全面更综合地反映一国举债能力和赤字负担潜力的指标。我国以国债或赤字方式动员的社会资源比率并不高，据测算，1998年、1999年国债余额占当年GDP比重约为10%，赤字占当年GDP比重两年分别为2.2%、1.7%，债务和赤字的相对规模均低于国际公认的警戒线。因此，如果从全社会可动员资源的角度综合考虑，那么财政政策进一步扩张的空间还是比较乐观的。第三个层次，储蓄与投资的关系。我国储蓄率较高，应该是有利于经济增长。但当前居民储蓄增长过快，近年来虽然银行利率多次下降，每年储蓄仍以7000亿~8000亿元的幅度迅速增长，仅今年第一季度就增长了4400多亿元，储蓄余额达到53 407亿元。这么大的储蓄额，相当一部分未能转化为有效投资。统计显示，全部金融机构今年第一季度末各项存款余额达99 437亿元，各项贷款余额87 826亿元，存大于贷1.1万亿元，这说明进一步实施扩张性财政政策，扩大利用国债进行政府投资，还有很大的余地。

当然，进一步实施扩张性的积极财政政策，必须注意要适时适度，要根据外需变动和内需启动的情况，并结合稳健的货币政策对适当松动货币信贷供应的需要，调整实施扩张性财政政策的力度和持续的时间。所以我认为，问题不在于进一步实施积极的财政政策有无必要和可能，而在于如何把握好扩大内需的机遇，合理调整财政收支结构，提高财政货币政策的绩效，引导和启动社会投资和居民消费，通过加快发展和深化改革来提高国家财政能力。只要国家财政能力能够随着国家经济实力的增强而提高，偿还国债和削减赤字是可以做到的。

三、调整政府投资结构，放开市场准入门槛，积极启动社会民间投资

1998年宏观调控的实践证明，单纯依靠政府投资未能很快启动非政府的社会投资和居民消费。这里有前面所述政府投资"乘数"效应减弱的原因，也有财政支出和投资的导向和结构问题。去年以来为扩大内需而增发的国债，限用于基础设施建设，而不用于加工业及其他方面，其目的在于克服"瓶颈"、增强后劲，并避免再蹈重复建设覆辙，这一决策无疑是正确而有效的。但在扩张性财政政策安排的投资中，一般比较偏重于资本密集、规模较大，并且由政府全资包揽的重点建设项目，而对劳动密集的、中小规模的，以及吸纳社会民间资本参与的生产建设项目，则较少考虑。至于将增发的国债用于消费性的转移支付如支持社会保障和教育等方面的支出，则碍于预算制度，更欠考虑。以上种种原因，再加上金融体制和信贷政策的配合上存在的问题，导致了去年以来实施的扩张性财政政策难以取得迅速带动民间投资和消费的成效。

今后如何进一步实施积极的财政政策，增发国债，扩大政府支出，我以为需要考虑调整财政支出结构和政府投资方向，放开投资领域和市场准入的门槛，使之有利于民间投资和消费的启动。

1. 要在坚持基础设施为主的投资方向的同时，适当加强对传统产业的技术改造投资和新兴高科技产业的风险投资；在继续兴办资本密集规模较大的工程项目的同时，更多考虑劳动密集而技术含量也不太低的中小型生产建设项目。

2. 要创造条件，允许非国有经济参与基础设施项目和非竞争性行业的建设和生产，不可再迷信固守那种基础性、非竞争性行

业由政府办，非基础性、竞争性行业由民间办的传统分工观念。从发达国家的实践经验来看，只要制度安排得当，非国有经济也会积极而有效地参与基础设施建设和非竞争性行业的投资的。因此，除少数特例外，要废除政府全资独家包揽的做法。要广泛运用财政贴息、政府控股或参股、财政担保等手段，来充分调动、吸纳社会资金参与基础设施、基础产业、高新技术等方面的投入。我很欣赏人们用"四两拨千斤"来形容这种财政政策的效果。诚如财贸所课题组在一份研究报告中所说，在目前社会储蓄资源较为丰富、银行可贷资金较为充裕的条件下，从有限的国家财政投资中拿出相当的比重来起这种杠杆或带动作用，肯定能比政府独家包揽的直接投资收到更大的效果。当然财政上这些重大举措也需要有信贷货币政策的配合，关键是要建立和完善中小企业和投资者的融资安排，以有效地支持和引导社会民间投资。

3. 扩张性财政政策的政府支出，理论上实践上都可以不限于建设性投资，也可以包含直接增加公共消费和影响居民收入与消费的财政支出。比如，当前为了启动居民消费，可以考虑适当增加提高职工工资的支出，完善居民服务的支出，支持社会保障制度的支出，等等。

四、摆脱"低收入、低消费"传统政策观念的束缚，大力调整收入分配关系，启动最终消费需求

近年来出现的最终消费需求不足的问题，从现象上看是由于居民消费结构进入升级换代期、收入预期下降、支出预期上升等原因造成的。但是，深层次的原因，却在于分配体制上的缺陷，收入分配关系没有及时调整以适应经济发展和体制变革的要求。

首先，随着经济体制逐步改革，原有体制内居民收入的实物化、集团化和福利化程度降低，货币化程度提高。但总体来说，

原有体制内的分配决策仍然受到"低收入、低消费"观念的制约，致使居民可分配收入和消费的增长，除个别短暂时期外，总是持续滞后于国民生产总值的增长。在改革开放初期国民收入分配一度向个人倾斜，居民收入特别是农民收入经过一段快速增长以后，1986—1998年期间，城乡居民收入增长呈下降趋势，人均收入的年均增长率比同期GDP的年均增长率少4%，比同期人均GDP的年均增长率少2.6%。居民可支配收入增长相对于国内生产总值增长的持续下降，导致了居民消费增长率及消费率下降。据一项研究测算，1996年我国消费率已降到56.09%，远低于处在类似发展阶段的1975年的韩国（81.53%）、马来西亚（74.17%）和泰国（77.88%）的消费率。国民收入分配中居民可支配收入比率下降，从而消费率的下降，是形成目前我国最终消费需求不足的一个重要原因和背景。

其次，在居民人均可支配收入增长趋缓的同时，社会居民中不同阶层之间收入水平差距拉大，带来居民平均消费倾向的降低；城乡居民收入水平差距拉大，使得农村消费市场发展迟滞；东中西部地区经济水平差距拉大，也造成地区间消费市场发展出现不平衡。

最后，随着住房、医疗、教育等支出市场化程度的提高，原有体制内居民不得不在工资结构没有根本改变的情况下，运用即期收入和长期储蓄进行支付。传统计划经济体制遗留的"低收入、低消费"的决策思路没有了实物性和福利性收入的支持，已经不再适应现阶段经济发展和改革的要求，人们越来越把未来生活的保障和改善寄托于增加储蓄和开拓体制外的收入。体制外企业的居民的收入和支出都由市场决定，其与体制内低收入、低消费的反差，则由于所得税未能发挥再分配杠杆功能，财政转移支出又受制于国家财力，因而难以得到有效调节。因此，我认为，传统的"低工资、低收入、低消费"的分配观念和政策思路已到了难以为继的地步，必须明确地提出来加以解决。

收入分配关系的调整涉及许多方面，需要多方面分工协调，综合解决。就与财政政策有关的方面来说，当前迫切需要研究解决的问题，一是在观念上，对国民收入分配的调节，要摆脱传统计划经济遗留下来的"低工资、低收入、低消费"决策思路的影响。首先要从调整体制内人员的收入水平入手，以处于类似我国发展阶段国家和国内体制外市场决定的工资收入水平为参照系，结合福利保障制度货币化的改革，大力调整公职人员和国有经济职工的工资待遇，包括大幅提高企业家年薪收入，使之与其承担的责任和风险相适应，以及普遍提高低收入员工和离退休人员的收入，等等。提高体制内人员的收入水平和预期，对于稳定全社会的预期和刺激消费需求，将起重大影响作用。当然，这不等于鼓励不切实际的"高消费"。二是通过改革和规范税费征收制度。认真落实对企业和农民的减负政策，为提高职工和农民收入水平和购买力创造有利条件。三是适当增加转移性支出的比重，加大国家财政对建立和完善社会保障制度的支持力度，对住房、医疗、教育和就业制度需要财政支持的改革要实行反周期操作，当前要结合扩大内需对居民支付的改革费用进行适当的货币化补偿，减轻居民支出中的改革费用负担，稳定居民的支出预期。四是提高个人所得税的税基和累进税率，开征财产税、遗产税，推行存款实名制，以缓解收入差距过大的矛盾。

以上各项涉及财政政策的举措，凡与减收增支有关的，都会发生扩张性财政政策效果，但其所启动的，不是政府投资和民间投资，而是最终消费。因而其支出性质不属于建设性预算（账户），而属于经常性预算（账户）范围。我国财政预算制度规定，经常性预算是不能借债打赤字的。那么为了弥补减收增支造成的收支差额，应如何筹措财政资金？首先仍然要依靠努力增收节支和优化收支结构，增加经常性收支节余来解决。其次要结合国有经济的重组，有效利用存量资产来解决。如果仍然一时解决不了，则不应排除增发国债扩大赤字的方式，作为一种短期应急的反周期财政手段来用。当然，安排这种国债和赤字时，需要在经常性账户和建设性账户的关系上作一些必要的调整和灵活处理。总体来说，无论是直接启动消费还是启动投资的减收增支，我以为都应属于扩张性财政政策的范围，都是将现时过量的储蓄和存款转化为消费和投资的有效手段，是今后继续实施积极的财政政策时可以同时考虑的选择。当然，积极的扩张性财政政策还要与适当松动的稳健的货币政策协调运用，其边界为社会剩余储蓄及其反映的实物经济潜力，因此要谨慎防止越过此一临界点，避免重蹈经济过热和严重通胀的覆辙。

产权通论*

——评《产权通论》

（1999年4月27日）

随着我国经济体制改革的不断深入，人们对改革中遇到的矛盾和问题的认识也不断深化。经济学界对产权问题的探讨从20世纪70年代末就开始了，从提出国营企业改革问题，到党的十五大提出公有制实现形式多样化这个重大命题，其间经历了20年的探索。北京出版社出版的由刘伟和李风圣合著的《产权通论》一书，正是这种探索的一个成果。它在我国有关产权问题研究成果的基础上，从中西方对比研究中，探讨了产权和产权制度问题。读后感到这本书有这样几个特点。

第一，本书从权利制度安排上看待产权命题，认为产权作为关于财产的权利，其内涵包括各种财产权利在内的权利约束，而不是单指一种权利；产权权利是一种上层建筑范畴；重要的是企业法人产权；产权不等于所有权，是比所有权更为复杂的概念，对产权的定义必须与现代经济背景相联系。这种认识是有来由的。改革开放之初，我们对产权问题的理解是与对古典企业的认识相联系的，古典经济学对企业的认识是依据业主制企业作出的判断，更注重从使用价值的角度看问题。现代经济不断发展，且日趋复杂化，现代西方经济学对此的认识也有一个过程。到了20世纪30年代，才对现代股份公司所有权与经营权分离问题进行了

* 原载《人民日报》。

分析，企业与市场的边界问题才提出来。到了20世纪七八十年代以后，西方经济学才从委托代理和契约理论两个角度，重新认识现代经济条件下的产权关系。本书正是从经济发展史和经济思想史的角度来认识产权和产权制度问题的。从这样一个角度入手，容易搞清楚产权问题的来龙去脉，同时，也为讨论问题提供了一个逻辑起点。

第二，该书将产权制度与企业制度、市场制度和国家制度联系在一起考察，拓展了人们对产权问题和产权制度的认识空间。产权问题是企业制度选择的基准，根据剩余索取权和控制权的安排，可以选择现代公司制，也可以选择合作社制、俱乐部制等。正是产权的这种性质，在市场经济条件下才要求在不同的交易主体之间必须有明确的界区，市场经济的主体秩序、交易秩序、法治秩序和道德秩序才能建立起来。国家制度的安排很重要的方面，就是有关降低交易成本、规范交易秩序的。

第三，该书将产权制度安排看作是资源配置的三种主要制度安排——企业制度、市场制度和国家制度安排的基础性制度安排。从该书的结构框架上来看，作者从资源配置效率的角度出发，研究了三种主要制度——企业制度、市场制度和国家制度的替代关系，认为要使三种制度相互依赖、相互制约、相互作用，就必须将财产制度界定清晰，权责对称，因为这是制度选择的基准。

第四，该书用产权理论分析了我国国有企业改革问题。它从信息不对称和委托代理的角度探讨了国有企业公司治理结构问题，并提出通过产权改革，在既不失其公有属性的基础上，又能够满足市场经济对企业产权制度的一般的要求，从而为社会主义市场经济创造必要的微观企业制度条件。

对我国经济形势与宏观调控
一些问题的看法*

（1999年8月23日）

一、我国近期经济形势分析

大家知道，我国经济增长是在波浪起伏中前进的。上一次经济过热的高峰是在1992—1993年。从1993年夏天开始加强和完善宏观调控，主要是实行适度从紧和灵活微调相结合的政策措施，使经济逐渐降温。国内生产总值增长幅度，从1992年14%的峰值，1993年降为13.2%，1994年降为12.6%，1995年降为10.5%，1996年降到9.7%；物价上涨幅度也从1994年21.7%的峰值，回落到1996年的6%。这样，经济过热和通货膨胀得到了有效的控制，中国的经济成功地实现了"软着陆"。目前，人们认为经济增长速度的几年持续下降是正常的。进入1997年，人们起初以为"软着陆"成功后，我国经济运行已经到了谷底，经济增长率下降的趋势应该稳住了，或者应该重新回升。可是1997年经济增长率却逐季一路走低，全年降为增长8.8%，比上年又跌落了将近1%。这一下降趋势进入1998年仍未止住。1998年第一季度GDP增长7.2%，第二季度增长6.8%，1998年上半年算下来增长7%。为什么"软

---

* 1999年8月23日在中国经济规律研究会年会暨'99全国中小城市发展战略研讨会上的专题报告，根据录音整理。原载《经济学动态》1999年第10期。

着陆"成功后一年多，中国经济增长仍在逐季放慢？去年（1998年）此时在一个研讨会上我初步分析了四个原因：一是前几年"软着陆"过程中，经济增长降速有一个惯性，不能一下子刹住；二是近年来经济改革和结构调整的力度加大，虽然这最终会有利于提高效率和促进增长，但近期的企业重组和职工下岗，却带来暂时抑制增长的因素；三是东南亚金融风波对我国外贸出口和引进外资的负面影响逐渐显露；四是针对上述问题采取的对策措施，还没有来得及跟上、到位、发挥作用。现在看来，这几条分析仍不错，但不够，还要加上几条：（1）由于改革开放以来经济体制转换和经济发展战略转换的效果，我国长期的短缺经济逐渐被买方市场所代替，开始出现供大于求的局面，现在正好处在这个转变的节骨眼上；（2）由于传统经济体制和增长方式的缺陷仍未消除，造成低技术层次低质量水平的盲目投资、重复建设，带来生产能力和产品供应的结构性过剩现象，又缺乏优胜劣汰的机制加以消解。此外，还有人指出，"软着陆"过程中，投资增长率大幅下降后，一向偏低的投入产出率未曾提高；结构调整过程中，新的经济增长点远远未能形成等，都使得经济增长率难以止住下降。这些都可以解释为什么"软着陆"成功后GDP增长速度仍继续下降。

针对"软着陆"成功后经济运行出现的问题，宏观调控当局陆续采取了一些放松金融的措施，包括几次降低存贷款利率、取消银行贷款的额度管理限制、调低银行存款储备金率等。1997年第四季度以来，随着对于境外经济风波影响和境内经济收缩走势认识的加深，金融松动的措施一步步强化。但近年的实践证明，在目前情况下主要依靠银行贷款等金融手段来刺激经济的做法，已不如过去那样有效。例如，1997年以来连续几次降低存贷款利率，市场反应并不明显，正是说明了目前用货币政策刺激经济增长的局限性。原因何在呢？（1）银行在商业化改革中因防范金融风波，更加重视贷款质量，这是对的，但出现了"惜贷"现象；（2）企业在改革中自我约束有所加强，投资决策趋于谨慎；（3）过去几次利率下调的幅度低于物价下降的幅度，致使实际利率提高，企业赢利前景不佳；（4）去年扩大内需首先从扩大基础设施建设投资着手，而基础设施建设有许多项目属于公共产品或准公共产品，具有明显的外部性特点（有社会经济效益但投资者不能得到直接回报），这部分投资很难通过降低利率扩大信贷的方式来刺激，而宜于由政府投资来进行。所以在运用货币政策的同时，更要偏重财政政策刺激需求来启动经济。去年年中推出的所谓"积极的财政政策"，实际上就是扩张性财政政策，其主要内容是采取适当增发国债的办法，从银行和社会吸收资金来支持对基础设施的投资，并配合以适当松动的（又叫稳健的）货币政策来启动经济。去年年中我们指出，随着这一系列松动的宏观调控政策的落实，1998年下半年我国经济增长将扭降回升，1999年上半年也可以保持稳定势头。实际结果是，GDP增长速度由1997年的8.8%，1998年第一季度的7.2%，第二季度的6.8%，从这个低点回升，第三季度上升为7.8%，第四季度上升为9%，全年达到增长7.8%。这个速度是在国际金融危机对我国负面影响加深和发生了特大洪涝灾害的情况下实现的成绩，实在是得来不易。

　　在1998年增加财政投资、扩大国内需求一系列政策措施发挥惯性作用的影响下，进入1999年，国民经济在整体上仍然保持平稳发展的态势。第一季度GDP同比增长8.3%，比上年同期增幅大了1.1%，应该说是一个不低的速度。然而如果与上年第四季度增速9%相比，则有所减缓。第二季度GDP增幅进一步下降，为同比增长7.1%，上半年算下来同比增长7.6%。增长放缓的直接原因是工业和第三产业增速下降，尤其是工业生产上年第四季度同比增长10.9%，今年（1999年）第一季度降为10.1%，第二季度为9%，呈明显逐步回落趋势。这个一路下降的发展态势值得我们注意。今年3~4月以来国际国内形势又发生一些新的变化，国内经济发展中的一些问题更加明显地表现出来，有效需求不足的问题尤为突出，外贸出口和外商直接投资下降，消费需求持续不振，价格总水平继续下降，对于这些问题必须引起高度重视，及时加以解决。由于今年拉动经济增长的三大需求都不太好，特别是3~4月以来固定资产投资增长幅度下降较大的影响，再考虑去年经济前低后高的走势，今年下半年同比经济增长基数增大，全年要达到原预计7%的困难加大。因此，必须采取有效措施，进一步刺激三大需求，促进经济增长。

近年来人们对增长速度的认识逐渐冷静，去年年底经济工作会议已把经济增长速度作为预测性和指导性指标。目前出现的速度趋缓，本身不值得大惊小怪。但我国目前处于就业压力加大时期，增长速度过低不利于缓解就业压力。同时，经济增长速度去年下半年刚刚回升，今年如一路回降，表明我们一年多来启动经济的措施未能遏制住下滑惯性，这种情况需要认真研究对付。

二、积极财政政策的效应与持续时间

1998年我国为应对国际金融动荡、国内经济运行变化和体制转换所引起的需求不足，采取了扩大内需的方针，特别是在适当的货币政策配合下，着力推出积极的财政政策。这些政策措施对去年卜半年经济增长速度扭降转升和推动今年上半年继续快速稳定增长起到了积极作用。同时应当看到，迄今扩张性的财政政策所启动的主要是政府的公共投资，一些相关的投资品产业的市场情况也有所改善，但对于非政府的社会民间投资和居民消费需求的拉动则不很明显。比如，去年国有单位固定资产投资增长幅度为19.6%，集体单位投资下降3.5%，而个体投资仅增长6.1%，非国有经济投资合计仅增长8%；1980—1998年19年间非国有经济投资年均增长27.3%，比国有经济投资年均增幅高9%，而1998年却出现非国有经济投资增幅低于国有11.6%的大转折。目前，内需不足对经济增长的制约作用仍然存在，主要表现在商品零售价格和居民消费价格指数负增长的趋势尚未根本扭转，零售物件指数已连续下降20个月，生产资料价格指数下降明显增长，通货紧缩的迹象仍在加深，失业和下岗情况未见缓和。

　　大家知道，过去我国中央政府在经济低谷时采取财政投资启动经济是很有效的，往往很快就把地方和部门的投资以及居民消费需求带动起来。当时有个经验的说法，就是相当于固定资产投资的40%转化为消费需求，"乘数"效应很明显。为什么这次增加政府投资对启动社会总需求的效应不如过去那样全面而迅猛呢？

　　从投资需求方面看，经过20年的体制改革，我国投资主体趋于多元化，投资行为趋于市场化，投资风险机制逐渐强化，企业、银行的财务约束逐渐硬化。所有这一切使中央政府的投资决策，不能像过去计划经济时代那样容易启动地方、部门和企业的投资行为，再加上前述原因形成的当前供大于求、最终需求拉动不足以及物价持续走低的市场情势，影响了投资收入预期和投资者的投资意愿，导致了社会投资启动过程缓慢。

　　从消费需求看，经过20年的改革，我国居民从过去被动的配给对象转变为自主的消费者，居民消费行为逐渐理性化，预期因素在消费行为中起着越来越重要的作用。在传统的"低收入、低工资、低消费"观念仍然主导着经济决策的条件下，随着住房、医疗、教育、养老等社会保障制度的改革，原有实物性、供给性、集团性、福利性的消费逐渐减少，原有体制内居民市场性支出逐渐增加，而货币性收入却没有随着经济发展相应同步提高。减收增支的预期、下岗失业的阴影、收入差距的拉大，都导致了居民可支配收入的边际消费倾向下降，边际储蓄倾向上升。由于现行积极的财政政策不触及收入分配关系的调整，消费需求也不可能对扩大内需的宏观调控作出迅速反应。

总之，由于投资需求和消费需求机制上的变化，政府财政公共投资的"乘数"效应有所减弱。再加上供给方面的激励机制（特别是企业家的激励机制）迟迟未能形成，国有企业一般缺乏必要的创新动力，供给结构不能迅速调整以适应新的需求格局，更加限制了现行积极财政政策拉动社会投资和消费需求的实际效果。此外，还需指出，去年以来实行积极财政政策过程中，未能始终一致地坚持扩张性方向，如财政收入方面增发1000亿元国债的同时，增加税收约1000亿元，尽管从加强税收征管本身来说是必要的，但在时机上却使增发国债的扩张性效应在很大程度上被紧缩性的税收政策所抵消，而对于非国有经济企业来说，紧缩性效应甚至大于扩张性效应。还有增加的政府投资局限于产业链条较短的基础设施项目，国债投资支出结构与方式没有很好地同启动民间投资和居民消费结合起来。这些都削弱了积极的财政政策的实际启动效果。

正是基于财政投资"乘数"效应减弱的判断，前些时我国理论界一些人士认为，依靠政府投资拉动经济的作用，只能持续到今年上半年。今年下半年和明年（2000年）再用这个办法将要失灵，主张要出"新招"，寻找新的启动手段，主要是更多依靠增加货币和信贷的供应，着力于直接启动民间投资和消费，这样来弥补和接替积极的财政政策效应减弱后的经济增长动力。

我认为，在目前社会投资和居民消费相对于政府投资来说启动比较缓慢的情况下，强调直接鼓励民间投资和消费，并增加金融支持的力度，这是正确的和必要的。事实上，今年的经济工作在这些方面已安排了不少积极措施。第一季度以来，货币供应量增幅比上年同期明显上升。今年6月又进行了1995年以来第七次降低存贷款利息率，并采取了活跃股市的措施等。当然这些都是在继续发挥积极财政政策主导作用的同时进行的。去年增发国债用于加快基础设施建设投资的相当大部分，结转到今年上半年继续支用；今年上半年又几次增发国债用于增加今年赤字预算投资。今年人大通过的预算，赤字由去年的960亿元增到今年的1503亿元。今年发行国债3415亿元，略低于去年，发债速度也低于去年。那么，从今年下半年起，积极的财政政策是不是将不再作为启动经济的主要支撑了呢？我以为，这样的判断恐怕还嫌早了一点，实践的发展也否定了这一判断。

第一，启动社会投资和居民消费也需要有一个过程，而不是一蹴而就的。社会投资主要制约因素是资金和市场。从资金方面看，在目前社会储蓄大于投资、金融系统存大于贷差额颇大的情况下，宏观上来说资金问题不大，微观上主要是储蓄转化为投资的机制障碍有待消除，需要建立通畅的金融通道。目前问题更大的是市场不振，归根结底要害仍在于居民的最终消费需求不足。各方面提出来的启动居民消费的招数颇多，但大多不易立竿见影。就拿当前人们议论最多的"消费信贷"来说，这的确是促进消费的一个好办法，从长期来看是个发展方向，不仅汽车、住房，而且其他一些耐用消费品、房屋装修、教育费用等均可实行。然而从近期看，遇到居民消费观念不习惯于寅吃卯粮，收入水平低不敢问津，信用担保难保证，手续繁琐，贷者却步，障碍甚多，进展的步伐并不尽如人意，出现了所谓"叫好不叫座"的现象。那么，降低利率、搞热股市能否刺激消费呢？在居民储蓄动机主要是为了保障未来生活而不是为了赚取现时利息情况下，降低利率并不能明显起到刺激消费降低储蓄的作用。上海的一份储户调查显示，储蓄动机中除日常生活费用外，子女教育费占16.3%，购房占16%，养老占13%，抱这些动机的居民是不会因利率调低而改变其储蓄安排的。何况一般工薪阶层平民百姓区区存款难以产生食利奢望，利率高一点低一点对他们影响不大。至于股市与消费的关系，不少人士鉴于一些发达市场经济国家和地区的现象，认为炒热股市可以通过股票升值、财富放大的效应，使人们心理上产生一种丰富感，从而刺激他们花钱购物。但我国目前股市市值总数只占GDP的1/4，其中流通股只占7%~8%，远低于发达国家和地区（1994年美国为71%，日本为70%）；至于股民或个人投资者占居民比重，号称4000万股市投资者，除去机构投资者和重复登记者外，股民占居民总数不到3%，而美国此比重为40%，日本为22%。总之，我国股市虽然发展很快，重要性在增加，但在国民经济中比重仍不大，实体经济的主体部分仍在股市之外，基本不受影响，倒是股市反过来要受大市（宏观经济总体）的影响。中国股民多数是中小个人投资者，赚了一笔钱主要是重新投入股市，很少大撒手花钱消费。当然这次降息幅度较大，股市牛劲也不小，吸引了部分储蓄转入证券市场。这对松动部分企业上市融资，减轻银行存大于贷的利息负担，促进间接融资向直接融资的转化是有积极作用的，这应予肯定，但能否激起广大企业的投资意欲还很难说，因为这要依存于市场需求和企业赢利指标能否上去。因而降息和股市升温对市场消费需求的影响，目前还不能期望过大。总之，在居民最终需求和社会投资尚未有效启动成功以前，以政府投资为主导的积极财政政策看来还不能放弃。

第二，去年以来由积极财政政策开启的基础设施建设项目，工期长规模大的，需要继续投资才能建成，近期项目建成以后，还要有后续项目来接替，才能保持增长势头，否则会发生建设投资的断层现象，造成损失，影响增长波动幅度。这个判断是今年4月我在中国社科院春季形势分析座谈会上讲的，接着果然出现了断层的迹象。今年4月以来，国有及其他经济类型固定资产投资增幅比第一季度急剧下降（第一季度同比增幅22.7%，4月为

11.3%，1~4月为18.19%，1~5月为17.6%），其中一个重要原因就是去年7月开始的国债投资集中期已经基本过去，国家特别国债支持的一些重点工程特别是赶在汛期到来之前完成的水利工程项目陆续完工投产，实际投资工作量相应减少。为防止投资增长和经济增长断层现象的加深，就更需要继续增发国债注入必要的政府投资，继续实施积极的财政政策。

第三，政府投资"乘数"效应的减弱，并不意味政策失效，这里有一个时滞问题、有产业链条短问题、有配套资金不到位问题等。只要政策实施力度和时间足够，配套资金足额到位，后继投入及时续上，行程中不发生断层现象，其推动经济增长后续作用的增强，是不容忽视的。所以，春季形势分析座谈会时我就提出，在直接启动民间投资和消费的措施尚未发挥足够有效作用以前，以及在出口需求不振的局面尚未扭转的情况下，为了支撑必要的经济增长幅度，今年下半年以至明年上半年，继续坚持积极的财政政策还是必要的。

三、继续坚持积极财政政策的能力空间分析

积极的扩张性财政政策是一项特殊情况下实行的特殊政策，作为防范和治理通货紧缩的短期手段，不宜长期实行。从中长期来说还是要坚持适度从紧、动态平衡的财政政策，我们较早地指出了这一点，这也是我国许多有识之士的共同看法。由于前述原因，现在看来，这个特殊的短期政策延续的时间可能要比人们的设想还要长一点。问题在于人们担心今后一段时间我国经济有没有支撑财政赤字继续扩大的能力空间。这个支撑能力空间可以从以下几个层次来分析。

第一，国债余额和财政赤字占财政支出的比率。我国财政支出对国债和赤字的依存度相当高，据测算1998年国债余额占当

年财政支出的比率为76.7%，大大高于国际公认的警戒线（25%~30%）；赤字占当年财政支出的比率达15%，相当于1990—1995年美、加、英等国的平均水平。这表明，如果单纯从财政能力的角度来把握扩张性财政政策的空间，那么，由于目前我国财政收入占GDP的比重较低，因此除非提高这一比重扩大政府的财政能力，否则，以国债或赤字方式支持的政府投资进一步扩张的空间有限。但我们不能单纯地就财政论财政，而要把财政作为政府调控经济的手段和工具，考察国债、赤字同GDP的关系。

第二，国债余额和赤字占GDP的比重。这是更全面更综合地反映一国举债能力和赤字负担潜力的指标。我国以国债或赤字方式动员的社会资源比率并不高。据测算，1998年、1999年国债余额占当年GDP比重约为10%，赤字占当年GDP比重分别为2.2%、1.7%，债务和赤字的相对规模均低于国际标准，如"马约"对加入欧元体系国家的控制线分别为60%和30%。因此，如果从全社会可动员资源的角度综合考虑，那么财政政策进一步扩大的空间还是比较乐观的。

第三，国家综合负债指数。国家实际负担的债务规模除国家预算公布的赤字债务外，还有银行不良贷款、政府担保的外债等。据一项测算，中国国家综合债务占GDP的比率，1998年为50%左右，低于许多国家。这表明我国仍然有相当大的发债余地。

第四，从整个国民经济储蓄与投资的关系来看，我国储蓄率较高，应该是有利于经济增长的。但当前居民储蓄增长过快，而且在继续加快，则反映了消费需求的疲软和资源的闲置。近年来虽然银行利率多次下降，每年储蓄仍以七八千亿元的幅度迅速增长，光是今年前5个月就增长了5599亿元，储蓄余额近6万亿元。这么大的储蓄额中相当一部分未能转化为有效投资。统计显示，全部金融机构今年5月末各项存款余额（不只居民储蓄存款，还包括企业存款等）约10万亿元，各项贷款余额约9万亿元，存大于贷12 543亿元，这说明进一步实施扩张性财政政策，扩大利用国债进行政府投资，还有很大的空间。

综上所述，进一步实施扩张性的积极财政政策，在目前既是形势发展的迫切需要，也有实际可能。现在的问题是，在进一步实施扩张性积极财政政策时，如何把握好扩大内需的机遇，结合好适当松动稳健的货币政策，合理安排政府投资方向和调整财政收支结构，以提高财政货币政策的绩效，直接引导、启动社会投资和居民消费，通过加快发展和深化改革来提高国家财政能力。只要国家财政能力能够随着国家经济实力的增强而提高，偿还国债、削减赤字，中长期平衡国家预算是可以做到的。

四、调整财政收支结构和政府投资方向

近年来我国宏观调控的实践证明，单纯依靠政府投资未能很快启动非政府的社会投资和居民消费，如前所述除其他原因外，这里还有财政收支结构和投资导向问题。去年以来为扩大内需而增发的国债，限用于基础设施建设，而不用于加工业及其他方面，其目的在于克服国民经济中的短线"瓶颈"，增强发展的后劲，并避免再蹈重复建设覆辙，这一决策无疑是正确而有效的。但在扩张性财政政策安排的投资中，一般比较偏重于资本密集、规模较大并由政府全资包揽的重点建设项目，而对劳动密集的、中小规模的以及吸纳社会民间资本参与的生产建设项目，则较少考虑。至于将增发的国债用于消费性的转移支付，如支持社会保障和教育等方面的支出，则碍于预算制度，更欠考虑。以上种种原因，再加上金融体制和信贷政策的配合上存在的问题，导致了去年以来实施的扩张性财政政策难以取得迅速带动民间投资和消

费的成效。今年进一步实施积极的财政政策，增发国债，扩大政府支出，我以为需要考虑调整财政收支结构和政府投资方向，使之有利于民间投资和最终消费的启动。

第一，要在坚持基础设施为主的投资方向，继续加强对一些薄弱环节设施建设如农村电网、城市公用设施等建设的同时，大力加强对传统产业特别是装备工业的技术改造投资和新兴高科技产业的风险投资，以促进我国产业结构的升级和国际竞争能力的提高；在继续兴办资本密集规模较大的工程项目的同时，要较多地考虑劳动密集而技术含量也不太低的中小型生产建设项目，以便更广泛地调动地方和企业的投资意愿，并较好地解决就业问题。

第二，要创造条件，允许非国有经济参与基础设施项目和非竞争性行业的建设与生产，不可再迷信固守那种基础性、非竞争性行业由政府办，非基础性、竞争性行业由民间办的传统分工观念。从发达国家的实践经验来看，只要制度安排得当，非国有经济也会积极而有效地参与基础设施建设和非竞争性行业如交通、电信业等的投资。因此，除少数特殊例外，要废除政府全资独家包揽的做法，要广泛运用财政贴息、政府控股或参股、财政担保等手段，来充分调动、吸纳社会资金参与基础设施、基础产业、高新技术、传统产业的技术改造等方面的投入。我很欣赏人们用"四两拨千斤"来形容这种财政政策的效果。在目前社会储蓄资源较为丰富、银行可贷资金较为充裕的条件下，从有限的国家财政投资中拿出相当的比重来起这种杠杆或带动作用，肯定能比政府独家包揽的直接投资收到更大的效果。不仅非竞争性领域的增量投资采取这个办法，包括竞争性领域在内的存量资产也可以结合国有资产的战略重组，通过国有资产的逐步退出，拓宽非国有经济的投资空间。总之，要改革长期以来形成的限制民间投资范围的歧视性投资体制和政策，使非国有经济能够进入更广泛的投资领域。当然，实行这些重大举措，既需要财政政策的启动，也需要货币信贷政策的配合。财政政策方面，要考虑必要的税收减免，对国家鼓励投资的领域实行税收的抵免、加速折旧等扶持措施，对高附加值产业适当降低增值税率，对电机产品等出口继续提高出口退税率，等等。货币信贷政策方面，关键是要建立和完善中小企业和投资者的融资安排，解决非国有企业筹资困难、投资成本过高问题，以有效地支持和引导社会民间投资。这个问题已引起广泛注意，但还有大量工作要做。

第三，扩张性财政政策的政府支出，理论上实践上都可以不限于建设性投资，也可以包含直接增加公共消费和影响居民收入与消费的财政支出。比如，当前为了启动居民消费，可以考虑适当增加提高职工工资的支出，完善居民服务的支出，支持社会保障制度的支出等。大家知道，财政对国民经济有三条最基本的功能：一是发挥社会稳定器的作用；二是调节收入分配的功能：三是资源配置功能，其中最直接的是财政投资。最近媒体讨论中有人提出这三个功能中，一、二比三更应优先考虑，认为即使从纯粹影响需求的角度分析，优先考虑财政的稳定和再分配功能也是合理的，举例说，假如不是把1000亿元国债用于投资支出，而是用于对贫困阶层的救济、对下岗职工的补贴、对失学儿童的资助、建立各种保障基金或者用于对农民贷款的贴息等，其对需求的作用也许会更大，因为这些人口边际消费仍然是相当高的。我看作者的原意并不是否定财政的投资功能，而是强调财政（包括国债手段）的直接影响收入分配和消费倾向的功能，这是有一定道理的。与此相关的一些问题，下面再讲。

五、调整收入分配关系，启动最终消费

近年来出现的最终消费需求不足的问题，从现象上看是由于

居民消费结构进入升级换代期，收入预期下降，支出预期上升等原因造成的。但深层次的原因，却在于分配体制上的缺陷，收入分配关系没有及时调整以适应经济发展和体制变革的要求。

第一，随着经济体制逐步改革，原有体制内居民消费的实物化、集团化和福利化程度降低，货币化、工资化程度提高。但总体来说，原有体制内的分配决策仍然受到"低工资、低收入、低消费"观念的制约，致使居民可支配收入和消费的增长，除个别短暂时期外，总是持续滞后于国民生产总值的增长。在改革开放初期国民收入分配一度向个人倾斜，居民收入特别是农民收入经过一段快速增长以后，1986—1998年，城乡居民收入增长呈下降趋势，人均收入的年均增长率比同期GDP的年均增长率少4%，比同期人均GDP的年均增长率少2.6%。居民可支配收入增长相对于国内生产总值增长的持续下降，导致了居民消费增长率及消费率下降。据一项研究测算，1996年我国消费率已降到56.09%，远低于处在大体类似发展阶段的1975年的韩国（81.53%）、马来西亚（74.17%）和泰国（77.88%）的消费率。国民收入分配中居民可支配收入比率下降，从而消费率下降，是形成目前我国最终消费需求不足的一个重要原因和背景。

第二，在居民人均可支配收入增长趋缓的同时，社会居民中不同阶层之间收入水平差距拉大。最近统计表明，我国城镇高收入户人均月收入为10 962元，低收入户为247元，前者是后者的44倍（这是分组平均数，实际个体差距更大），从今年第一季度看，高收入户收入增长6.9%，低收入户增长1.9%，收入差距仍在扩大。高收入家庭生活必需品消费需求早已满足，住、行、消费需求也基本饱和，他们钱多花不出去，边际消费倾向较低。低收入家庭是多数，他们的潜在消费需求是有的，但因收入增幅下降而难以转化为现实消费需求，这就使得总体边际消费倾向下降。由于绝大多数靠工资收入的消费能力不足，再由于农业农村生产结构调整滞后，农民生产的农产品卖不出好价格，导致农民收入和消费不足，城乡居民收入水平差距拉大，使得农村消费市场发展迟滞。此外，东中西部地区经济水平差距拉大，也造成地区间消费市场发展出现不平衡。

第三，随着住房、医疗、教育等改革使居民消费支出市场化程度提高，原有体制内居民不得不在工资结构没有根本改变的情况下运用即期收入和长期储蓄进行支付。传统计划经济体制遗留的"低工资、低收入"的决策思路如果失去了实物性和福利性收入的支持，已经不再适应现阶段经济发展和改革的要求，人们越来越把未来生活的保障和改善寄托于增加储蓄和开拓体制外的收入。体制外企业和居民的收入与支出都由市场决定，其与体制内低收入、低消费的反差很大。1991—1997年居民消费中来自制度性工资收入总额每年增长只有6.1%，而来自非制度性（偶得性）的收入每年平均增长两位数以上。收入分配中这些问题由于所得税未能发挥再分配杠杆功能，财政转移支出又受制于国家财力，因而难以得到有效的调节。

调整收入分配关系问题，现在越来越引起人们的关注。这不仅涉及公平与效益的关系，涉及廉政建设与社会稳定，而且与当前解决需求不振和市场萎靡有很大的关系。如何从调整收入分配关系入手，提高居民整体的消费和购买倾向，以启动最终消费，这个问题涉及经济体制和经济政策的方方面面，这里仅就有关财政政策方面来说，我认为目前要强调以下几点：（1）要从思想上摆脱过去计划经济体制遗留下来的对体制内人员仍实行"低工资、低收入"传统决策观念的束缚。我国生产力发展水平低，当然不能同发达国家居民的收入消费水平相比，但以发展阶段相似的国家和地区作为考虑，特别是用我国自己体制外由市场决定的收入消费标准作为参考系数，来调整体制内人员收入水平和分配关系，是可以的。（2）要结合原有实物化、福利化、集团化和供给制的消费体制的改革，大力提高体制内在职人员的制度性工资收入，适度提高离退休人员、下岗职工以及其他低收入生活困难层的收入和补贴。要进一步结合以职工收入与企业效益挂钩，建立企业家年薪制等，使之与其承担的责任与风险相适应。（3）通过改革和规范费税征收制度，认真落实对企业和农民的减负财政预算，为提高企业职工和农民的收入、购买力创造有利条件。实行必要的有利于刺激有效需求和增加有效供给的税收减免。（4）对住房、医疗、教育和就业制度需要财政支持的改革，要实行反周期操作，当前要结合扩大内需对居民支付的改革费用进行适当的货币化补偿，以稳定居民的支出预期。（5）提高个人所得税的起征点和累进税率，开征遗产税、财产税等，以缓解收入差距拉大的矛盾，抑制总体消费倾向的下降。

以上各项调整收入水平和分配关系的政策措施，都会带来增支或减收的财政后果和刺激需求的效应。但这些财政措施不是直接的政府投资并以启动民间投资为目的，而是直接的公共消费或以启动居民最终消费为目的，因而其支出性质就不属于建设性财政预算（账户），而属于经常性预算（账户）范围。我国财政预算制度规定，经常性预算是不能借债打赤字的。那么为了弥补减收增支造成的收支差额，应如何筹措财政资金？当然在实行扩张性财政政策时，我们不能大手大脚挥霍花钱，而仍然要首先依靠努力增收节支和优化收支结构来解决收支差。其次要结合国有经济的重组，有效利用存量资产的出售转让来解决。如果仍然解决不了，则不应排除增发国债扩大赤字的方式，作为一种反周期财政手段来用。当然安排这种国债和赤字时，需要在经常性账户和建设性账户的关系上作一些必要的调整和灵活处理。总体来说，无论是直接启动消费还是启动投资的减支增收，我以为都应属于扩张性财政政策的范围，都是将现时过量的储蓄和存款转化为消费和投资的有效手段，是今后继续实施积极的财政政策时可以同时考虑的选择。

六、恰当调整扩张性财政货币政策的实施力度和持续时间，避免重蹈严重通胀覆辙

以上我着重讲了在当前我国经济回升乏力的形势下，为坚持扩大内需启动经济，有必要进一步实行扩张性的财政政策，并将这一政策的运用同启动社会民间投资和最终消费需求紧密结合起来。今年已过去半年，目前除股市火爆了一阵还在波动外，其他如固定资产投资、工业生产、商品销售、物价指数等指标的走向都不很理想。时间非常紧迫，为使今年下半年和明年上半年经济增长保持良好势头，宜早下决心尽快推出新的决策措施，增大扩张性财政政策的力度，调整财政投资方向和政府支出结构。如果延缓不决或力度不够，有可能丧失时机，造成经济增长上的损失。当然，继续实行扩张性财政政策并适当加大其力度，并不排除其他扩大内需启动经济的重要政策手段，如进一步松动货币信贷供应，适当活跃资本市场，大力扶持民间中小企业，发展消费信贷，等等。如把进一步实施扩张性财政政策与这些方面的政策措施结合起来综合考虑实施。现在有些对目前我国经济回升乏力着急的人士，主张采用通货膨胀的手段（如发大票）来对付通货紧缩。我不赞成这种观点。如前所述，我们现在有每年近万亿元的新增储蓄，有超过万亿元剩余存款，足够用于适当加大扩张性财政政策和适当放松货币信贷政策的力度，而不致引发严重的通货膨胀。物价水平长期下降固然不好，实行物价基本稳定的政策总要比物价不断上涨能够创造出更为健康的心理预期。所以进一步实施扩张性的财政货币政策仍要注意适时适度，要根据外需变动和内需启动的情况，恰当调整实施扩张性财政货币政策的力度

和持续的时间。其界限仍为前述的过量剩余储蓄和剩余存款，及其反映的实物经济中的增长潜力（过剩的生产能力、富余的物资库存等），要谨慎防止越过这一临界线，避免重蹈经济过热和严重通胀的覆辙。

论中国农村的可持续发展[*]

——在农村可持续发展国际研讨会上所作报告
（1999年9月2日）

在20世纪的最后20年，是有史以来中国农村发展最快的20年。如果这种发展势头能够持续下去，中国就一定能够在21世纪实现强国梦。我们只要始终不渝地实施可持续发展战略，中国农村发展就一定前景光明。本文分四部分，第一部分介绍中国农村环境的变化和现状；第二部分和第三部分论述生态环境建设的主要内容和治理农村环境污染的主要措施；最四部分就具有中国特色的"发展模式"进行了探讨。

一、审时度势：把握农村可持续发展的起点

（一）改革前的农村环境状况

新中国成立以来，长期片面强调"以粮为纲"。大面积的毁林开荒、毁草开荒和围湖造田，对自然生态环境造成严重的负面影响；反过来，自然灾害的加剧，又对农业生产造成严重的负面影响，形成了随意性生产破坏环境、环境的恶化妨碍生产的恶性循环。据统计，在改革前的30年里，中国至少有25%的森林被砍伐了，生物多样性遭受了严重损失；围湖造田使湖面减少2000万亩；天然草地因滥垦、滥牧、滥采引起退化、沙化、碱化的面积

---

* 李周协助起草。原载《中国农村经济》1999年第11期。

约15亿~20亿亩，占天然草地总面积的1/4~1/3。这些破坏自然生态环境的行为造成了严重的恶果。改革前水土流失面积由20世纪50年代初的116万平方公里扩大到153万平方公里，增加了近1/3，每年冲走的泥土达50亿吨，累计淤积了全国水库总容量（4000多亿立方米）的1/4。沙漠化使390万公顷土地资源失去了生产力，其中，滥垦、滥牧和滥伐造成的影响为85%，水资源利用和工矿建设不当造成的影响为12%，属于沙丘移动的占3%。各种负面影响最终造成农业自然灾害加剧。据统计，从1950—1958年，全国平均受灾面积不到3亿亩；1972年至70年代末，全国每年平均受灾面积达5亿亩，增长了67%。

（二）改革以来的农村生态环境建设

改革以来，我国成为世界上经济增长最快的国家。一般而言，发展中国家的经济快速增长往往是和环境恶化联系在一起的。然而，中国的情形并非如此。最近20年，我国积极开展生态建设，虽然环境质量低和稳定性差的局面并没有改观，但经济快速增长是在环境相对稳定的状况下实现的。

1. 防护林体系建设。1978年以来，"三北"防护林体系累计造林1851万公顷，这一地区的森林覆盖率由原来的5.05%提高到8.2%。长江中上游防护林体系累计造林546万公顷，初步控制了100多个县的水土流失。沿海防护林体系累计造林160万公顷，长达1.8万公里的海岸基干林带基本合拢。平原农田防护林体系中，已有769个县实现了平原绿化，占全国平原县的84%，林网化面积占宜建林网面积的89%。太行山绿化工程已累计造林102万公顷。1996年，国家又启动了黄河中游、淮河太湖流域、辽河流域和珠江流域四大林业生态体系建设。1997年，沿边境、水系、公路、铁路的防护林体系建设也列入了政府生态环境建设工作的议事日程。

2. 绿化荒山荒地。1985年，广东省率先将绿化荒山荒地列为各级政府必须完成的任务，大大加快了绿化荒山荒地的进程。随后，这一制度安排被各省采纳。截至1995年，已有12个省区消灭了荒山荒地。经过持续20年的植树造林，全国森林覆盖率由12.36%提高到13.92%，活立木蓄积量由107亿立方米提高到109亿立方米。在世界森林面积、蓄积量仍在下降的情况下，我国出现了森林面积、蓄积量双增长的局面。

3. 治理荒漠和水土流失。全国以治理荒漠为主要目的的造林保存面积已达1000万公顷，10%的荒漠化土地得到治理。1991年，我国启动了防治沙漠化工程以后，治理速度显著加快，进入了讲规模、求效益和稳步发展的新阶段。至今，我国已治理水土流失面积53万平方公里，水土保持设施的年保水能力为180亿立方米，年减少土壤侵蚀量11亿多吨。

4. 建立生物多样性保护体系。中国地跨寒、温、热三带，具有类型多样的地理和气候环境，生物多样性极为丰富。改革前，我国自然保护区建设极为缓慢。改革以来，自然保护区建设速度显著加快，到1997年，自然保护区数量增至926个，保护区面积占国土面积的份额上升到7.64%，超过了世界平均水平。农作物种质资源保存体系已经初步形成。

5. 划定基本农田保护区。为了消除占用耕地对持续发展造成的负面影响，我国开展了划定基本农田保护区工作。目前，全国70%以上的耕地得到了有效保护。

6. 草地建设的进展。近些年来，全国共开展了49个草地牧业综合示范工程建设，截至1994年，全国累计完成人工种草和改良草地面积2亿亩，综合治理盐碱地733.3万亩，草场围栏封育1.2亿亩，综合防治草原鼠虫害面积6800万亩。

最近20年，我国自然生态环境状况的最大变化，是森林这一陆地上最大的自然生态系统开始趋于好转。有关生态破坏造成经济损失的计量研究结果显示，1993年同1985年相比，由于森林生态系统出现明显好转，生态破坏造成的经济损失减少了7.5%，其中，典型生态区由于生态破坏造成的经济损失减少了6.2%，非典型生态区的这一指标下降了8.1%。耕地生态系统尚未出现好转的迹象，但它造成的经济损失基本上没有增加。草地和水域生态破坏造成的经济损失仍在继续增大。

中国作为一个发展中国家，能够在人均国民生产总值仅为数百美元的阶段出现环境相对稳定下的快速经济增长，是很不容易的。同时又要清醒地认识到，所谓环境状况相对稳定，是相对于环境质量较低的20世纪70年代末而言的，它只表明最近20年中国环境在总体上没有进一步恶化，而绝没有环境状况已经不错的含义。中国的环境质量不仅同发达国家相比有非常大的差距，就是同自己确立的环境建设目标比也仍有很大差距。

（三）中国农村面临的环境问题

虽然20世纪80年代以来中国在控制森林采伐量、植树种草、退耕还林还草、建立自然保护区、抢救和保护濒危物种方面做了极大的努力，但还远远没有达到全面消除自然生态环境恶化状况的目标。据统计，全国约有1/3的耕地受到水土流失的危害，每年流失的土壤仍在50亿吨左右；全国仍有393万公顷的农田、493万公顷的草场受到沙漠化的威胁。化肥、农药使用量的急剧增加，对湖泊、海域等水体的富营养化加重和渔业资源种群的生境恶化，产生了更大的负面影响。我国有1亿多亩农田遭受工业"三废"污染，由此引起的粮食减产每年在100亿公斤以上。水体污染不仅影响水产养殖等农业生产，还使许多群众生活用水的清洁安全失去保障。20世纪80年代以来，沙化扩大面积已从50~70年代的平均每年1560平方公里增至2100平方公里，全国水蚀、风蚀面积已分别达到179万平方公里、188万平方公里。这些数据表明，中国农村环境还存在非常严峻的问题。

农产品污染问题开始显现出来。一项对117个商品粮食基地县进行的调查表明，受农药污染的粮食占总产量的1.12%，剧毒农药污染蔬菜导致的中毒事故频繁发生。自20世纪80年代初停止生产和使用有机氯农药后，总体污染状况趋于缓解，土壤中的"六六六""滴滴涕"残留量在大部分地区下降一个数量级以上。但是，这些有毒物质的完全降解还需很长的时间。

湖泊有富营养化的趋向。在造成水体富营养化的因素中，生活污水的影响最大，工业废水次之，肥料是第三大影响因素。中国农业科学院土肥所自1991年起连续3年对我国北方14个县所作的监测结果显示，地下水、饮用水中硝酸盐的超标率达50%，说明我国农田过量施用氮肥引起的水资源硝酸盐污染问题已经相当严重。

耕地资源被侵占的事件仍在频频发生。据统计，最近50年，修建灌溉系统、水库、道路、住房和工厂等，占用了3300万公顷耕地。近些年来大量占用耕地的现象又一次出现。我国人均耕地资源极为稀缺，且有40%的耕地土质较差，如果不把滥占耕地的势头抑制下去，后果将极为严重。

最近十多年，农村环境又遭受非农产业快速增长的冲击。虽然乡镇企业占中国污染总量的份额和污染强度还不是很大，但是，乡镇工业占全国污染总量份额的增长势头确实令人感到担忧。

据调查，乡镇工业污染物排放量的增长快于全国平均水平，其主要污染物占全国工业污染物排放总量的份额越来越大，目前，化学需氧量、烟尘、粉尘和固体废物排放量占全国工业污染物排放总量的比重均接近或超过一半，成为环境保护的突出问题和影响人体健康的主要因素。

乡镇工业污染造成的最大变化，是由过去的城市污染向农村转移和蔓延，转为现在的乡镇企业污染对城市形成包围之势。通过有关资料的分析可以发现，乡镇企业对环境产生的影响大致有以下几个特征。

1. 乡镇企业发展对环境的冲击集中在少数产业上。其中，造纸业是废水的排放大户，其废水排放量占乡镇企业废水排放总量的一半左右，废水中的化学耗氧量占我国乡镇工业废水中化学耗氧量的份额接近70%；水泥、砖瓦、陶瓷等非金属制品业是工业废气的排放大户，它们排放的二氧化硫、烟尘和粉尘分别占乡镇工业排放总量的49.9%、64.4%和76.8%。煤炭采选业和矿业则是工业固体废弃物的产生和排放大户。它们的固体废物产生量、排放量分别占乡镇工业固体废物产生量和排放量的75%和83.5%。

2. 在有污染源的产业里，乡镇工业企业造成的污染明显高于城市企业。例如，乡镇工业废水中的主要污染物（化学耗氧量、悬浮物、重金属等）的排放浓度大约是城市工业的2~3倍，有毒污染物（氰化物、挥发性酚）的排放浓度是城市工业的3~10倍。

3. 治理水平低。乡镇工业固体废物处理处置率与综合利用率都很低。例如，1995年其固体废弃物的产生量为3.8亿吨，占当年全国工业固体废弃物产生量的37%；而排放量为1.8亿吨，占全国的89%。乡镇工业的粉尘处理利用率不及城市的1/3，乡镇工业燃烧废气的消烟除尘率不到城市工业的1/5，工业废气的净化处理率仅为城市工业的2/5。

4. 乡镇企业的环境管理较差。统计资料表明：乡镇工业交纳的排污费约占全国排污费征收总额的1/10，低于它的污染份额；乡镇企业的环境影响评价制度执行率仅为22.7%，与城市大中型企业100%的执行率相比，差距非常大。

如果这种局面继续维持下去，乡镇企业必将成为中国环境污染的主体。

据环境经济损益分析研究，我国每年生态破坏和环境污染的经济损失值已达2000亿元人民币左右，约占国民生产总值的7%。中国社会科学院环境与发展研究中心所做的估计是：以1993年价格指数为折合参数，20世纪90年代初的污染损失已高达1000亿元以上，占1993年GNP的3%（不包括生态资源破坏损失）。其中，农业遭受的损失最大，占全部损失的46%；其次是人体健康，占全部损失的32.5%。

二、生态建设：提高农业可持续发展的能力

可持续发展的核心是追求代内公平和代际公平。所谓代内公平，是指同时代的所有人之间的公平，应采取的主要措施是增加贫困人口的福利，制止各种以牺牲他人利益为代价的行为；所谓代际公平，则是不同时代的所有人之间的公平，主要措施是保护资源与环境，制止各种以牺牲后人利益为代价的行为。这个目标显然是同我们追求的共产主义理想相一致的。

然而，农业的可持续发展并不会自然而然地出现。要真正形成农业可持续发展的基础，必须从以下几个方面入手，逐步提高农业可持续发展的能力。

（一）以基本农田建设为切入点，实现可耕地面积扩大到可耕地质量提高的转变

农产品的总需求会随着人口的增长而增长，后备耕地资源却会随着不断的开垦越来越稀缺，因此，将可耕地面积扩大作为增加农产品总供给的途径是难以持续的。尤其对我们这种后备耕地资源几乎不存在的国家来说，农产品供给增加的潜力在现有耕地质量的改善上，而不可能在后备耕地资源开拓上。基

本农田建设是提高现有耕地质量的基本手段，它的主要内容是修建灌溉设施和改造坡耕地。第一，要从农田水利设施建设入手，改善农业灌溉条件。第二，积极开展基本农田建设，扩大耕地中的有效灌溉面积。目前，我国耕地面积按19.8亿亩计算，水田和灌溉面积分别占耕地总面积的19%和39%。扩大灌溉面积尚有较大的潜力。第三，增加物质投入，改进灌溉方式。迄今为止，我国许多地方仍采用漫灌方式，不仅造成水资源的巨大浪费，还会造成耕地的盐渍化，进而造成生产的不可持续性。所以，改进灌溉方式，也是保护耕地生产能力可持续性的重要举措。

我国目前有5.28亿亩坡耕地，约占耕地总面积的1/3。这些耕地大多位于降水量大的长江中上游地区和降水量虽小但很集中且土壤黏性极差的黄河中上游地区，加之耕作制度不合理，水土流失极为严重，土层越来越薄，肥力趋于下降。如果不扭转这种趋势，这类耕地上的生产显然是不可持续的。这类地区基本农田建设的主要内容是"坡地改梯田"。

（二）以技术升级为切入点，完成传统生态农业到现代生态农业的跃迁

我们将生态农业技术划分为两类。一类是旨在保护资源生产潜力的技术，属于现代农业范畴，这类生态技术会随着经济的发展应用得越来越广泛；另一类是旨在挖掘资源生产潜力的技术，仍属于传统农业范畴，这类生态农业技术会随着经济的发展逐渐被扬弃。我国现实中应用的生态农业技术大多属于传统农业范畴，这是生态农业技术在贫困地区应用得更为普遍的原因。鉴于此，我们必须通过生态技术升级，使它们具有现代生态农业的特征，从而使我国农业具有可持续发展的基础。

（三）以天然林保护工程为切入点，提高生物多样性的可持续性

我国的林业建设经历了三个阶段。首先是始于20世纪50年代的一般荒山荒地绿化阶段和少数地区防护林建设，该阶段的活动对生态环境改善的贡献是很有限的。从70年代末开始，进入了防护林体系建设阶段，十大防护林体系建设工程相继启动，这些活动对特定区域生态环境的改善将随着时间推移做出越来越大的贡献。90年代末，又进入了天然林保护阶段。天然林是生物多样性最丰富的生态系统，所以保护天然林的作用绝不是荒山荒地绿化和防护林体系建设可以比拟的。

但是，对于天然林保护工程，国家和林业企业的认识和目标均不相同。国家把天然林保护工程视为保护和改善生态环境的重大举措；企业则认为是它休养生息的机遇。与这种认识相对应，国家把天然林作为生态性资源来保护，企业则把它作为生产性资源来保护。国家的目标是在准确界定所需保护的天然林的前提下使保护的代价最小化，企业的目标则是解除其面临的经济危困的效应最大化。天然林保护工程的实施，为深化国有林管理体制改革提供了一个机会。国家应抓住这一机会，使国有林管理机构与国有林业企业脱钩，从而使天然林保护工程的投入与履行政府职责统一起来，而不扭曲为花钱养企业。

在现有的天然林保护工程中，各林业局均实行一局两策，即一部分森林纳入天然林保护工程，一部分森林划为商品林，差别仅仅表现为二者的比例有所不同。每个企业同时承担两类职责，政府主管部门就难以区分保护的成本和经营的亏损，也无法控制企业在纳入保护的天然林内进行木材生产。为了降低监督成本，应通过施业区的调整，采用一局一策的做法，即在调整施业区的基础上保留一部分企业进行木材生产，另一部分企业专门从事保

护工作。企业改为事业单位后，采伐工具必须入库，运材道路必须封住。

天然林保护工程属于公共品，由此发生的费用理应由各级政府承担，不宜把部分责任转嫁到企业身上。针对目前存在的问题，天然林保护工程的资金投入必须满足足额、到位和有效三个标准。所谓足额，是指中央政府的资金与地方政府的配套资金，都必须按规划中确定的额度及时地调拨到企业；所谓到位，是指拨付到企业的专项资金必须按规划确定的项目使用，不允许挪作他用；所谓有效，是指资金在使用效果上必须达到预期目标。

（四）以植树种草、育林育草为切入点，增强自然生态环境的可持续性

最近20年，我国的自然生态环境建设取得了一定的成绩，但是到目前为止，我国仍有许多荒山荒地，所以必须进一步搞好荒山荒地的植树种草工作。荒山荒地绿化是自然生态环境建设的第一阶段，它是为受到破坏的生态系统转入顺向演替提供最基本的条件，所以，完成荒山荒地绿化以后，必须把重点转移到育林育草上来，不断提高森林和草地的质量，增强自然生态环境的可持续性。

（五）以节水和转换治水策略为切入点，提高水资源利用的可持续性

我国是一个严重缺水的国家。干旱是困扰我国农业稳定发展的主要因素。近十年，中等干旱年份缺水四百多亿立方米，干旱受灾面积三亿多亩。但是，由于输水过程中的严重渗漏与蒸发和落后的漫灌方式造成的巨大浪费，我国农业用水的有效利用率只有30%~40%，仅为发达国家的一半（70%~80%）。要提高水资源利用的可持续性，必须采用渠道防渗和管道输水以及喷灌、滴

灌、微灌和蓄水保墒技术，提高水资源的利用率。

治水策略转换也是提高水资源利用效率的重要途径。历史上治水措施确有疏堵之分，但疏堵只有疏水于门外与堵水于门外的不同，实际上都是拒水于门外的策略。在淡水资源已经十分稀缺，今后将日益稀缺的当代和未来，采取拒一时过剩的淡水资源于门外之策略的机会成本将会越来越高。要扭转这种局面，就必须改拒洪水于门外的治水策略为蓄洪水于适宜之处的治水策略。利用科学的方法、工程水库和生物水库有机结合的方式，尽可能地把这些淡水资源截留下来，为合理利用淡水资源创造条件。实施蓄洪水于适宜之处的治水策略，必须做到生物措施、工程措施和农艺措施相结合。其中，生物措施主要消除水土流失问题，工程措施主要解决降水调蓄能力不足问题；农艺措施主要解决目前的农业资源配置适宜性不强的问题。

三、污染治理：消除农村可持续发展的障碍

乡镇企业是我国农民的伟大创举。由于乡镇企业的增长速度大大高于全国经济平均增长速度，它对国民经济增长的贡献率越来越大。

乡镇企业发展中的一个主要问题是自然资源利用率低、污染治理措施少，对环境的负面影响大。如果这些问题不能得到有效解决，乡镇企业将会因为缺乏自然资源和环境承载力的支持而无法保持高速增长，进而影响整个国民经济的持续、快速、健康的增长。所以，化解乡镇企业快速增长对资源和环境的负面影响，不仅关系到已确立的近期国民经济和社会发展目标的实现，也关系到我国可持续发展战略的实施。

乡镇工业污染的表层原因是采用的技术水平低，而它的深层次原因是价格扭曲、外部规模不经济、缺乏必要的管理经费和适

宜的诱导政策，所以治理污染应采取以下对策。

1. 发育市场体系。乡镇工业以降低环境质量标准为手段提高自身竞争力的原因很多，市场机制无法发挥正常作用是其中很重要的原因。所以，尽管发育市场对于环境保护不是万能的，但背离市场是万万不能的。发育市场的具体内容是：（1）发育要素市场。资源价格由市场上的供需变动决定，诱发企业以稀缺程度低的资源替代稀缺程度高的资源，是建立资源节约型的工业体系的必要条件。在农村，水资源通常是无价的，即使有价，价格也非常低，能源也是如此。这样的价格水平难以诱导乡镇工业企业开展节约使用要素的技术创新。农村环境污染按严重程度依次是水污染、大气污染、固体废弃物污染的排序，就是这种影响的结果之一。资金市场发育滞后，乡镇企业难以筹集到更新技术所需的资金，也是其维持落后技术的重要原因之一。（2）发育排污权交易市场。实行排污许可证制度可以达到两个目的：其一是控制排污总量，其二是为开展排污权交易创造条件。目前，我国的排污许可证制度主要服务于第一个目的，而事实上第二个目的更为重要。排污权交易是利用市场机制解决环境问题的重要手段，为了提高环境治理的投资效果，应该在开展排污权交易试点的基础上，加速发育排污权交易市场。

2. 强化政府的职能。在解决环境问题方面，政府有投资的责任，但政府最主要的职责是作出适宜的制度安排，诱导和强制乡镇企业采取预防和治理污染的措施。政府的制度安排要以少数污染严重的产业为主要对象。政府管理环境的主要任务是：规定生产过程中必须达到的环境标准，为生产者创造平等竞争的环境；通过发展公共品，解决企业自身难以消除的外部不经济问题。具体措施是：（1）提高环境保护司法的能力，改变目前环境保护制度在农村执行率低下的局面；（2）改浓度限定为总量限定，以实现浓度控制到总量控制的转换，以及生产末端治理到生产过程治理的转换；（3）提高排污收费的标准，促进企业治理污染；（4）开征可再生资源利用补偿费，促进企业节约利用资源，并利用资源补偿费扶持可再生资源的培育；（5）建立健全农村环境统计和监测体系，为农村环境管理提供坚实的基础；（6）在科研资源配置上向研究、开发和推广有利于环境和资源保护的适宜技术倾斜，以提高有利于环境保护的资源节约型技术的竞争性；（7）完善环境保护投资增长机制，即企业环保投资占企业总投资的份额及其增长率与企业的利润增长率挂钩，政府环保投资占其可支配财政收入的份额及其增长率与财政收入增长率挂钩；（8）从税收、信贷等方面对环保企业的发展给予有力的扶持。

3. 设置乡镇企业发展区。在农村设置乡镇企业发展区，并设计和推行一套能使其有效运作的宏观调控政策，是消除乡镇企业发展中可能出现的环境问题必不可少的工作。乡镇企业发展区需要具备外延发展所需的空间和内涵发展所需的条件。由于各地发展水平差异较大，乡镇企业发展区在区位选择上不宜采用同一个标准。一般来说，较为发达的地区应以县为单位设置乡镇企业发展区，不发达地区应以地区为单位设置乡镇企业发展区。鉴于乡镇企业自身具有追求内部和外部规模经济、避免内部规模不经济的动力，政府在确定乡镇企业发展区时要以规避外部规模不经济为主旨。

在农村设置乡镇企业发展区是针对中国国情的选择。中国推行重工业优先发展战略的结果是跳跃了劳动密集型工业和小城镇发展阶段，造成了工业化进程中就业结构转换严重滞后于产业结构转换，城市化进程中人口聚集严重滞后于资本聚集，以及城乡经济关联度极低的格局。这些问题绝非现有城市后退几步便能解决的。时至今日，即使不考虑现有城市缺乏吸纳农业剩余劳动力的能力和体制、产业组织方面存在的弊端，大幅度地降低现有城市的总体生产力水平弥补一个劳动密集型发展阶段，在经济上也是不合理的。设置乡镇企业发展区可以从更大范围内的劳动力转移入手加速工业化进程，从提高非农产业发展的空间集聚度入手加速城市化进程。

4. 对污染源企业关、停、改、转给予适当的经济补偿。解决乡镇工业污染问题，关闭乡镇企业并非治本之策，最多只能见效于一时。乡镇企业能承受由此带来的损失，是其接受政府采取的调控措施的基本前提。为此，政府对实施关、停、改、转等宏观调控措施的污染源企业给予适当的补偿，把自己实施宏观调控政策的权利和应尽的责任统一起来，是十分必要的。

四、城乡一体：建立中国特色的可持续发展模式

按照先行发达国家的经验总结出来的所谓经典发展方式，所谓发展，就是对自然生态环境和可再生资源依赖性越来越小，它是一个工业化、城市化和市民化的过程。在这个过程中，农业（依赖于自然生态环境的可再生资源培育业）作为第一次产业的主要组成部分，它占国民经济的比重会随着经济的发展逐渐下降，是所谓的"夕阳产业"；农村作为可再生资源培育业的载体会随着经济的发展逐渐消亡；农民作为从事可再生资源培育业的主体会随着经济的发展越来越少。然而，这种发展模式很可能不是经济发展的唯一道路，而仅仅是科学发展不平衡时代的产物。更直截了当地说，它是最近一二百年里物理学尤其是机械学的发展遥遥领先于生物科学、生命科学的结果。

最近几十年，生物科学、生命科学的发展越来越快，物理学尤其机械学的发展遥遥领先的局面正在被打破，一些察觉到人类将进入生物科学、生命科学时代之端倪的有识之士，做出了21世纪将是生物科学、生命科学世纪的预测。一旦人类进入生物科

学、生命科学时代，最重大的转折可能是资源替代方向的变化，即由原来的不可再生资源替代可再生资源（如煤炭、石油替代薪炭，合成纤维替代自然纤维）的方向，转为可再生资源替代不可再生资源（如高能级的太阳能、木质能替代煤炭、石油，自然纤维替代合成纤维）的方向。随着海洋里的藻类资源和森林中的生物质能资源培育技术体系的不断升级，生物多样性资源的作用会越来越大，最终会形成以可再生资源为基础的可持续发展模式。一个对可再生资源依赖性越来越大的发展模式，替代一个对可再生资源依赖性越来越小的发展模式，绝不是人类历史的简单回归，而是人类科学体系发生重大跃迁的结果，是在更高的发展层次上产生的否定之否定。

可以想象，一旦海洋资源、森林资源和太阳能资源综合开发利用技术获得突破，不仅会对大农业的新生产生革命性的影响，使生态产业和生态农业满盘皆活，而且把整个经济增长建立在可再生资源的基础上的理想也将变为现实。此时，可再生资源将不仅是农林牧渔业的资源基础，而且是整个社会的资源基础。加上与其配套的生物化学、基因工程和智能加工系统，形成无废弃物的工艺和技术体系，对可更新资源进行加工，就将逐步替代原有的以不可更新资源为基础的工业。此时，由大气—水—生物—土地组成的生态圈，不仅是人类生存与发展的生态屏障、农业的资源基础，而且成为能源工业、生物化工业的资源基础，成为人类最主要的财富源泉，从而打破传统的第一次产业、第二次产业、第三次产业的界限，整个经济增长将建立在可再生资源的基础上，形成环境、生态与经济发展互补的局面。环境、生态和人类发展的关系将是互补的，而不再是竞争的关系。

如果说在技术上以不可再生资源为基础的发展模式将被以可再生资源为基础的发展模式所替代，那么在地域上城乡分割的发展模式将会被城乡一体的发展模式所替代。此时，所有的发展内容都会从农村中内生出来，城乡的界限会越来越模糊，直至完全消失。

我国农村发展在总体上还落后于城市，所以必须着力推进农村的发展。中国人均资源禀赋和环境容量都大大低于世界平均水平，这一基本国情表明，我们无法模仿先行发达国家的发展模式。我们必须形成具有自己特色的"发展模式"，而且我们也具备一些形成新的"发展模式"的有利条件。第一，由于实行土地公有制和严格的户籍管制政策，没有出现许多发展中国家那样的农户破产和绝大多数人口集中在少数大城市里的局面。第二，改革初期的农工商一体化和近些年来的农业产业化，尤其是乡镇企业的异军突起，为"城乡一体发展模式"的形成提供了产业基础。第三，最近十多年农村运输、通信条件改善的突飞猛进，为"城乡一体发展模式"的形成提供了基础设施基础。第四，东部沿海地区率先发展起来的农村社区，提供了"城乡一体发展模式"的雏形。只要善于总结经验，并逐步提高试验的档次，中国农村完全有可能在构建新的"发展模式"上做出贡献。可以肯定，从中国农村内生出的"发展模式"，对其他一些发展中国家的发展是有借鉴意义的。

谈当前经济政策的几个问题[*]

（1999年9月）

今年（1999年）的"两会"刚刚开过，回顾过去，展望未来，在《政府工作报告》中都讲了，讲得很好。我要讲的，主要是侧重于理论思考，就几个问题谈一些个人的认识和看法。

一、年度计划和中长期规划的性质和功能问题

在计划经济体制下，"计划就是法律"，其实当时的长远规划和五年计划也带有指导性，从"二五"到"六五"并未起到多大的指令作用。市场经济的国家和地区，有的也有年度指标，有的还制定中长期规划。我们现在的年度计划、五年计划和远景目标不再是指令性，可以理解为在预测基础上具有指导功能。所谓指导性计划，也可以理解为是宏观调控的目标和依据，具有战略性和协调性。为此，如何进行科学预测，值得认真研讨。预测不排斥预期愿望，如在偏热时适当压缩，偏冷时适当刺激，但是都要建立在客观可行的基础上，不取决于主观意志，关键在于对经济走向要认真分析，对各种因素进行定性判断和定量计算。此项工作经验不多，希望江苏积极探索。

---

* 原载《江苏经济》1999年第9期，原题为《谈当前经济走向与政策取向的几个问题》。

二、经济增长速度和质量、效益、结构问题

经济增长有一个速度问题，非常重要。作为发展中国家，速度意味着经济总量的扩大，是逐步摆脱落后贫困、增强综合国力和缩小与发达国家差距的集中标志。增加劳动就业、增加居民收入、扩大社会积累、扩大财政收入以及培育和建立新兴产业、协调地区布局等，首先取决于速度。过去还以速度来说明社会主义制度优越性，验证生产力的解放和生产关系的改善。

在速度问题上，不仅我国，第二次世界大战后的所有新兴发展中国家，都是经验和教训并存，先后在战略抉择上有所转换和变通。教训至少有两个：一是并非越快越好，过分追求高速终会事与愿违，并导致种种负面影响；二是不能片面追求速度而忽视质量、效益和结构，甚至以牺牲后者为代价。这在发达国家有成功经验，增长过速就及时调整（如提高利率），以免发生通货膨胀和产品积压。我国教训更多，除"大跃进"外，这20年来也曾不止一次出现过热，不同程度地出现大起大落，1993年后加强宏观调控，到1997年"软着陆"，花了很多功夫才实现稳定增长，明确了必须以"持续、快速、健康"为基本要求。但是，质量、效益不高和结构劣化或恶化，还待继续解决。有人认为，宏观调控过度了，造成需求不足，如果前两年就抓扩大需求，就不会出现市场疲软。这种看法不一定对。前两年物价涨幅仍偏高，不是需求不足，否则就不要"软着陆"。需求不足在1997年第四季度才开始露头。中央着手"微调"是及时的，符合矛盾暴露、发展过程和认识过程的一般规律。

增长速度必须与质量、效益统一，总量扩张必须与结构合理统一，否则也就不能持续、健康，不能快速发展。早在确定20世纪后20年翻两番目标时，就强调了以提高经济效益为前提。邓

小平谈速度，不离开效益和质量。这点，现在大家的体会越来越深刻。1998年，全国经济增长率，经过认真核算，结果是7.8%，这与各省市上报，除新疆低于此数，云南相同外，其他都在9%~11%之间，是有校正的。其实，各地情况不同，有时快些，有时慢些，才是实事求是。去年（1998年），各地的用电量、货运量和主要产品产量的增幅，与经济增长率不尽相称，还难以解释。今后多年，如能一直保持稳定增长，就非常理想了，不要再搞什么"新一轮的高涨"。适当淡化速度观，不再强调"必保"和"力争超过"，有利于把着重点真正转移到提高质量、效益和调整结构上来。江苏过去速度领先，希望今后在提高质量、效益和优化结构上也做出显著成效。至于超过全国平均的3%，今后在中西部速度上来后可能会有缩小，也不是坏事。

三、扩大内需和开拓国内市场问题

扩大内需是促进和保证经济适度增长的首要对策。采取此对策，当前固然是由于受到外部世界的影响，出口拉动有限，应当更靠内需；另外，从国情出发，应当把开拓国内市场作为我国经济发展的基本立足点和长期战略方针。这与人少地狭的小国经济发展主要靠外需是不同的。美国是贸易大国，但出口额只占GDP的11%左右，国内市场仍占主要份额。我国12亿人口是当代世界最有潜力的大市场，也是我国经济持续发展的最大优势。扩大内需，还适应了由温饱、小康走向现代化进程中不断改善人民生活的要求，有其广阔前景。发展中国家快速增长时间一般只有15~20年，我国在经过20年后还可能有20~30年，主要原因也在这里（其他原因还有人力资源丰富、储蓄率高、科技进步后发效应和城市化进程等）。

扩大内需，去年从扩大投资需求、扩大基础设施建设入手，成效显著。今年继续采取类似措施，当前必须掌握的，要有统筹规划，避免盲目性和随意性；规模不是越大越好，也有一个防止重复建设的风险。除基础设施建设外，基础产业和高新技术产业也需大量投资，要有计划、有重点地开发；除基本建设外，技术改造同样要引起重视，两者都能起到拉动经济增长的作用，值得比较和并用。更重要的是如何启动企业、社会和民间的投资，江苏乡镇企业发达，这方面门路多、潜力大。保证投资规模恰当、投资结构合理特别是提高投资效益、保证工程质量，都要有很多改进。

扩大内需，反映为最终需求，则在消费。投资大部分是政府行为并逐步转向企业行为，消费主要是个人行为，对政府和企业不该鼓励。当前个人消费不旺，原因很多，随着温饱问题的解决，人民生活向小康迈进，消费层次拉开，国内原有的一些消费热点消失或淡化，新的消费热点尚未形成。由于收入差距拉大，收入较多的阶层消费函数较低，加上对就业和收入增长不确定的预期，以及对福利保障、子女教育等方面费用个人支出将要增大的预期，居民储蓄倾向进一步强化。再加上拓展消费需求的一些基础设施条件（如道路、电网）和制度条件（如消费信贷、住房商品化）的准备进展迟缓，也影响了广大城乡市场的开拓，这些问题要从多方面着手逐步解决。当前要调整和完善消费政策，疏通流通渠道和改进营销方式，并着手改革分配和再分配体制等办法。其中开拓农村市场、增加农民收入和减轻农民负担，更有很多工作要做。

扩大内需属于需求管理，另外，还要在供给管理上相配合。现在是买方市场，有人不赞成这个提法，认为各类商品总量供大于求和求大于供并存，并能通过价格的升降给予结清。所谓买方市场，是就总体走出短缺、转向宽松而言，目前所谓"过剩经济"针对生产能力恶性膨胀，不是规范意义的买方市场。还要看到，也不是像调查所说所有商品都是供过于求了，实际上有的在品种、质量、价格、服务上并不适应居民消费结构变化的需求。所以，开发小康型的适销对路产品，有的本身可以创造新的市场需求（如日新月异的电脑用品），始终是大有可为的。江苏的纺织、食品和轻工以及电子、化工、建材都有基础，完全可能与广东、上海一样大显辉煌！

强调扩大内需，并非不要千方百计扩大出口和相应地扩大进口。但是发展外贸也不仅是数量问题，同样要提高质量和效益。

四、财政政策和货币政策问题

市场经济需要有宏观调控，尤其是在双轨并行的转型期，传统体制有习惯惰性，新机制还不完善，两者之间有摩擦，调控更有必要性和重要性。调控手段有多种，除法律手段和行政手段外，经济手段有计（规）划和财政税收、货币金融政策以及产业政策、国际收支政策等。这几年调控总量，主要运用财政政策和货币政策，调控结构就要运用产业政策和分配政策。对财政和货币政策，从长期看，由于转轨时期经济秩序比较混乱，约束机制还未健全，加上防止通货膨胀，防范金融风险，应当坚持两个都要适度从紧的方针，但是必须随着经济走向的变动而进行及时的"微调"。

从1997年下半年开始，物价已经基本平稳，10月起有所下降，原来的调控力度就有所放松。1998年起，为了扩大内需，首先运用货币金融政策，如降低利率（与物价下降相称）、增加贷款等。但是见效不大，原因在于：（1）专业银行在商业化改革之初，面对金融混乱状况，不良资产过多，放贷款非常慎重，从"慎贷"走向"惜贷"。（2）企业经过初步改革和部分改制，面对市场动荡，投资仍无热点，投资也很慎重。（3）利率下调幅度低于物价下调幅度，使实际利率提高，企业赢利前景不佳，投资难以启动。（4）搞基础设施，许多是公共产品或准公共产品，直接回报较难，也难以取得社会投资，降息扩贷刺激性差。（5）物价下跌，居民"买涨不买跌"，与通货膨胀预期相反，连同其他情况，降息对刺激消费的作用也较弱。

由于上述情况，进一步扩大内需，就要更多地靠财政政策。所谓积极的财政政策，就是扩张性的财政政策。扩大内需本来包括扩大企业投资和扩大居民消费，有的国家在有些时候可以采取降低税收的办法。我国当前，财政收入占GDP的比重偏低（GDP有水分也是原因），再降税是不可取的。实施积极的财税政策来启动内需尤其是投资于基础设施建设，比运用货币政策更加直接、迅速、有效。去年这样做了，扩大国债发行，提高投资增长率，不仅有效地拉动了经济增长，并且逐步消除交通运输"瓶颈"，消除防洪排涝隐患，对发展农工商业都有长远的支撑后劲。

当然，采取扩张性的财政政策，会增加财政赤字，是有一定的限度的。去年和今年，财政赤字有所扩大，仍旧低于国际公认的警戒线，并且采取向商业银行发行长期国债的办法，运用不断增长的居民储蓄，没有太大危险。

与此同时，还要适当运用货币政策和信贷手段，因为有不少经济活动不能全靠财政政策来调节。当前国民经济中有相当部分的闲置资源，包括闲置资金、生产能力和库存物资，如何把它动员出来，投入运行，货币信贷是手段之一。实际上，这两年货币发行量和周转量（包括M_1和M_2）增加不少，适应了经济增长的金融需要，银根比过去有所松动，是恰如其分的。今年，货币还要继续投放，贷款还要继续扩大，有利于拓宽融资渠道，带动社会投资。如开展信用消费，就是一项新的尝试，有利于促进住房、汽车、大型家电和信息用品的消费、生产和建设。这样的货

刘国光 经济论著全集 第 14 卷

币政策是稳健的，有利于防范金融风险。

五、产业结构的调整和优化问题

调整产业结构既是当务之急，又是长远之计。从各地情况看，步子较稳，而力度在逐步加大。江苏在继乡镇企业崛起和发展外向型经济之后，把调整和优化产业结构作为经济发展的第三次机遇，并把调整产业结构与调整所有制结构结合起来，说明了高度重视此项工作。

扩大内需，从扩大基础设施建设入手，是由于这样做见效快；不搞加工工业，是为了防止仓促上马，搞不好又容易是低水平的重复建设，不能解困，反而添乱。但是，除了已定的基础设施有利于调整结构外，其他投资在经过精心规划、合理布局后，还是可以搞的，但必须着眼于调整结构，促进产业升级，以保证持续增长，扩大就业。有几个问题要研究：（1）农业要始终放在第一位，在保证粮食持续增产的前提下，把工作着力点转向优化结构，提高产品质量和经济效益，促进农村经济全面发展。所谓"农业产业化"，实际上是专业化、社会化、市场化和现代化，搞什么一定要以市场为导向，做好产销衔接，在省、市、县甚至村有专业分工，在产、销、加和农、工、商的各个环节上处理好利益分配，保证农民得到实惠。（2）加工业和制造业仍要发展，尤其是沿海地区，如苏南围绕上海，应当成为全国最发达的制造业基地和中心。因为提高国际竞争力，不光靠基础设施和基础产业，还要在加工、制造业上加强技术改造，开发新产品，实现传统的支柱产业的高新技术化。江苏的纺织、机械、化工在全国有重要位置，加强技术改造和技术开发也是为国有企业、乡镇企业解困和升级的必由之路。与此同时，还应当和可能培育新兴产业，特别是信息产业（包括信息服务业），在江苏有良好基础，大有可为。（3）为了解决就业问题，要重视扶植、改造和提高中小企业，其目标是小而专、小而精、小而活、小而联。除了社会、民间投资外，也要有信贷支持。结构优化还该有所为、有所不为。继纺织压锭之后，其他能力过剩的行业，对其中设备落后、改造无望的部分企业，坚决关停并转，拖得越久，困难越大。

国有企业改革的攻坚阶段*

——在加拿大西安大略大学的讲演
（1999年9月15日）

　　国有企业改革是当代中国经济改革的重点和难点，一直受到国内外人士的关心。今年（1999年）9月召开的党的十五届四中全会，通过《中共中央关于国有企业改革和发展若干重大问题的决定》（简称《决定》），这标志着国有企业改革进入攻坚阶段。这里我对中国国有企业改革的一些情况和问题，作一简要介绍，供各位研究参考。

　　1. 中国经济20年来经过从计划经济体制向市场经济体制的改革，经济结构发生了巨大变化。其显著标志之一就是国有经济比重下降，非国有经济比重上升。据统计，国有及国有控股工业在工业总产值中的比重由1978年的77.6%，1998年下降为28.5%。但这并不意味这段时期国有经济规模萎缩或地位下降。在多种所有制经济全面发展的格局下，国有经济的总体实力不断增强，从1978—1998年，国有工业总产值平均每年增长14.5%。国民经济的一些关键部门基本上都掌握在国有企业手中，国有经济始终发挥主导作用，有力地支撑着国家的经济改革和建设。

　　2. 国有经济自身的改革20年来也在不断深化。一批国有企业转换了经营机制，改革了管理体制，在逐渐强化的市场竞争中发展壮大。但在建立社会主义市场经济的广泛而深刻的变革中，国

---

* 原载《文汇报》1999年10月11日（发表前作者作了些增补）。　　　　　　*315*

有企业的改革和发展却面临着许多矛盾和问题。目前，相当一批国有企业经营机制不活，生产经营面临困难，经济效率下降，负债率过高，富余人员较多，就业压力加大，社会负担沉重。现在是我国改革和发展的关键时期，更急需集中力量解决国有企业改革和发展中面临的问题。

国有企业上述问题和困难的形成，原因是多方面的。主要有：（1）旧的计划经济体制的影响仍未摆脱，管理体制、经营机制和思想观念不适应发展社会主义市场经济的要求；（2）国有经济战线过长、布局分散，资源配置不合理的矛盾日益突出，而调整产业结构、压缩过剩生产能力和淘汰一批技术设备落后、浪费资源和污染环境的企业需要有一个过程；（3）由于改革措施未到位和建设的盲目性导致的重复建设盛行，也使不少企业陷入困境；（4）由于历史原因，国有企业一直负担着安置社会就业、举办社会福利事业等重任，难以与非国有企业在市场上平等竞争，一些企业资本金严重不足，高负债经营，也难以生存；（5）由于国内外市场环境变化、国内短缺经济向买方市场转变、国际金融危机等，使企业开拓市场和生产经营的难度加大。

3. 解决国有企业面临的问题和矛盾，根本出路仍在于坚持和深化改革。经过20年来的不断探索，特别是党的十四大、十五大以来的实践，逐渐形成了推动国有企业改革和发展的一系列基本思路和方针。主要有：（1）坚持公有制经济为主体，多种所有制经济共同发展；（2）以国有企业改革作为整个经济体制改革的中心环节；（3）把企业的体制改革同结构改组、技术改造和加强管理结合起来；（4）着眼于从总体上搞好国有经济，调整国有经济布局和结构，对国有企业实行战略性改组；（5）国有企业改革的方向是建立现代企业制度；（6）鼓励兼并、规范破产，形成优胜劣汰的竞争机制；（7）建立符合市场经济规律和中国国情的国有资产管理运营监督体系和国有企业领导体制与管理制度；（8）实行政企分开，协调推进各项配套改革；等等。这些基本方针符合中国国情，在实践中行之有效，今后在进一步推进国企改革中将继续贯彻实行。

4. 关于国有经济布局的战略性重组。中国国有经济改革近几年来一个重大策略性转折，是从原来企图——搞活所有国有企业，转变为从总体上搞好国有经济，即针对国有经济在结构和布局上存在的"战线长，布局散，规模小，效益差"的不合理现象，强调从战略上调整国有经济的布局和改组国有企业。（1）要结合产业结构的优化和所有制结构的调整、完善，实行有退有进、有所为有所不为，收缩国有经济过长的战线，集中力量加强重点，提高国有资产的整体素质。对关系国家安全和社会安全的领域，国家要保持垄断经营。对重要基础设施、基础产业和支柱产业中少数大型、特大型企业，国家要保持控股地位。对高新技术产业与技术创新产业化发展领域，要加大国有资本投入力度，以增强对非国有成分的吸引和向导能力。对一般竞争性行业，国家可以适度退出，或可以吸引多方投资加快发展。压缩过剩和落后的生产能力，对浪费资源、污染环境、质量低劣、亏损严重的企业和产品要关闭和淘汰。（2）实行"抓大放小"。国家在关系国民经济命脉的重要行业和关键领域，重点培育和抓好一批国有及国有控股的大型企业和企业集团，发挥这些企业在资本运营、技术开发、拓展国内外市场等方面的优势，成为经济结构调整和企业重组的重要力量和参与国际竞争的骨干。同时，进一步放开搞活中小企业。目前，中小企业占我国全部注册企业的90%，提供了大约75%的城镇就业机会，其工业总产值和实现利税分别占全国总数的60%和40%。应该充分发挥国有的和其他所有制中小企业在满足社会多种需要、创造就业岗位、活跃市场和促进经济发展等方面的重要作用，特别要注意扶持科技型中小企业的发展。继续采取改组、联合、兼并、租赁、承包经营和股份

国有企业改革的攻坚阶段

合作制、出售等多种形式，放开搞活国有小型企业。经过改制，相当大部分国有小企业将转变为混合所有、集体所有、个体和私营等非国有经济成分。

5. 关于建立现代企业制度。如果说国有经济布局结构战略性重组的提出，标志着国有企业改革策略在宏观层面上，从企图一个个搞活所有国有企业，走向从总体上搞活国有经济的重大转变，那么建立现代企业制度的提出，则标志着国有企业改革策略在微观层面上，从过去片面强调"放权让利"，走向强调"制度创新"的重大转变。建立现代企业制度是1994年党的十四届三中全会作为国有企业改革方向提出来的，特别强调对国有大中型企业要实行规范的公司制改革，组建有限责任公司和股份有限公司，以体现现代企业制度基本特征，"产权清晰，权责明确，政企分开，管理科学"四大要求。经过几年的试点和探索，公司制改造取得了一些进展和经验，但国有企业产权不清、权责不明、政企不分、管理无章的现象仍然相当普遍。一方面，政府机构直接干预企业、承担无限责任、企业多方面依赖政府、不能自主经营的情况大量存在；另一方面，企业缺乏约束和监督，搞"内部人控制"，损害国家所有者权益的现象经常发生。针对目前存在的问题，进一步推进国有大中型企业进行公司制改革，首先，可强调培育和发展多元化的投资和产权主体，广泛吸收非国有资本参加入股，少数国有独资公司也要尽可能由多家国有企业共同持股。多元化的产权结构有利于推动政企分开，拓宽筹资渠道，形成合理的公司法人治理结构。其次，要严格按照《公司法》，形成公司法人治理结构，明确股东会、董事会、监事会和经理层的职责，使之各负其责，协调运转和有效制衡。我以为，鉴于目前中国国有企业"内部人控制"比较普遍，为了确保董事会代表出资人权益，董事会应有相当数量的不属于企业内部人的外部董事，以加强外部监督。公司经理人员应严格实行由董事会聘任，尽可能通过市场选聘，不再由政府部门任命。再次，为促使经理人员尽心尽力搞好公司生产经营，必须建立和完善对经营者的激励和约束机制，四中全会已提出了年薪制和经营者持股等分配方式的探索，以及对完善监督机制作出了要求。最后，目前我国大多数国有控股公司既设有股东会、董事会、监事会，又保留党委会、工会、职工代表大会，两套体制发生矛盾，如何处理好它们之间的关系，这是许多公司建立法人治理结构碰到的中国特有的难题。看来应按照《公司法》，以"新三会"为主，同时尽可能同"老三会"相结合，为此可以采取新老三会人员双向进入的办法来解决。

6. 关于建立有效的国有资本管理和经营体系，四中全会《决定》已提出了这方面可实施的思路。传统的"政企不分"的企业管理体制，体现在国有资本的管理上就是"政资不分"，即政府同时扮演政权管理、社会管理者的角色，又扮演国有资本所有者的角色。这种"政企不分、政资不分"的管理体制最大的弊端是产权主体缺位或不明确，国有资本所有者代表的职能被分割，分别由许多部门行政机构行使，没有一个明确对国有资产的保值负具体责任和风险的主体，导致国有资产的大量流失。过去设立的专业主管部门作为国有企业中国家资本所有者代表机构，只能把不同职能部门部委的决定协调后通过一个漏斗下达，去年（1998年）政府机构改革取消了一些"政资不分"的专业主管部门，但企业仍然面对众多职能部门的多头领导，一方面穷于应付，另一方面也有空子可钻，逃避所有者的监督。为了理顺产权关系，实现"政资分开"和"政企分开"，前几年已经形成了三个层次"职能分开"的思路。第一个层次是政府作为国有资本所有者职能同作为社会经济管理者职能分开，这层问题可以归结为要不要和如何设立专司国有资本管理的权威性机构。第二个层次是政府作为所有者的职能进一步分开为国有资本行政管理职能和产权运营职能，这层问题实际上是在国有资本管理机构同基层企业之间，要不要和如何设立资本产权运营机构。第三个层次是国有资本的运营中，要实现出资者所有权同企业法人财产权的分开，这层问题是建立现代企业制度的一个关键。

由于国有资本管理和经营体制改革触及非常复杂的财产权属关系及其特有的敏感性、风险性，这项改革至今仍在探索，难以形成定势。就国有资本运营环节来说，前几年曾发生究竟是授权国有大型企业或企业集团来经营国有资本好，还是普遍成立国家投资公司、控股公司，或国有资本经营公司授权经营好的争论。结果前一种意见占上风，主要实行了对国有大型企业和企业集团授权，控股经营基层企业的国有资本。对目前大量没有明确授权经营的企业国有资本如何有效运营，各地仍在摸索。这几年上海市、深圳市成立了国资管理委员会，下面在原专业局基础上成立若干国有资本经营公司或控股公司，然后由这些资本经营公司分别对原所属国有企业或股份公司控股参股。这样三个层次的做法大体符合前述三个层次的思路，是否妥当，还要观察。需要注意的是这些国有资本经营公司不应再有行政主管部门的行政职能，否则又会出现"翻牌公司"的弊病。总之，要完善对国有大企业、企业集团以及控股公司、资本经营公司实行国有资本授权经营的做法，允许和鼓励地方试点，不断总结经验，探索建立和完善国有资产管理和经营的具体形式。

7. 妥善解决国有企业改革与发展的两个突出问题。首先是下岗人员分流问题。国有企业在走向市场化的改革中必须对传统计划经济就业体制下形成的大量富余的隐性失业人员进行分流，国有经济布局和结构的战略性重组也会有大量人员需要分流。过去几年，国有企业富余人员的分流主要采取了"下岗"方式，即职工原属企业在一段时期（例如三年内）仍保留与离职职工的劳动关系，并继续其基本生活保障的责任。与此同时，各级政府协同企业帮助下岗职工实现再就业。为此政府制定了一系列方针政策，最近中央又决定提高国有企业下岗职工基本生活保障水平。更重要的是要为下岗和失业人员创造新的就业机会：一是通过有效的企业改革，使部分由于体制原因或经营管理原因停产半停产的企业恢复生产；二是大力发展能够容纳较多就业的中小企业、非公有企业和劳动密集型产业；三是积极开展城乡以工代赈的建设和生产项目，帮助下岗职工早日实现再就业；四是要引导职工转变择业观念，鼓励下岗职工到非公有制单位就业、自己组织起来创业和自谋职业。同时要抓紧推进职工养老、失业、医疗等社会保障事业的改革和建设。

其次是国有企业普遍存在负债率过高（一般在80%左右）、资本金不足问题。解决这个问题对国有企业改革和国有资本重组至关重要。企业资金困难情况千差万别，不能用一个模式去解决，更不可能光靠国家财政来解决。对于一些企业，产品有市场，技术装备好，管理不差，有发展前景，只是因为种种原因负债率太高，而陷入困境。对这些企业，需要帮助他们增资减债，走出困境。而对那些长期亏损、扭亏无望，或资源枯竭，或污染严重的企业，不如让他们关闭、破产。解决这个问题可以采取多种办法，四中全会的《决定》对此作了分类解决的七条十分有力的措施，这些都十分重要。比如，增加银行呆账、坏账准备金，集中用于推进重点行业、重点国有大中型企业的兼并、破产和资源枯竭矿山的关闭；选择有条件的企业，利用国内外资本市场筹集资金；特别是结合国有银行集中处理不良资产的改革，通过成立金融资产管理公司等形式，将债务沉重又符合条件的部分国有企业的银行债权转为股权，降低企业负债；转让部分企业土地使用权和部分企业资产，使其变现，用于增资减债，归还欠账，并充实社会保障基金；等等。在增资减债问题上，各地也进行了很多探索，需要总结经验，逐步规范和完善，形成增资减债的有效机制。同时要防范和防止实践中已经出现的某些逃避银行债务、国有资产流失现象，防止卸了原有包袱又重复出现新的问题。

8. 国有企业改革和发展需要良好的外部环境，为此必须全面推进各项配套改革。四中全会《决定》第十部分专门对此作了要求，包括：保持经济总量基本平衡；继续扩大对外开放；制止不合理的重复建设；发展各类市场，维护正常经济秩序；健全中介服务体系；建立健全社会主义法律制度；等等。没有这些方面改革的配合，国有企业改革是难以见到成效的。党的十五大和十五届一中全会提出用三年左右时间，使大多数国有大中型亏损企业摆脱困境，力争到20世纪末大多数国有大中型骨干企业初步建立现代企业制度，这一个阶段性目标现在正在努力争取实现。现在，四中全会又提出到2010年的国有企业改革和发展的目标，这就是"适应经济体制与经济增长方式两个根本性转变和扩大对外开放的要求，基本完成战略性调整和改组，形成比较合理的国有经济布局和结构，建立比较完善的现代企业制度，经济效益明显提高，科技开发能力、市场竞争能力和抗御风险能力明显增强，使国有经济在国民经济中更好地发挥主导作用"。尽管实现目标的难度很大，但是，只要我们按照十五大和十五届四中全会的精神开拓创新，团结奋斗，我们有信心实现这个目标！

对当前经济形势的几点认识*

——在中国社会科学院经济形势分析与 预测秋季讨论会上的讲稿 （1999年10月9日）

1. 1999年以来中国经济运行出现错综复杂的情况。在需求方面：消费需求平稳增长，固定资产投资增幅则大幅度下降，而库存和出口需求又出现了积极的变化。在供给方面：产业结构有所改善，国有企业产销率不断提高，国民经济增长速度则在1998年第三、第四季度有所回升的基础上，1999年第一、第二季度又出现下降，目前下降幅度似乎有所趋缓，但经济增长不是很稳定。在物价方面：物价总水平虽然下降幅度有所减缓，但仍处于负增长状况。这些情况表明，中国经济运行尽管已经出现了不少积极的变化。但内需不足、经济增长乏力、通货紧缩的压力，还未得到根本的转变。

2. 1999年的宏观调控，在适当的货币政策配合下，加大了积极财政政策实施的力度，改善了实施方式。从上述经济运行情况来看，以扩大内需为主旨的财政货币政策，对启动需求，减缓经济下滑，的确发挥了积极作用，但刺激效果还不够理想。两年来，宏观调控的实践，要求我们进一步审视中国经济运行目前面临的矛盾和问题，冷静看待宏观调控措施的作用及其局限性，在

---

* 原载《2000年中国：经济形势分析与预测》，社会科学文献出版社2000年版。

继续实施积极的财政货币政策，并认真调整其作用方向和方式的同时，把握机遇，加大体制改革和结构调整的力度，通过改革和调整来放大宏观调控作用的空间和效应。

3. 对中国经济运行目前面临的矛盾和问题，国内经济学界展开了热烈讨论，焦点之一是通货紧缩问题，观点分歧很大，从否认中国目前已经出现通货紧缩，到认为通货紧缩已十分严重，各种层次的看法都有。之所以存在分歧，一个原因是对通货紧缩这一概念有不同理解。刘树成最近在《经济日报》（1999年9月2日理论版）发表的一篇文章，对这个问题作了比较系统的分析，我基本同意他的文章中表述的观点。1998年这个时候，也是在"秋季形势讨论会"上，我曾经谈过这个问题。当时物价总水平下降已近一年，我们判断可以认为已经出现了一定程度的通货紧缩，也就是轻度的通货紧缩。现在物价总水平下降又持续了一年，而且通缩率（物价下降幅度）也有所加深。在这种情况下"轻度通货紧缩"的判断是不是要改变呢？现在看来还无须改变。原因之一在于，物价总水平下降的持续局面尚不过两年，而且下降的程度也仅限于-2%~-3%的范围，这与历史上发生过的持续十几年几十年的长期通缩以及百分之十几和百分之几十的通缩率的案例相比，还是"小巫见大巫"。原因之二在于，这次物价总水平下降有其合理的方面，它是对前期高通货膨胀的一种矫正，前期通货膨胀率曾经高达20%以上，现在的通缩率也不能相比。同时这次物价下降是对前期盲目投资建设形成的传统产品供给过剩和供给结构扭曲的一种反应，也是国内价格受到国际价格水平抑制的一种表现。原因之三在于，从伴随着通货紧缩的实体经济增长态势来看，这两年中国经济增长率虽然仍处于连续数年来的下滑趋势之中，但还保持着较高的位势（1998年为7.8%，1999年大于7%），这是出现严重通缩的其他国家和地区的案例所未见过的。

所以，中国目前的通货紧缩还是比较轻度的，不可估计得过于严重。估计过重，就会乱下猛药，诸如用强通货膨胀的手段来治理通缩。下药过猛，必然带来更难治愈的后遗症，如可能出现较长时期的滞胀，等等。当然，我们不能因为目前的通货紧缩还是轻度的而予以轻视，不以为然，因为目前通缩的持续和加深，不利于经济预期的改善，它会加重企业经营、经济发展和劳动就业的困难，从而影响社会稳定的大局。因此，人们把通缩作为当前经济生活中突出矛盾之一提出，必然认真对待，对症下药，抓紧解决，这种意见还是有道理的。

4. 围绕通货紧缩争论的另一个问题是，目前中国通货紧缩的主要成因是什么？大体上有两种观点。一种观点认为，通货紧缩和通货膨胀都属于货币现象，成因都在货币方面。造成通胀的原因是货币供应过多，造成通缩的原因是货币供应不足。一些专家列举了近两年各层次货币供应量M_1、M_2增幅下降的事实，并用回归分析证明，在当前中国货币流通速度下降的条件下，近两年货币供应量的增长，难以同时支撑预定的经济增长速度和保持物价总水平的稳定不降。另一种观点则认为，目前中国通货紧缩的主要原因不在货币方面，而在实体经济方面，因为自"软着陆"成功以来，货币资金的供应就开始松动，随着时间和形势的推移，松动的力度不断加大，但对经济的启动并不理想，物价总水平下降趋势也未能遏制住。所以问题不在货币供应政策，其根源在于实体经济因种种原因对货币资金的需求不足。这两种看法各有其道理，也有其缺陷（不详论）。依我看，真理还是在两个极端之间，就是说，当前中国通货紧缩的成因，既有货币经济方面的原因，又有实体经济方面的原因，而且这两方面是密切相关、相互联动的。所以，治理通货紧缩必须双管齐下，既要继续抓好财政货币政策，又要切实解决实体经济中的相关问题。

5. 从实体经济的角度来看，影响物价总水平持续下降的直接原因，在于社会总供给超过了总需求。引致这种供需总量不平衡的原因又在何方呢？是需求方面还是供给方面？人们的看法有分歧，也有发展。前些时候人们更多强调需求不足方面，更多考虑如何解决需求不足的问题，从短期调控来讲这是必要的。但造成供需总量不平衡不只限于需求不足方面的原因，也还有供给过剩、供给刚性方面的原因。前一段时候对供给方面的问题强调不够，1999年年初有同志建议加大这方面研究的分量，我以为这个意见是中肯的，尤其对中长期调控来说，有必要重视供给方面的问题。

6. 一个众所周知的经济学常识是，有效需求由三大需求组成：投资需求、消费需求（合为内需）和出口需求（外需）。20世纪90年代中期中国经济向买方市场的过渡尚未成形，过剩生产能力的积累正在形成之际，出口外需连续几年强劲增长，推迟了内需不足矛盾的显现。东南亚金融危机爆发引致了外需下降，向我们提出了扩大内需的任务，并将扩大内需上升为长期的战略方针，这对于我们这个人口大国来说是很必要的。但对增加出口外需仍要千方百计争取，主观上的努力加上国际经济形势的好转，使我们有可能从外需的回升上缓解内需不足和经济增长遇到的困难，如最近几个月出现的情况那样。国内需求方面，实行积极财政政策的初始阶段，比较着重投资需求的推动，1999年则进一步同时注重推动消费需求，这是一个正确的举措，因为没有最终消费需求的推动，投资需求最终也会受阻。两大国内需求中，消费需求的增长相对稳定，不易发生急剧的变动；而投资需求则上下振幅很大，其振动的影响也大。如1998年下半年财政投资上去了，促进了经济止降回升，1999年3~4月出现了投资增长的断层，带来经济增长下滑的后果，这要等新一轮国债投资投入后，才有望得到缓解。针对投资需求增幅易变的这个特点，对投资要有一个较长时期延续均衡的安排和考虑，这是今后宏观调控中必须注意把握的一个要点。

7. 投资需求本身近年来遇到的问题是，中央集中的政府投资没有能够带动地方、企业和民间投资，投资领域局限于产业链条较短的基础设施部门。对此，1999年进一步实施的积极财政政策正在做出调整，更加重视带动和启动社会民间投资，并将投资领域扩展到技术改造与装备制造等广泛的领域。这一调整举措不仅对于扩大内需，而且对于改善经济结构，都有积极意义，应从各方面努力落实坚持下去。

8. 在消费需求方面，1999年政府对提高城乡居民收入采取了多项措施，作了很大努力。但影响居民消费需求的不仅仅是收入水平，更重要的是收入和支出预期，在这方面还要考虑其他配套措施，以缓解公众对增支减收或支大于收的预期顾虑。一个可以考虑的有效措施是：增加城镇居民收入，可以从一次性和行政性的工资加补贴的办法，改为明确宣布按经济增长的一定比例、速度每年增加工资贴补的办法。妥善地实施社会保障和福利制度的改变，对居民因改革而增加的支出进行货币补偿，这对稳定居民收支预期是很重要的。为此需要的资金要广辟财源，其中一个可靠的财源是国有资产存量的处置和国有股份的出售。这是一个很大的财源。这件事也是国有企业改革绕不开的问题。

9. 无论是投资需求、消费需求和出口需求，单靠积极的宏观调控政策来启动是不够的，因为它们还受到现存体制和环境的制约，处处遇到市场机制和微观基础不完善的障碍，没有配套的深化改革是不行的。而这些改革措施不但是启动需求所必需的，而且对于改善供给来说也是重要的。

10. 中国经济生活中存在着供给刚性。一个显见的事实是，多年来在粗放型增长方式下低水平重复建设形成的过剩生产能力、无效供给和结构扭曲。由于市场缺乏淘汰机制，企业缺乏开发创新能力而得不到及时有效的矫正。这样形成的供给刚性限制了需求对供给的导向作用，也限制了供给本身创造需求的空间。

近年来对纺织、煤炭等行业过剩和落后的生产能力进行的行政性压缩，取得了一定的成效，但是克服供给不能适应市场需求变动的刚性，建立灵活而健全的供给自调节机制，还需要在微观基础的塑造和市场机制的完善上作出艰辛的努力。

最近党的十五届四中全会通过的关于国有企业改革与发展问题的决定，为塑造适应社会主义市场经济要求的微观基础，制定了一系列政策措施。这些政策措施的贯彻实行，将大大提高企业的开发、创新和竞争能力。这不仅有益于改善供给，而且有助于促进需求，如"三大包袱"的消解、资本市场的开拓等。所以，按照党的四中全会精神抓紧国有企业改革和发展的各项措施，是至关重要的。

11. 与改善供给有关的一个重要问题是结构调整问题，当然经济结构调整的意义也不仅仅限于完善供给，它越来越成为影响经济全局的突出问题，经济生活的一些深层次矛盾都与结构问题有关。调整结构要以市场为导向，以科技进步为动力。要敏锐地把握世界科技进步加快和国际经济结构重组的新趋势，着眼于提高国民经济整体素质和国际竞争力，促使企业经营适应国内外需求变化，促进产业结构、产品结构不断优化，并妥善处理解决技术进步、结构调整同劳动就业的矛盾。为此要继续加强农业的基础地位，改造和提高传统产业，发展高新技术产业。尤其要加快发展那些能够吸纳更多劳动就业的第三产业和民间中小企业，以及以工代赈的城乡公共工程。这对于目前下岗问题日趋严重、劳动就业压力不断增大的中国来说，是关系人民生活和社会稳定的一个重大问题，千万大意不得，在结构调整中要放到十分百分千分万分的重要地位。

对云南省创建绿色
经济强省的几点思考*

——在昆明绿色经济研讨会上的发言
（1999年11月27日）

云南省这次举办"绿色经济研讨会"，重点研讨"把云南建设成为绿色经济强省"的问题，这是一件很有意义的事情。会议召开的时间也很合适。1999年10月刚刚开过的中央经济工作会议，再次提出要不失时机地实施西部大开发战略，重点抓好基础设施建设，大力植树种草，有计划有步骤地退耕还林，切实加强生态环境建设，调整产业结构，发展优势产业。云南是我国西部地区一个十分重要的省区，西部大开发战略各项任务都与云南有关，既是一个机遇，又是一个挑战。西部大开发战略的号角刚刚响起，云南省委、省政府就亮出创建绿色经济强省的目标，这是很有远见卓识的，我非常支持。我对云南省情况缺乏调查研究，知之甚少，来昆明前临时抱佛脚看了一点材料，形成一些印象，提出几点看法供参考。

一、绿色经济与可持续发展

什么是绿色经济，狭义地说是建立在可再生的或称可更新

---

* 何㢱维协助起草。

329

的生物资源，特别是绿色植物资源基础上的经济。广义来说是建立在可循环利用资源，不产生生态破坏和环境污染，生态经济能良性循环协调发展的经济。大家知道，可持续发展是环境与发展的统一，生态与经济相协调的发展，可持续发展的思想最早源于环境保护，现在已成为世界许多国家指导经济社会发展的总体战略。经济的发展，必须与人口、环境、资源统筹考虑，不仅要安排好当前的发展，还要为子孙后代着想，为未来的发展创造更好的条件。社会经济发展同保护资源环境统筹安排是可持续发展的基本原则。可以说，绿色经济同可持续发展是同一的。绿色经济是实施可持续发展战略的最佳的方式，是使环境与发展相统一、生态与经济相协调的经济发展的路线，也是云南广大贫困农民脱贫致富的经济模式。

二、绿色经济一体两翼的构架

对云南省的社会经济的突出特点，有很多分析。我以为，云南省最主要的优势资源有以下三点。

第一，自然特点是山区，立体气候，号称"一山有四季，十里不同天"。分布有从热带、亚热带、温带、寒温带到寒带不同气候所具有的生物物种，成为生物资源的宝库，享有"植物王国""动物王国"的美誉。云南省生物资源的丰富，自然风光的独特是全国首屈一指的。

第二，是我国少数民族最多的大省，25个少数民族聚居在云南，和睦相处。西双版纳的傣族、苍山洱海的白族、云南石林的撒尼族、小凉山的彝族、泸沽湖的摩梭人举世闻名，民族风情文化丰富多彩。

第三，有同缅甸、老挝、越南三国接壤和同泰国、柬埔寨、马来西亚、印度、孟加拉五国毗邻的区位优势。现在同美国已经达成中国加入世贸组织的协议，中国很快要参加世界贸易组织，发展世界贸易必然会促进云南与周边国家、与世界各国各地区的经济交往。我认为这三点自然和社会的特点是发展云南社会经济的基础。这里，我想从创建绿色经济大省的角度，谈点"一体两翼"的社会经济发展的构想。

一体两翼就是以发展绿色经济为主体，充分开发利用云南生物资源的优势；两翼就是同时发展民族经济和外向型经济。三者不是孤立的，而是互相关联、互相促进的，形成一体。

第一是发展绿色经济。绿色经济其实质应该是生态经济，不仅仅是对生物资源的开发利用，而且各个产业要生态化，实施可持续发展战略。绿色经济的开创与发展就要对人的思想观念和社会生产生活方式进行变革。

发展绿色经济，实施可持续发展战略，首先要对广大干部进行教育提高，我建议省委党校要对全省各级领导干部进行培训，学习党中央和国务院的有关文件，学习江泽民和朱镕基同志的讲话，提高生态观念和环境意识，认识实施可持续发展战略的意义和必要性、迫切性，改变尚存的一些错误观念。比如，认为保护天然林、保护环境会影响经济发展；认为农民连肚子都还没有吃饱，不能制止刀耕火种、毁林开垦等。要改变观念，认识江泽民同志指出的保护生态环境也就是保护和发展生产力的论述。改变那些以破坏生态环境为代价来发展经济进行生产的一切错误做法。

发展绿色经济，实施可持续发展战略还必须进行经济体制和生产生活方式的变换。云南的广大农村要从自然经济改变为市场经济，改变依靠刀耕火种、陡坡毁林毁草开垦的生产方式。要充分利用国家粮食生产已经实现供给有余，决定施行对天然林保护工程给予粮食和资金支持，对退耕还林进行以粮代赈的政策，加快从计划经济与自然经济向市场经济的转变，改变农民的生产生活方式。

第二是发展民族经济。这一翼在云南省应该放在极其重要的地位。云南全省土地面积39.4万平方公里，民族自治地方的土地面积达27.67万平方公里，占总土地面积的70.23%。可以说没有民族地区的经济发展就谈不上云南经济的进一步发展。目前还有一些民族地方的经济落后，贫困人口尚多，应从发展有特色的高价值的绿色经济产品脱贫致富，最切实地开展值钱的经济作物种植业和有特色的养殖业。朱镕基同志已经指出了："要强调多种资源、多种作物的发展，不该种粮的地方就不要再种，也没有必要种，可以种很多值钱的东西"，"大力发展有特色的种植业、养殖业"。应当形成规模，农、工、商一条龙相配套，形成绿色经济商品基地。要开发多彩民族文化的特色商品，形成旅游商品，可以搞民族特色商品、旅游商品展示评选活动，对优秀的民族产品进行评奖，鼓励其进一步开发。

第三是发展外向型经济。在现代，发展经济没有国际贸易，只能解决温饱问题，不能致富，不可能在21世纪中叶达到中等发达国家的水平。开展国际贸易无疑需要经济发展有一定水平，有剩余商品可供出口，有钱能买进口商品。发展国际贸易对促进经济发展，提高人民生活水平的促进作用是很大的。亚太地区一些国家经济发展快，无不是大力发展国际贸易。沿海的一些省份经济发展快，也同发展外向型经济有密切关系。云南省要充分发挥区位优势，把握有利时机，发展好外向型经济，以促进云南经济的发展。我建议云南省社会科学经济研究机构和院系要把研究国际贸易和边贸作为重要课题，对有关贸易国家的商品比价搞清楚，明确我们出口什么商品有利，进口什么商品有利，有关国家需要什么商品，我们会赚外国的钱才能致富。

三、对于"四大一谷"的理解和商榷

《云南建设绿色经济强省设想（纲要）》第10条提出"建设绿色经济强省要从根本上推动'四个大省'和'中华生物谷'的建设和发展"。"四个大省"指旅游大省、民族文化大省、农业大省和蔗糖大省。我以为这个提法尚需商榷。如"蔗糖大省"，当然蔗糖是云南省一个重要产业，但蔗糖包括在农业之中，与农业又不是一个层次的问题。如果提蔗糖而不提烟草，从目前经济分量来说也不相称。而"农业大省"的提法似乎有点一般化，好些省都这样提，表现不出绿色经济的特色。我考虑，可否把"四大"的提法稍微调整一下，建议提建设民族文化大省、旅游大省、现代生态农业大省和水电大省，"一谷"仍保留开发中华生物谷的提法。民族文化大省表现了绿色经济是建立在依靠云南25个民族，发展多民族的社会经济基础之上。旅游大省是指云南省最有发展前途的绿色经济的主导产业。

现代生态农业是又一项云南有特色的绿色经济的主导产业。生态农业可以说是具有中国特色的可持续发展农业，也是江泽民同志所提倡过的。云南提出建设生态农业省可以在全国起领先作用。生态农业实质就是绿色经济的基础。之所以提"现代"生态农业，就是要求有高技术、高层次，所生产的农产品是无污染的绿色食品或绿色商品，能取得绿色食品或商品的认证与标志。甘蔗也可以是现代生态农业的一种农产品。粮食、花卉、油料、香料、药用植物、纤维、饮料、鞣料、染料、树脂、干鲜果、蔬菜、菌菇、藻类、畜禽产品、林产品、水产品均可以包括在其中。

烟草本来也是一种绿色植物，其生产也应按绿色生态要求防止污染，从这方面说，也应当是现代生态农业的组成部分。云南的财政收入当前70%以上是靠烟草，一时是不能排斥在外的。财政收入的主导地位近十年要靠烟草估计也不会有大的变化。由于吸烟有害健康，世界均在宣传禁烟，长远看来不能靠它。但是能否在技术上有新的发明和创新，烟草是绿色植物，尚含有多种有益的蛋白质成分，能否发明对人无害而有益的烟茶，或加工生产蛋白质的食品？

水电大省的建设对绿色经济强省的实现来说十分重要。因为能源是社会经济发展的动力。现代化的生产与生活都离不开电力。水能是一种可再生的清洁能源，可为发展绿色经济提供能源保障。云南的水能资源十分丰富，可开发量达9000多万千瓦时，占全国的20%，位居全国第二位，应当大力开发。云南不能再走以烧煤发电为主、以污染空气为代价取得能源的老路子。

从金沙江来说，从虎跳峡至宜宾江段，河长1334公里，天然落差1562米，已经规划9个梯级电站，装机容量均在200万~1000多万千瓦的大型水电站，共可装机4531万千瓦，保证出力1565万千瓦，年可发电2397亿千瓦时。其中溪落渡电站，一个电站就相当黄河上游所有梯级电站发电量的总和。据罗西北同志介绍，综合评价比三峡工程还好，成本低、效益高，能改善航运，综合开发水利利于改造干热河谷，特别是可以拦金沙江的沙子，可减少三峡工程入库泥沙40%左右，对三峡工程的可持续利用起保障作用。国家应当立项早日上马。发展水电应当大中小相结合，在林区开发水电工程也是代替木材禁伐有效的对策。

对建设"中华生物谷"的含义，我来昆明前不太清楚，昨晚看了"中华生物谷建设纲要"材料，我理解这一建议的主旨是：立足云南得天独厚的生物资源优势和现有的产业基础，用高科技手段创建一个特别的"硅谷"，推动生物资源开发创新工程，发展生物资源支柱产业，使云南省的生物资源优势转化为产业优势和经济优势。这对调整云南省经济结构、建设绿色江河强省有重

刘国光
经济论著全集

第
14
卷

要意义，是可以探讨研究的一个课题。

四、打好创建绿色经济强省的四个基础

第一，要开发人力资源，加强教育，提高人口素质。引进人才要和培育人才并进，形成技术创新的科技队伍，要建立技术推广的网络，培训广大的农民。培育出能发明创新的高科技人力不易，但是训练农民提高知识水平，能够掌握绿色生态农业的生产方式更需要做艰苦细致的工作。

第二，要保护和建设好生态环境。好的生态环境是发展绿色经济的基础，不论是发展旅游业，还是发展现代生态农业，没有好的生态环境是不行的。天然林保护工程要抓实，绿化云南大地要做好。改善金沙江干热河谷的生态面貌，绿化较高寒的荒山都是非常艰难的，改变广大农民生产生活方式就更不是轻而易举的事。在政策上、投入上、技术上都要有实在而有力的举措，还要经过较长时期的艰苦奋斗。

第三，要建设起山区的交通网络。封闭性的自然经济向市场经济转变，在山区、贫困地区没有交通路线是不行的。修公路等级不用高，沙石路面有人管护就好。重要的是修路要有护坡，工程不要修一条路就破坏几面山，加重水土流失。

第四，要进一步做好实施绿色经济强省的准备工作。创建绿色经济强省是有远见的开创性的任务，是改变云南山河和改变云南社会的伟大目标。要充分发挥我国社会主义制度的优越性，遵照小平同志建设有中国特色的现代化强国的思想进一步做好规划设计。要从全省生态经济区划的编制做起，明确各个不同生态经济区绿色经济发展的内容。要研究绿色经济发展的模式，要将全国生态建设规划落实到云南的山头地块。要借鉴外省的经验，如海南生态省建设、江西以"山江湖"为核心的生态经济区建设的

经验等。我相信云南团结25个民族努力奋斗，一定会山川更加秀美，社会经济更加繁荣昌盛，云南的绿色经济强省会在全国起领先的作用、示范的作用。

我对绿色经济问题缺乏研究，对云南省具体情况更少了解，上面说的一点粗浅意见，仅供参考、批评、指正。

通货紧缩形势下的宏观调控

——在城市发展与生态环境研讨会上的讲话*
（1999年11月30日）

一

1998年以来，为应对国际金融动荡、国内经济运行变化引起的需求不足和经济增长速度持续下降，党中央、国务院作出了扩大国内需求的重大决策，着力推出了以积极财政政策为主体的宏观调控措施。这些政策措施改善了宏观经济环境，对1998年下半年我国经济增长速度扭降转升和1999年上半年较快的增长，起到了积极作用。1999年我国经济运行出现了错综复杂的情况。面对当前的形势，党中央、国务院年中又推出增发国债、扩大固定资产投资，加大企业技改投入、提高城镇居民收入，促进消费等一系列重要措施。随着各项部署的落实，国民经济继续保持了较快增长。今年（1999年）1~9月国内生产总值同比增长7.4%，全年可望达到7%左右的速度。今年经济运行中有几个特点需要注意。

1. 1999年经济增长速度虽然从总体上看仍是一个不低的速度，但逐季来看仍是向下滑行。去年（1998年）第三、第四季度GDP的增长受国债投资的推动，曾有过反弹，由第二季度同比增

---

* 研讨会由中国城市发展研究会在海南省海口市召开。原载《市长参考》2000年第1期，原题为《对当前经济形势和宏观调控的认识》。

长6.8%的低点，第三季度升到7.8%，第四季度升到9%。但今年第一季度起，又重现下降趋势，GDP前三个季度逐季累计增长速度，第一季是8.3%，第二季是7.6%，第三季降到7.4%。前些时预计全年增速为7%或略高一点。那么除非剩下来的时间净出口增势加强，新增国债投资及时到位，带动年终经济增速尾巴高翘，否则第四季度速度难望回升。但今年下半年加强的宏观调控措施，将推动明年（2000年）上半年经济由降转稳。

2. 对经济形势的判断不能光看速度。1999年GDP增长速度逐季下降，但经济增长质量却有明显改善。拿工业来说：（1）在结构调整方面，煤炭、纺织、冶金等行业控制总量工作取得进展，电子信息等高新技术产业持续快速增长，正在逐步成为工业生产增长的一个新的支撑点。（2）多数行业和相当一部分企业经济效益改善，1~8月全国工业企业实现利润增长75.2%，亏损企业亏损额下降13.7%。（3）企业库存增幅持续降低，2月末同比增幅为7.4%，5月为4.6%，6月在4%以下。与此同时，工业企业产销率上升，1月为29.9%，1~9月累计96.7%。

3. 除了工业增长质量改善外，今年经济运行还有一些值得注意的亮点，如外贸出口随着国际经济形势的好转和国内对外贸支持力度加大，第三季度以来出现迅速的回复增长。1~9月出口同比增长2.1%，其中7月增长7.2%，8月增长17.5%，9月增长20.2%。又如物价的走势，第三季度居民消费价格指数出现逐月同比降幅缩小，环比缓慢回升。7月、8月、9月三个月同比下降幅度为1.4%、1.3%和0.8%，环比指数8月比7月上涨1%，9月比8月上涨2%。

4. 对于1999年经济运行中上述一些积极方面，要谨慎对待，不可盲目乐观。工业企业效益改善是带有恢复性的。出口增长受到进口大幅增长的冲销，净出口对经济增长的影响还不是很大；而且国际经济前景仍有不确定因素。居民消费价格水平的回升主要限于蔬菜、居住、服务等项，大多属于季节性和一次性调价因素。这些亮点和积极因素的进一步变动趋向还有待观察。

5. 影响1999年经济增长回升乏力的一个重要因素是固定资产投资增幅下降。1998年下半年新增国债的投放将固定资产投资增幅由上半年的14.8%，一下子提到20.5%；1999年第一季度进一步提到23.7%，但由于上半年宏观调控力度未能接续上去，一度出现投资空当。固定资产投资同比增幅逐月一路下降，1~2月为28.3%，3月为19%，4月为11.3%，5月为16.4%，6月为9.5%，7月为3.8%，8月为−0.3%，9月为−2.8%。8~9月出现负增长。1~9月平均增长8.1%，大大低于1998全年20.5%和1999上半年15.6%的增幅。1999年下半年新增600亿元国债投资由于决策时间稍晚并且因为增加了技术改进项目，工作准备不足，资金推迟到位。第四季度国民资产投资能否回升达到1999年GDP增长7%所需的投资水平，也还有待观察。

从上述可知，1999年我国经济运行一方面出现了不少积极的变化，但内需不足、经济增长乏力，通货紧缩的压力还未得到根本的转变。针对当前经济发展中存在的矛盾、问题，最近召开的中央经济工作会议制定了2000年经济工作的总结要求和主要任务。其中突出的一项就是进一步扩大国内需求，抑制通货紧缩趋向。预期2000年经济增长率7%左右，物价总水平保持战略高于今年水平。为此制定了一系列新的措施。这些政策措施的认真贯彻，可以争取2000年的经济出现止降转稳局面，使我国经济能够顺当地进入新的世纪，继续保持持续快速健康的发展。

二

对我国经济运行面临的矛盾和问题，近年来国内经济学界展开了热烈讨论。焦点之一是围绕通货紧缩问题，观点分歧很大。从否认我国目前已经出现通货紧缩，到认为通货紧缩现在十分严重，已成为影响我国经济发展的"头号大敌"，各种层次色彩的看法都有。之所以存在分歧，一个原因是对通货紧缩这一概念有不同的理解，主要有三种意见。一是认为通货紧缩是指物价总水平的持续下降；二是指货币供应量和物价总水平双下降；三是除货币供应量和物价总水平持续下降外，还包含经济增长速度或发展水平也持续下降。有同志查了国外一些教科书和辞典，大都把通货紧缩定义为物价总水平的持续下降，而不把货币供应量和经济发展速度水平的持续下降包括到这一概念之内。1998年10月社科院经济形势分析秋季讨论会上，我曾经讲过这个问题，当时物价总水平下降从1997年10月算起已持续了近一年，我认为可以判断出现了一定的通货紧缩，也就是轻度的通货紧缩。现在物价总水平下降又持续了一年，而且物价下降幅度也有所加深。那么，"轻度通货紧缩"的判断是不是要改变呢？现在看来还无需改变。原因之一在于，物价总水平下降的持续时间尚不过两年，而且下降的程度也仅限于-2%~-3%的范围。这与历史上十几年、几十年的长通缩和百分之十几、几十的通缩幅度中的案例相比，还是"小巫见大巫"（如拿破仑战争后英、美两国1814—1841年物价持续下降35年。美国国内战争后1866—1896年通货紧缩达30年。英国从1873—1896年通缩延续23年，第一次世界大战后1920—1933年通货紧缩达13年，物价下降幅度15%以上。20世纪30年代大萧条时期价格下降了30%以上）。原因之二在于，这次物价总水平下降有其合理的方面，它是对前期高通货膨胀的一种矫正，前期通货膨胀率曾经高达20%以上，现在的通缩率也不能与之相比。同时这次物价下降是对前期盲目投资建设形成的传统产品供给过剩和供给扭曲的一种反应，也是国内价格受到国际价格水平抑制的一种表现。导致目前通货紧缩的因素是很复杂的，有结构性的因素，也有阶段性的因素。有人简单地把目前轻度的通缩说成是"软着陆"着到了泥潭里去了，甚至着到地底下去了，我认为是不恰当的。原因之三在于，从伴随着通货紧缩的实体经济增长态势来看，这两年我国经济增长率虽然仍处于连续数年来的下滑趋势之中，但还保持着较高的位势（1998年7.8%，1999年7%），这是出现严重通缩的其他国家和地区的案例所未见过的。最后还有一点是，1999年年中以来物价总水平下降趋缓，还出现了月环比指数上升情况，虽然尚不稳定，但随着总体经济形势的好转，通货紧缩现象也不会长期持续下去。所以，我国目前的通货紧缩还是比较轻度的，不可估计得过于严重。估计过重，就会乱下猛药，诸如放手让财政向银行透支，放松银根，松动金融监管，印发大票，用强通货膨胀的手段来治理通缩。下药过猛，必然带来更难治愈的后遗症，如可能会导致金融风险的爆发，出现较长时期的滞胀，等等。当然，我们不能因为目前的通货紧缩还是轻度的，而且通货紧缩本身并不全是坏事，它可以刺激技术进步、促进优胜劣汰，而对其消极方面予以轻视，等闲视之。因为目前通货紧缩的持续和加深，不利于市场预期的改善，它会加重企业经营、经济发展和劳动就业的困难，从而影响社会稳定的大局。因此，人们把通缩作为当前经济生活中突出矛盾之一提出，必须认真对待，抓紧解决，这种意见是有道理的。

前些时围绕通货紧缩争论的另一个问题是，目前我国通货紧缩的主要成因是什么，大体有两种观点。一种认为，通货紧缩和通货膨胀都属于货币现象，成因都在货币方面，造成通胀的原因是货币供应过多，超过商品流量的需要，过多的货币追逐短缺的商品，促使价格上涨。造成通缩的原因是货币的供应不足，不能满足商品流量的需要，过多的商品追逐有限的货币，促使价格下跌。一些专家列举了近两年各层次货币供应量增幅下降的事实，并用公式回归分析证明，在当前我国经济货币化程度加深和货币流通速度下降的条件下，近两年货币供应量的增长，难以同时既支撑预定的经济增长速度又保持物价总水平的稳定下降。要实现国民经济运行增长速度和物价走势两方面都有一个较为理想的结果，目前的货币供应量增长幅度显然不够，加大货币供应量势在必行。另一种观点则认为，目前我国通货紧缩的主要原因不在货币方面，而在实体经济方面，因为自"软着陆"成功以来，货币资金的供应就开始松动，随着时间和形势的推移，金融松动的力度不断加大，包括几次银行降息，降低存款，取消贷款额度限制，等等，但对经济的启动并不理想，物价总水平下降趋势也未能遏制住。所以问题不在货币供应政策，其根源在于实体经济因种种原因对货币资金的需求不足。这两种看法各有其道理。依我看，真理还在两个极端之间，就是说，当前我国通货紧缩必须双管齐下，既要继续抓好财政货币政策，又要切实解决实体经济中的问题。

从实体经济的角度来看，影响物价总水平持续下降的直接原因，在于社会总供应超过了总需求。引致这种供需总量不平衡的原因又在何方呢？主要是需求方面呢还是供给方面呢？对此，人们的看法有分歧也有发展。前些时人们更多强调需求不足方面，更多考虑如何解决需求不足的问题，这从短期调控来讲是必要的。但造成供需总量不平衡不只限于需求不足方面的原因，也还有供给过剩、供给刚性方面的原因。所以解决供需矛盾，不能仅仅从需求方面，还应从供给方面入手，消灭无效供给，扩大有效供给，通过有效供给的扩大来创造新的需求，进一步推动供给扩张。这样形成的供给创新和供需良性循环，将有力地促进经济全面活跃。前一段时候对供给方面的注意和强调不够，今年以来一些同志建议加强这方面研究和实践的分量，我以为这个意见是对的，尤其对中长期经济发展来说，更有必要重视供给方面的问题。

三

众所周知，有效需求由三大需求组成：投资需求、消费需求（合为内需）和出口需求（外需）。20世纪90年代中期我国经济向买方市场的过渡尚未成形，过剩生产能力的积累正在形成之际，出口外需的连续几年强劲增长，推迟了内需不足矛盾的显现。东南亚金融危机爆发引致了出口外需下降，向我们提出了扩大内需的任务，并将扩大内需上升为长期的战略方针，这对我们这个人口大国来说，是很必要的。但对增加出口外需仍要千方百计，主观上的努力加上国际经济形势的好转，使我们有可能从出口外需的回升来缓解内需不足的困难，如最近几个月出现的情况那样。但是如果不同时从进口替代上加强国内生产供给结构的调整，高技术高质量产品仍然大量依靠进口，那么净出口对经济增长的贡献难以加大。

国内需求方面，在实行积极财政政策的初始阶段，比较着重投资需求的推动，1999年则进一步同时注重推动消费需求，这是一个正确的举措，因为没有最终消费需求的推动，投资需求最终也会受阻。两大国内需求中，消费需求的增长相对稳定，不易发生急剧的变动；而投资需求则上下波幅很大，其振动的影响也大。如前所述，去年下半年财政投资上去了，促进了经济止降回升，但今年3~4月又出现了投资增长的断层，带来经济增长下滑的后果，这要等新一轮国债投资投入后，才有望得到缓解。针对投资需求增幅易变的这个特点，对投资增长要有一个较长时期延续均衡的安排考虑，这是今后宏观调控中必须注意把握的一个要点。

近年来投资需求本身遇到的一个问题是，中央集中的政府投资没有能够带动地方、企业和民间投资，投资领域局限于产业链条较短的基础设施部门。今年进一步实施的积极财政政策对此正在做出调整，更加重视带动和启动社会民间投资，并将投资领域扩展到技术改造与装备制造等广泛的领域，这一调整举措不仅对于扩大内需，而且对改善经济结构，都有积极意义。

在消费需求方面，1999年政府对提高城乡居民收入采取了多项措施，作了很大努力。但影响居民消费需求的不仅仅是收入水平，更重要的是收入和支出预期，在这方面还要考虑其他配套措施，以缓解公众对增支减收或支大于收的预期顾虑。我认为，一个可以考虑的有效措施是：增加城镇居民收入，可以从每年一次性和行政性的涨工资加补贴的办法改为明确宣布按经济增长的一定比例速度逐年增加工资贴补，形成一个不断增长的收入流的办法。再一项措施是妥善地实施社会保障和福利制度的改革，对居民因改革而增加的支出进行货币补偿，这对稳定居民收支预期是很重要的。为此需要的资金要广辟财源，其中一条可靠的财源是国有资产存量的处置和国有股份的出售。这是一个很大的财源。这件事应结合国有资产结构重组和减持国有股份的改革来进行。

四

一年多来随着实践的发展，我们对通货紧缩形势下宏观调控的认识不断深化，经验不断丰富。回顾推出积极财政政策的当初，扩大内需的措施主要限于利用政府发行国债进行对基础设施建设的投入，现在宏观调控的内容发展为：既加大基础设施建设的投放，又支持企业的技术改造；既继续增加政府投入，又开始注意启动社会投资，发挥财政投资的"四两拨千斤"的作用；既注意启动投资，又增加居民收入、引导和鼓励居民消费；既努力扩大国内需求，又千方百计开拓国际市场；同时运用多种手段来调控经济运行。其中一个十分重要、人们很关注的政策手段是货币政策。为了加强启动经济的力度，不少人主张要像积极的财政政策那样，提出"积极的"货币政策，连不久前全国人大财经委员会也是这样提法。但中央和国务院正式文件过去提的是适当的货币政策，稳健的货币政策。我体会这不意味着不重视运用货币政策，而是有这样几层意思。一是在实施积极财政政策时，通过向银行发行国债调用居民储蓄，这本身就是含着货币流通量的增加，也就是运用了货币政策手段。二是政府的国债投资还要带动银行配套的信贷投资，如1998年1000亿元国债带动1000亿元银行信贷，1999年新增600亿元国债投资将带动2000亿元投资，等等，这也离不开货币供应的增加。三是"软着陆"成功以来，已经陆续实行一系列松动货币信贷的政策措施，其效益不甚显著，除了由于市场预期不佳，有利项目不多，导致对货币信贷的需求不旺外，一个重要原因是现在银行不良资产比例仍高，金融风险在加大，必须强化金融监管，防范金融危机的爆发，因此不能轻言放松银根、随意扩大货币信贷投放。所以对货币政策不能简单地套用积极财政政策的提法。但是为了进一步扩大内需，推动经济增长，配合积极财政政策的实施，必须加大金融对经济增长的支持力度；在继续实施积极财政政策的同时，进一步发挥货币政策的作用。不久前货币政策委员会议、金融工委工作会议，以及最近召开的全国经济工作会议，都传出进一步发挥货币政策作用的信息。其措施包括：运用多种货币政策工具增加货币供应，做好债转股的工作，扩大直接融资的比重，支持中小企业融资，降低商业银行存款准备金率，确定商业银行分支机构贷款审批权限，建立必要的贷款激励机制，以及深入金融体制改革，整理金融秩序，加强对金融机构的监管，等等。总之，金融业要把支持经济发展同防范金融风险结合起来，努力在促进经济发展中保持金融安全，这是进一步发挥货币政策作用必须遵循的原则。

五

谈谈供给方面的问题。我国经济生活中存在着供给刚性。一个显见的事实是，多年来在粗放式增长方式下低水平重复建设形成起来的过剩生产能力、无效供给和结构扭曲，由于市场缺乏淘汰机制、企业缺乏开发创新能力而得不到及时有效的矫正。这样形成的供给刚性限制了需求对供给的导向作用，也限制了供给本身创造需求的空间。近年来对纺织、煤炭等行业过剩和落后的生产能力进行的行政性压缩，取得了一定的成效，但是克服供给不能适应市场需求变动的刚性，建立灵活而健全的供给自调节机制，还需要在微观基础的塑造和市场机制的完善上作出艰辛的努力。

与改善供给有关的一个重要问题是结构调整问题，当然经济结构调整的意义也不仅仅限于完善供给，它越来越成为影响经济全局的突出问题，经济生活的一些深层次矛盾都与结构问题有关。这次全国经济工作会议很重视结构问题，把大力调整经济结构、促进产业升级作为今后的一项重要任务。指出经济结构调整不仅要考虑产业、产品和地区结构，还要考虑技术进步和经济增长的质量和效益。要敏锐地把握世界科技进步加快和国际经济结构重组加速的新趋势，着眼于提高国民经济整体素质和国际竞争力。要加快用先进技术对传统产业进行技术改造，积极发展新兴产业和高新技术产业，推进国民经济信息化，努力培育新的经济增长点。我认为，在促进产业、产品结构不断优化升级的过程中，要妥善处理好技术进步、结构调整同劳动就业的矛盾。为此要加快发展那些能够吸纳更多劳动就业，又有一定技术含量的第三产业、民间中小企业，以及结合基础设施建设的投入，广泛兴办多用人工的城乡公共工程。这对于目前下岗问题日趋严重、劳动就业压力不断增大的中国来说，是关系人民生活和社会稳定的一个重大问题，千万大意不得，在结构调整中要放到十分百分千分万分重要的地位。

六

不言而喻，无论是启动需求，还是完善供给，单靠宏观政策的调整是不够的。因为它们还受到现存经济体制和环境的制约，处处遇到市场机制和微观经济基础不完善的掣肘，没有配套的深化改革是不行的。不久前四中全会通过的关于国有企业改革与发展的决定，为塑造适应社会主义市场经济要求的微观基础，制定了一系列政策措施，这些政策措施的实行，将大大提高企业的开发、创新和竞争能力。刚刚结束的中央经济工作会议，把深化以国有企业改革为中心环节的经济体制改革突出列为明年重中之重的任务。按照四中全会和中央经济工作会议精神抓紧抓好以国有企业改革为中心的各项改革，对于促进需求和改善供给，是至关重要的。

大家知道，经济体制改革对促进经济发展的效应，往往要经历一个过程，才能显现。而有些改革措施在短时间内对扩大需求改善供给不但不能起到立竿见影的作用，而且还会暂时产生抑制的效果。如有关强化金融监管秩序、防范金融风险的改革措施，会促使银行放贷谨慎；与强化税收征管有关的改革措施，会对增加财政支出的扩张效应起到某些抵消的作用；又如社会保障、福利、教育等方面体制的改革措施会使居民消费谨慎，加强储蓄的倾向，但是这些改革措施非常必要，不能不做。除了尽可能掌握好出台时机、安排好改革节奏外，还要从加大宏观扩张的力度来弥补，由于某些必须进行的改革措施对供需关系暂时带来的负面效应，不仅改革有这个问题，结构调整也有这个问题，需要从恰当调节宏观扩张政策的力度和时间来解决。国际经验证明，利用扩张性宏观政策启动经济要有足够的力度，延续足够的时间，否则可能出现政策效应不济，前功尽弃，不得不重新启动，这样打打停停拖延经济调整的过程会带来很大损失。日本经济20世纪90年代就发生这种情况，是值得我们警惕的。宏观扩张政策实施的力度和时间，要根据内需启动、外需变动和供给变化的情况，适时适度地进行调整。调整过程中要注意经济增长潜力的界限，谨防越过这一界限，引发经济过热和严重通货膨胀的再现，这是我们在治理通货紧缩中也不应忘记、忽视的。

促进国债市场化　完善国债市场

——在"促进国债市场化　提高国债流动性"课题研讨会上的讲话

（1999年12月11日）

　　我国在20世纪80年代初期恢复发行国债，但是国债问题热起来，还是最近两年的事。这是应对国内外经济形势引发的需求不足、实行扩大内需的一个产物。扩大内需方针的主心骨是积极的财政政策，而积极的财政政策最主要的一项措施就是通过增发国债，筹集资金，增加对基础设施的投资。1998年财政部向商业银行增发了1000亿元国债，重点用于农田水利、交通电信、环境保护、城乡电网的改造、粮食仓库、城市公用事业等基础设施建设。实践结果表明，这一举措起到了推动经济增长的效果，对去年（1998年）下半年经济增长率止降回升和全年增长率达到7.8%，起到了积极作用。尽管由于投资"乘数"效应下降，对于民间投资和消费拉动影响不是很显著，但毕竟还是带动了银行贷款和地方配套资金的投入。据统计，去年1元国债专项资金带动了2.53元社会投资。去年通过国债专项资金带动了2173.1亿元的社会投入和形成了2074亿元的工作量，由此拉动经济增长1.5%左右。设想如果没有国债投资这一招，去年的增长速度将滑到6%以下，会带来更大的困难。

　　今年（1999年）第一季度末，去年的国债投资基本用完，而企业投资和居民消费依然低迷，财政投资又没有接续上去，第二季度起出现了投资幅度逐月下降，个别月份出现负增长情况，由此今年经济增长幅度第一、第二、第三季度逐季下滑。针对这种情况，中央采取了继续实行积极财政政策的方针，继续增加发行国债。国债投资在年初安排的500亿元外又追加600亿元。有关专家估计，今年新增国债将会带动2500亿元银行贷款。其中增发的600亿元国债资金中，有90亿元作为企业技术改造的贴息贷款，可以拉动1800亿元技改投资。当然今年增发国债投资到位时间晚了一点，难以扭转全年的经济走势，但对推动明年经济的止降转稳或回升，会打下一个基础。当然这还要靠明年继续实行积极的财政政策和增发国债来支撑。

明年（2000年）的宏观调控方针，最近中央经济工作会议已经明确，要继续实行积极的财政政策。在目前企业资金困难，投资能力不强，银行贷款缺乏有偿还能力的项目，外资投入又有所减少的情况下，实施积极的财政政策仍然是扩大内需促进增长的最直接有效的手段。所以，决定继续实行积极的财政政策要加大力度，增大国债投资。为了实现明年经济增长7%的预期目标，中央初步考虑明年要发行1000亿元长期建设国债，年初就打入预算，重点用于增加这两年国债资金已安排的基础建设项目的投入，采用财政贴息的方式继续支持国有企业的技术改造，加大对西部大开发和生态建设的投入力度，适当增加对科技和教育基础设施的投入，等等。有的同志认为，为了保证拉动7%增长所必要的投资增长率，国债投资还可多一点，至少保持今年的规模，再扩大一些更好。而且应该尽早落实到项目。如果年度中间追加规模，也是越早越好。这样做才不致重蹈今年曾经发生的国债投资接不上的覆辙。现在，无论从国债余额占GDP的比重来看，从国家综合负债率来看，从金融机构存贷差额来看，或从物价走势来看，扩大国债规模都还有相当大的空间，近期没有太大的风险。但是增发国债余地的大小，不仅取决于国力承受的限度，还和国民对国债的认知程度、国债发行方式、国债市场发育程度有着关联。我国国债市场现在还处在从创建到发育的过程中，国债市场的封闭性、参与国债交易的局限性、可交易国债量的稀缺性，都使国债增发空间相对狭小。因此，研究如何改进改善国债市场，促进国债市场化，提高国债流动性，为充分实现国债的筹资、融资功能服务，这对实现积极的财政政策，推动经济增长有很重要的意义。

我以为，研究国债市场问题，其意义还不仅在于为增发国债、实行积极的财政政策服务的短期目的，因为积极的财政政策毕竟是在特殊情况下主要是出现通货紧缩情况下，必须运用的政策；而且增发国债也有一个限度，不能无止境地进行下去。而国债市场本身的培育和健全是一个长期的宏观调控的需要，无论是财政政策的运作，还是货币政策的运作，都离不开它。所以这一课题的研究成果，将有长远的意义。所以我祝愿这次研讨会取得成功，为完善国债市场做出贡献。

纵论2000年经济大势*

（2000年1月3日）

对近期经济形势的分析

去年（1999年）以来，我国经济运行出现了较为错综复杂的情况。从国民经济增长方面来看，一季度国民经济增长8.3%，前两个季度增长7.6%，前三个季度增长7.4%，整体上呈下降的趋势。第一季度虽说增长8.3%，但和前年（1998年）第四季度增幅9%相比，也还是低的。这种情况说明，我国近一阶段经济增长的趋势并不稳定。再从物价方面来看，7月、8月、9月，物价月环比指数上升，但同比指数还是下降的，只是下降的幅度减缓了。因此，总的说来，我国经济运行中内需不足、经济增长乏力、通货紧缩的压力仍然存在，尚未得到根本转变。

但同时我们也应当看到，在经济发展趋势中出现了不少积极的变化：第一，虽然经济增长的速度降低了一些，但经济增长的质量提高了；第二，产业结构有所改善，纺织、煤炭等行业中的部分过剩和落后的生产能力被淘汰，高新技术产业在迅速发展；第三，国有企业的效益提高了，企业的亏损面在减小，赢利企业增多了，特别是从市场角度来看，国有企业的产销率不断提高，库存减少了；第四，出口需求增加了，从7月、8月、9月开始，出口贸易发生了积极的变化，这和我们及时调整了外贸出口政策

* 原载《北京日报》。

以及周边国家及国际经济形势好转有关。这些好的经济发展势头，看来还会继续发展下去。此外，1999年7月，中央重新加大了实施积极的财政政策的力度，新增600亿元国债投资。政策的落实要有一个过程，预计追加的600亿元投资会推动今年（2000年）年初的经济增长。如果年初不再出现像1999年第一、第二季度的回落，那么2000年的经济增长就有可能超过7%的预期。

对我国目前经济运行面临的主要问题的分析

从当前经济运行的情况看，以扩大内需为主旨的一系列政策措施，对启动需求，减缓经济下滑，使国民经济在整体上保持较平稳发展态势，是发挥了积极作用的，但效果并不十分理想。这就需要我们进一步审视我国经济运行面临的主要矛盾和问题，冷静分析宏观调控措施的作用及其局限。

对我国目前经济运行面临的主要矛盾和问题，国内经济学界争论的焦点之一是通缩问题。究竟有没有通缩？到目前为止，物价总水平已连续近两年持续下降，因此，不能说没有通缩。但对通缩也不可估计得过于严重。第一，这次通缩的时间不算长，幅度也不算大。历史上发生的一些通缩的案例，有持续十几年、几十年的，物价下降的幅度有达百分之十几和百分之几十的，而我国通缩时间才两年，下降的幅度不大。而且，7月、8月、9月，物价月环比指数又出现上升的趋势，如果世界经济形势转暖，通缩有可能说结束就结束。第二，应当看到，这次物价总水平下降是有其合理成分的，在一定意义上讲，这是对前一时期高通胀的一种矫正。第三，这次物价总水平下降，也是对前一时期盲目投资建设所形成的传统产业过剩和供给结构扭曲的一种反应，同时也是国内产品价格受到国际价格水平抑制的一种表现。第四，从伴随着通缩的实体经济增长态势来看，1998—1999年我国经济增长率虽然仍处于连续数年来的下滑趋势中，但还保持了较高的发展速度（1998年7.8%，1999年大于7%），这是以往出现严重通缩的国家和地区的案例中所未见过的。这种情况说明，我国目前的通缩还是比较轻度的。对通缩估计过重，就会乱下猛药，诸如放手让财政向银行投资，放松银根，松动金融监管，印发大票，用强通货膨胀的手段治理通缩。这样做，必然带来难于治愈的后遗症，如可能导致金融风险的爆发，出现较长时期的滞胀，等等。然而，我们也不能因为目前通货紧缩是轻度的，就等闲视之。因为如果目前的通货紧缩持续下去，会加重企业经营、经济发展和劳动就业的困难。因此，对当前的通货紧缩必须认真对待，抓紧解决。

对通缩的成因，经济学界的看法是不一致的。有人认为通缩和通胀一样，都属于货币现象，因此，成因在货币：货币供应多了，就造成通胀；货币供应不足，就导致通缩。并认为，目前我国货币供应量的增长幅度在下降，经济生活中货币流通的速度在下降，货币供应难以在支撑稳定的经济增长速度的同时，保持物价总水平的稳定下降。另一种观点认为，通缩产生的主要原因在实体经济方面。目前实体经济因种种原因，对货币、资金需求不足，银行想多发债，也没人愿借。这两种意见都有一定的道理。我认为，目前我国的通缩，既有货币经济方面的原因，也有实体经济方面的原因，而且这两方面密切相关，相互牵动。因此，治理通缩要双管齐下，既要抓财政货币政策，又要切实解决实体经济中存在的相关问题。

从财政货币政策方面来看，一方面力度加强了，另一方面政策本身也在发展。以前我们采取了适当增发国债的方法，向银行和社会吸收资金，用这笔钱来搞基础设施建设。由于基础设施建设中很多项目属于公共产品，社会经济效益虽然明显，但带动的产业链条太短，对经济拉动的后劲不大。去年政策就有所改进，更加重视带动和启动社会民间投资，并将投资领域扩展到技术改造与装备制造等广泛领域。这一调整举措不仅对扩大内需，而且对改善经济结构，都有积极的意义。另外，我们不但注重投资，而且也重视了消费。在消费需求方面，1999年政府对提高城乡居民收入采取了多项措施，作了很大努力。但影响居民消费需求的不仅仅是收入水平，更重要的是收入和支出预期。为缓解公众对增支减收或支大于收的预期顾虑，可考虑采取一些有效的措施，如妥善实施社会保障和福利制度的改革，对居民因改革而增加的支出进行货币补偿，等等，为此就要广辟财源，其中一个可靠的财源就是国有资产存量的处置和国有股份的减持出售，这笔钱可以部分用于建立和完善社会保障体系。当然无论是投资需求还是消费需求，单靠积极的宏观调控政策来启动是不够的，因为它们还受到现存体制和环境的制约，处处遇到市场机制和微观基础不完善的障碍。

从实体经济角度看，影响物价总水平的因素主要有两个：一是总供给，二是总需求。目前总供给大于总需求，这是引起物价总水平持续下降的直接原因。那么，进一步看，导致供需总量不平衡的原因又是什么呢？前一阶段，人们较多地强调需求不足方面，注意力主要放在如何解决需求不足的问题上。现在，大家开始注意到供给方面存在的问题，认识到造成供需总量不平衡不仅有需求不足方面的原因，也有供给过剩、供给刚性方面的原因。过去重复建设、盲目投资，不仅形成了多余的生产能力，而且形成了一个呈刚性的供给结构。这种结构与现在的需求结构不能对口，导致产品结构性过剩，加之市场缺乏淘汰机制，企业缺乏创新能力，使这种刚性结构得不到及时有效的矫正。在这种情况下形成的供给刚性限制了需求对供给的导向作用，也限制了供给本身创造需求的空间。克服这种供给不能适应市场需求变动的刚性，建立灵活、健全的供给自调节机制，关键还在于完善市场机制，塑造适合市场经济要求的微观经济基础。

国有企业改革应突出解决的几个问题

刘国光

经济论著全集

第
14
卷

十五届四中全会通过的《中共中央关于国有企业改革和发展若干重大问题的决定》，为塑造适应社会主义市场经济要求的微观基础，制定了一系列政策措施。这些政策措施的实施，必将大大提高企业适应市场的能力，不仅有利于改善供给，而且有助于促进需求。

国有企业改革是当代中国经济改革的重点和难点。20多年来，经过从计划经济体制向市场经济体制的改革，我国经济结构已发生了巨大变化。其显著标志之一，就是国有经济比重下降，非国有经济比重上升。但这并不意味着国有经济的地位下降了，相反，在多种所有制经济全面发展的格局下，国有经济总体实力不断增强，国有经济始终发挥着主导作用。一批国有企业转换了经济机制，改革了管理体制，在不断强化的市场竞争中发展壮大。

随着国有企业改革的不断深入，一些深层矛盾不断暴露，国有企业改革和发展也面临着许多新的问题。有相当一批国有企业经营机制不活，生产经营面临困难，经济效益下降，负债率过高，富余人员较多，社会负担沉重。国有企业上述问题和困难的形成，原因是多方面的，解决国有企业面临的困难和问题，根本出路在于深化改革。从国有企业当前改革的情况来看，我认为突出要解决的问题有三个。

第一，抓好国有经济布局的战略性重组。我国国有经济改革近几年来一个重大的战略性的转变，就是针对国有经济在结构和布局上存在的战线长、布局散、规模小、效益差的不合理现象，提出了要从总体上搞好国有经济的方针。党的十五届四中全会进一步明确了国有经济需要控制的重要行业和关键领域，这就要求我们结合产业结构的优化和所有制结构的调整，进一步收缩国有经济过长的战线，有进有退，有所为有所不为，集中力量，加强重点，提高国有经济的整体素质。为此，要"抓大放小"。在关系国民经济命脉的重要行业和关键领域，国家要抓好一批国有及国有控股的大型企业和企业集团，充分发挥这些国有大企业在资本运营、技术开发、拓展国内外市场方面的优势，使之成为经济结构调整和企业重组的主要力量，成为参与国际竞争的骨干力量。同时，要放开搞活中小企业，充分发挥中小企业在满足社会多种需求、创造就业岗位、活跃市场和促进经济发展等方面的多重作用。继续采取改组、联合、兼并、租赁、承包和股份合作制、出售等多种形式，放开搞活国有小型企业。经过改制，相当大部分国有小企业应转变为混合所有制、集体所有制、个体和私营等非国有经济成分。

第二，抓好规范的公司制改革，建立合理的公司法人治理结构。建立现代企业制度是国有企业改革在战略上的又一大转变。经过几年来的试点和探索，公司制改革取得了一定的进展和经验。但总体上看，国有企业产权不清、权责不明、政企不分、管理不善的现象仍相当普遍。企业内部缺乏有效的约束和监督机制，"内部人控制"、损害国家所有者权益的现象经常发生。这都说明企业的经营机制没有得到根本转变。要解决这些问题，就必须强调发展多元化的投资主体，广泛吸收非国有资本入股，少数国有独资公司也应尽可能由多家国有企业共同持股。要严格按照《公司法》形成公司法人治理结构，明确股东会、董事会、监事会和经理层各自的职责，形成协调运转、有效制衡的企业内部权力结构。正确处理新老三会的关系，按照《公司法》的要求，以"新三会"为主，同时尽可能同"老三会"结合，可采取双向进入的办法来解决。

第三，建立有效的国有资本管理和经营体系。"政企不分""政资不分"的管理体制，最大的弊端就是产权主体缺位或不明确。在这种传统的体制下，国有企业所有者代表的职能被许多部门行政机构分割、行使，使国有企业没有一个明确的对国有资产保值增值负具体责任和承担风险的主体。政府机构改革虽然取消了一些"政资不分"的专业主管部门，但企业仍然面对众多职能部门的多头领导。为了理顺产权，实现"政资分开""政企分开"，应按照三个层次来推进。第一个层次是政府作为国有资本所有者与作为社会经济管理者的职能分开；第二个层次是政府的所有者职能，进一步分开为国有资本行使管理职能和产权运营职能；第三个层次是在国有资本的运营中，要实现出资者所有权同企业法人财产权的分开，这第三层是建立现代企业制度的关键。在建立有效的国有资本管理和经营体系时，要注意使资本经营公司不再具有行政主管部门的行政职能，否则又会出现新的"翻牌公司"。同时要完善对国有大企业、企业集团以及控股公司、资本经营公司实行国有资本授权经营的做法，积极探索建立和完善国有资产管理和经营的具体形式。

经济形势审慎乐观
政策调控仍须坚持*

——记者专访
（2000年1月）

记者（韩康）： 当前我国宏观经济运行的情况比较复杂。无论是在经济学界还是在企业管理部门中，大家对当前经济形势的评价以及对未来经济的走向都有不同的看法。有的人比较乐观，认为政府的宏观政策正在逐步到位，新一轮的经济增长趋势正在全面形成。我个人认为情况未必那么乐观，因为至少有许多重要的增长指标，例如，社会固定资产投资的增长仍处于很低水平，有效需求不足的总体状况并没有得到明显改善。作为国内外著名的经济学家，您是怎样看的?

刘国光： 对于当前的经济形势，我持审慎乐观的态度。近两年来，我国政府的宏观政策包括货币政策和积极的财政政策，是取得了相当成效的。由于东南亚金融危机的冲击，以及我国国内经济发展的阶段性变化，使一些深层次矛盾暴露出来，这些深层次矛盾加上体制和结构转换的综合背景，形成了有效需求不足的种种表现。实际上，20世纪90年代中期后整个国际社会的经济发展，都受全球性加工制成品大量过剩和通货紧缩的影响。

现在有的同志认为，中央政府实施宏观调控政策的效果并不

---

* 原载《中国国家行政学院学报》2000年第1期。

明显。但反过来想一下，如果面对1996年"软着陆"以后出现的种种问题中央没有采取果断的宏观调控政策，情况会怎么样呢？可以肯定地讲，情况会更加糟糕，我国经济发展将会出现更大幅度的下降趋势。综合评价，我们使用的两个主要调控杠杆——货币政策和积极的财政政策，都是起到了稳定经济增长作用的。1998年，我国的经济增长率从上半年的7%回升到年底的7.8%，1999年GDP的增长一般估计为7%~7.4%，应当说，这仍然属于一种高区位的增长，而且是一种在不断应对国内外重大经济矛盾情况下的高区位增长。

记者：但是无论如何，1999年的经济增长曲线是出现了下降情况的。如果再做长一点时间的考察，1996年我国的GDP增长率为9.6%，1997年为8.8%，1998年是7.8%，1999年的GDP实际增长率如果按照现在许多分析模型的预测，很可能低于1998年的水平。这说明1996年以后，中国的经济增长率是缓缓下降的，面对这种情况，您为什么仍然对经济形势的发展持审慎乐观的态度呢？

刘国光：不错。1996年以后，我们的经济增长速度确实有缓缓下降的情况。1999年3~4月，中央政府发现经济增长速度下滑，就进一步采取了积极的财政政策，使全年经济稳定增长的格局继续得以保持。1999年的GDP增长或许会比1998年低零点几个百分点，但这不是具有决定意义的。我认为，这里有一个重要的方法论问题，就是对经济增长的评价不能眼睛只盯住GDP的绝对增长值，还要看经济增长的质量改进，当前中国经济增长质量的改进应该是一个被认真关注的问题。

1999年中国经济增长质量的改进已经出现了可喜的现象。首先是产业结构调整方面已初见成效，纺织、煤炭等产业的粗放式规模已经被大面积有效压缩，一批高新技术产业的开发、投入正在积极进行。同时工业企业的效益也有了初步的恢复性增长，工业企业亏损面有所减少，企业利润有所增加。库存减少和产销率提高的指标也有了比较明显的进步。大家议论最多的物价下降趋势也出现了一些好转的迹象。虽然物价总水平还在下降状态，但在许多大中城市中，已经出现了物价降幅趋暖的现象。特别值得注意的是，与1998年相比，物价同比指数降幅减少，月环比指数出现止跌回升或持平迹象，物价环比指数已出现看好的趋向。这说明通货紧缩的压力是在减缓的，此外，我国外贸形势在最近几个月也有了令人鼓舞的转机，出口增长大幅度回升，这不仅与国际经济形势转缓有关，而且同我们的出口退税、调整出口结构、金融支持等一系列政策密切相关。

记者：您讲，应该把经济增长的数量表现和质量表现综合起来分析，这话很有道理，改革开放后我国曾长时间保持两位数字的高增长，在很大程度上仍然是靠铺摊子和外延型扩张，我们还没有最终摆脱资源约束型的增长模式。现在政府的宏观政策着力于通过产业结构的调整来推动更有效率的增长，虽然绝对增长指数有可能下降，但增长质量的提高却可以使国家和老百姓都能得到更多的增长实惠。

关于如何进一步认识、判断我国的经济发展状况，我还有一个重要的问题想请教您。就通常的宏观分析方法而论，除了进出口贸易活动之外，拉动国内经济增长有两个最直接的动力杠杆，一个是社会投资增长的推动，一个是社会消费增长的推动。其中社会投资增长的推动又是最具即期效果的。但现在我国社会固定资产投资的总体增长仍处于较低的水平，中央政府实施积极的财政政策的力度不断增大，许多人对积极的财政政策的期望值也很高，这种办法是否能使固定资产投资增幅下降的状况得到根本改观呢？

刘国光：固定资产投资的增长是一个重要的问题。在1999年上半年的经济座谈会上，我就提到过这个问题。我认为，要注意避免发生固定资产投资增长断层，从而引起经济增长断层的情况。投资增长对经济增长的拉动是非常重要的。从内需讲，社会消费的增长是相对稳定的，不可能说动就动。投资活动则不同，它有可能很快上，也有可能很快下，对经济增长的影响最快。例如，到1999年3月，当年新增加的国债投资都用完了，到了7月、8月，固定资产投资就出现了零增长和负增长的情况。1999年固定资产投资增幅的下降，也影响了下半年的经济增长速度。

当然，影响1999年经济增长速度的另一个因素就是1998年的基数较高。1998年，为了进一步拉动经济，中央政府运筹1000亿元国债进行大规模投资，加上配套资金共有2000多亿元，毫无疑问，这种实施积极的财政政策的效果是明显的，对1998年的国内生产总值达到7.8%起到了最后加力的作用。但是也存在缺憾和不足。就是没有把社会消费增长和非政府部门的投资增长真正带动起来。在这里，有许多新的问题是需要认真研究的。例如，我们把实施积极的财政政策可能达到调控目标的预期时间估计过短，把用国债方式进行投资可能产生效益的时间估计过快，当我们提出实施积极的财政政策来推动经济增长的时候，虽然也估计到政策效力的逐步发挥会有一个过程，但实践证明，这个估计还不够充分，目前看来，运用这一手段不可能在半年或一两年之内解决问题。

记者：政府宏观调控政策的操作，有一个时滞问题。奉行凯恩斯理论的经济学家和货币主义学派的主要学者们都对此有过许多论述。货币政策的时滞期通常认为是8个月到一年半左右，财政政策的时滞期也应该不短于这个时间，这就告诉我们，政府政策目标的实现需要期待积累效应的过程。在中国的现实体制背景下，还应该把问题考虑得更复杂一点。我们的货币政策和财政政策所面对的还是一个市场化程度并不太高的微观基础，这里既有不同所有制企业之间的明显差异，也有不同部门、行业之间的发展差别，市场经济和非市场经济的活动规则还大量并存，由此，社会经济生活各方面对宏观政策调控的反应恐怕不会那么敏感。

刘国光：是的，这里确有一个宏观调控政策积累效应的问题。特别是在中国还在进行机制转换的条件下，社会经济生活的各方面对宏观调控政策的反应不会那么敏感，都有一个预期调整的过程。加上国有经济的改革尚在深入进行之中，企业经济效益还没有根本性好转，而政府积极的财政政策的实施载体又主要是国有经济部门，这样，积极的财政政策的投资"乘数"就不可能是很高的，为了弥补投资"乘数"的不足，又需要继续追加投资。由此，积极的财政政策的效力发挥就可能会有更长一点的时间。需要注意的是，我们并没有把积极财政政策作为一个长期的政策。如果民间消费的增长和非政府部门的投资增长总是启动无力，如果社会固定资产投资的增长曲线长期依赖国债的支撑，积极的财政政策就会使国家尾大不掉。因此，应及早地研究用更完备的政策手段和更深入的改革措施来配合积极的财政政策的实施，以便主动地防范经济增长发生断层。

记者：我很同意您刚才讲的一个观点，不能把积极的财政政策作为一个长期的政策，根据我的理解，政府实施积极的财政政策至少有两个方面的意义。一个是可以提高和加强基础设施部门的发展水平，另一个更重要的是启动和带动非政府部门的投资增长及民间消费的增长。现在看来，第一个目标是容易达到的，实现第二个目标则有较大的差距。据此有人提出疑问，既然政府连续利用国债投资没能真正带动起社会投资和民间消费的增长，继续加大政府国债投资力度还有必要吗？

刘国光：我认为首先还是要继续合理地加大政府国债投资的力度。前面讲到，政府的积极的财政政策已经产生了初步的成果，而且需要期待它的积累效应，如果现在就全面放松这个政策

经济形势审慎乐观　政策调控仍须坚持

363

杠杆，已取得的成果就可能前功尽弃，这是最大的失误。同时，我们还要不断改进和完善积极财政政策的实施方式，特别要注意对积极财政政策的时间和效果的合理预期。要防止出现因为对积极财政政策的时间估计过短、效益估计过快而造成政策失效的情况，比如出现像日本那样的情况。日本在治理泡沫经济和衰退的过程中已经9次利用政府的财政拉动，但都因为政策力度和时间掌握不好，每次都没有真正把经济拉动起来，可以说基本上是失败的。我们要注意总结经验教训，不要重蹈覆辙，主要是根据发展和改革的实际情况合理调整预期，把力度和时间掌握好，我们对于治理通货膨胀已经有了一套比较成熟的经验，但还没有在通货紧缩条件下如何有效地进行宏观调控的成熟经验，这需要在实践中进一步摸索。

　　记者： 为什么非政府部门的投资增长一直启动无力，这是应当深入研究的问题，现在中国的经济活动可以分成两大块考察，一是国有经济和国有资本，一是非国有经济和非国有资本。我的感觉是，货币政策和财政政策对前者的激励力度并不算小，但由于涉及改革方面的种种问题，激励的效果并不十分明显。政府宏观政策对后者的激励也是相当积极的，但作用却很有限。因为有关非国有经济和非国有资本发展的许多重要问题还没有真正理顺，例如，行业进入壁垒的问题，产业发展行为和金融发展行为相互协调的问题，等等，这都不是任何货币政策和财政政策可以解决的，只能在体制和制度方面寻找答案。

　　刘国光： 正如你所讲的，目前民间消费增长和非政府部门投资增长启动无力的问题，还有体制和制度方面的因素。现在一个重要的现象就是非政府部门的投资活力不足，它们的投资增长率长时间以来几乎是在零水平上下浮动。依我看主要问题是在体制和制度上对非政府资本的限制过多、过繁。现在非政府资本的市场进入壁垒很多。不但不能进入电信、金融、石油化工等传统的政府垄断领域和基础经济部门，而且在社会服务业的许多领域，它们的市场进入也设置了种种障碍。这就使我们处于一种困难的境地，国有资本在这些领域、部门中的发展受到资金和效率等多方面的制约，非国有资本有发展条件的又进不来，现在十五届四中全会提出了国有经济要进行结构性改造的发展新战略，国有经济的发展要做到"有进有退，有所为有所不为"。按照这个方针，国有资本应当从一部分基础领域和服务领域中退出来，把更多的社会经济部门向民间资本放开。国有经济不放弃对国民经济最基础、最核心领域的控制，同时要充分发挥非国有经济在更广泛的社会经济部门中的作用。在这方面体制改革的任务还是很重的。

记者：如果进一步放开民营经济和民间资本，首当其冲的可能就是要放开金融业和放开资本市场，让非政府部门的资本进入金融领域。只有这样才可能把民营经济的工商业活动和金融信贷活动有机地协调起来。其实即使你不放开它也会进来，许多情况下所进行的就是灰色金融和黑色金融活动。这样既不利于民营经济和民间资本的规范发展，又破坏了正常的金融秩序。

刘国光：我认为金融业和资本市场对中小民营企业是可以放开的。让中小民营金融机构进入是可以考虑的，但是要在国家严格的金融监管之下，监管包括法律的监管和中央银行货币政策的监管。

记者：这就意味着政府可以允许成立一部分中小型的民营资本的银行或非银行金融机构，允许它们在金融市场上参与竞争活动。

刘国光：我是赞成的。中国加入WTO后，允许外国银行进入我们的金融领域，包括银行业、保险业和证券业。既然外国银行在若干年之后都可以进行吸收人民币存款等方面的零售业务，可以向中国的企业和居民放贷，我们为什么还要对中国自己的民营资本限制得那么死呢？至少国外资本和国内民营资本在金融领域中的活动应该是一视同仁的。

记者： 民营资本进入金融领域，除了直接举办中小型的金融企业外，也应该可以在国有银行股份制改造后进行股份参与。国有商业银行为了补充有效资金和改革经营管理体制，可以考虑股份制改造的思路。如果进行这样的体制改造，吸收一部分民营资本是有益的，同时还可以吸收其他形式的法人资本，这样有利于形成股权多元化的制度构架。

刘国光： 但国有银行还是要由国家控股的。国家控股银行一定要能够调控住影响全局性的金融活动。但国家控股银行也不一定非要那么多，国家只要通过中央银行实行科学、规范的金融监管和货币总量控制来维持良好的金融秩序，对一部分民营资本的放开是完全能够起到积极作用的。

记者： 2000年是中国经济跨世纪发展的一年。现在国内外许多专家学者和研究机构都在对中国2000年的发展进行预测性分析，您是在国内外有影响的经济学家，您的许多看法常常受到各方面的关注。能否听听您的意见和想法？

刘国光： 现在1999年第4季度经济增长速度的统计数据还没有出来。政府有关部门预测全年增速在7%~7.4%。如果能保持在7%~7.4%，也是非常不错的。现在各方面的情况表明，1999年第4季度很可能会有一个"翘尾巴"。这样一个"翘尾巴"的出现，一要靠政府加大投资力度，进一步合理调整投资布局。1999年国家已经投资使用的国债共1100亿元，加上配套资金约2000亿元，这种投资效果将在1999年第4季度日渐明显地表现出来。中央投资布局的进一步合理调整也使投资效率有了较大改善。二是外贸出口的增长在9月以后出现了较大的反弹，对前8个月的外贸出口低增长起到了较好的抑制作用。但也应注意到，虽然出口水平增加了，进口增加的也不慢，贸易顺差较小，但对经济增长的贡献也不能估计过高。但是无论怎么讲，第四季度的"翘尾巴"都将对2000年的经济增长起到良好的推动作用。

关于2000年的经济发展，还有一些利好的因素不容忽视。一个是国际经济形势的大环境总体讲还是看好的。曾经在东南亚金融危机中陷入困境的国家和地区，1999年都不同程度地开始走出谷底并出现良好的经济回升景象，2000年的预期更是比较乐观的。美国经济的持续景气状况对全球经济的影响很大，至少现在还看不出有任何明显的衰退现象。再加上中国加入WTO问题的解决，这一切都将对2000年的外贸出口和引进外资产生积极影响。另一个利好的因素就是积极的财政政策在2000年所产生的积累效应会表现得更为明显。如前所述，我国在1999年下半年采取的积极的财政政策，对2000年上半年的经济增长是很有利的。而且，我们在1999年实施积极财政政策的对象、范围、方式，也比1998年有所改进。1998年，政府投资的对象主要是那些产业关联度较小的国家基础设施项目，如水利、交通、粮仓等。1999年的政府投资部署发生了重要变化，开始向企业技术改造、装备工业的改造和商品房建造等方面分布，所投资领域的产业关联度大大提高。同时，政府投资方式也有改进。投资不仅限于政府直接投资，而且可以通过贴息等财政补助政策来带动银行贷款这样的非直接性政府投资。此外，我们还有更加趋于完备的货币、金融政策的积极配合与支持，包括支持外贸出口、支持中小企业发展、支持国有经济重组改造、支持重点企业债转股等一系列措施。这一系列支持经济增长的政策措施都会在2000年表现出更好的成绩。基于对所有这些因素的初步分析，我对2000年的经济形势也是审慎地看好的。经济增长速度缓缓下降的情况会逐步改变，经济增长率会稳在7%~8%，这在国际上也属于高区位的增长。当然，一切预测性的经济分析都有风险，也都是动态性的。中国2000年经济发展状况的最后表现，还要取决于国际经济形势究竟能好转到什么样的程度，以及政府的宏观调控政策能否持续、合理地实行下去。就目前的形势来看，国际经济大环境和宏观调控的情况对2000年的经济增长都是有利的。

记者：您的预测性分析是很令人鼓舞的，在我国经济学界，还有人提出通货紧缩已成为当前中国经济发展的头号敌人，因此进入2000年以后，政府应当把克服通货紧缩作为最紧迫的政策目标，甚至认为如果不能用更为扩张性的货币、财政政策来刺激经济的话，新一轮衰退就很难避免。假如这种说法是成立的，那么政府宏观调控政策的设计就将是另一套做法了。

刘国光：我认为，对当前出现的通货紧缩现象要认真对待，但问题远没有那么严重。有人认为1996年我们"软着陆"以后实行的货币、财政政策都是紧缩过分了，不但没有全面启动经济，反而进一步加重了通货紧缩现象，"软着陆"是掉到泥坑里去了。我不赞成这种说法。我们过去一段时间确实做到了既有比较低的物价，又有比较高的增长率，即高增长、低通胀。物价走低当然不利于厂商的销售和赢利，但总体来讲物价走低的幅度并不是急转直下的，时间也并不太长。同时也不能否认普通消费者在低物价下是受益的。现在还没有理由判断说中国经济已经全面陷入了通货紧缩的泥坑。虽然在1997年以后经济形势确实有所变化，出现就业问题严重、消费倾向递减、投资持续不振等情况，但在经济结构调整加大力度的过程中，出现这些问题恐怕是很难避免的，并不能由此证明我们的"软着陆"错了，宏观调控错了。从目前国际、国内的经济形势来看，如果宏观调控的力度不够，通货紧缩的缓解就会更加困难。

记者：我基本上同意您的见解。我认为出现通货紧缩固然不是好事情，但是换一种角度看问题，出现通货紧缩也未必都是坏事。比如，通货紧缩使市场竞争压力加大，对企业产生一种紧逼效应，迫使企业振作起来改善技术、改进管理、开发市场、增加营销等。在西方市场经济国家，通货紧缩产生的竞争压力还会增加企业的破产、倒闭。优胜劣汰的结果，既增强了企业结构的优化，又提高了市场竞争水平。我们现在就缺乏这样的充分竞争机制。